编委

郝文杰	全国民航职业教育教学指导委员会副秘书长、中国民航管理干部学院副教授
江丽容	全国民航职业教育教学指导委员会委员、国际金钥匙学院福州分院院长
林增学	桂林旅游学院旅游学院党委书记
丁永玲	武汉商学院旅游管理学院教授
史金鑫	中国民航大学乘务学院民航空保系主任
刘元超	西南航空职业技术学院空保学院院长
杨文立	上海民航职业技术学院安全员培训中心主任
范月圆	江苏航空职业技术学院航空飞行学院副院长
定 琦	郑州旅游职业学院现代服务学院副院长
黄 华	浙江育英职业技术学院航空学院副院长
王姣蓉	武汉商贸职业学院现代管理技术学院院长
毛颖善	珠海城市职业技术学院旅游管理学院副院长
黄华勇	毕节职业技术学院航空学院副院长
魏 日	江苏旅游职业学院旅游学院副院长
吴 云	上海旅游高等专科学校外语学院院长
刘晏辰	三亚航空旅游职业学院民航空保系主任
田 文	中国民航大学乘务学院民航空保系讲师
汤 黎	武汉职业技术学院旅游与航空服务学院副教授
江 群	武汉职业技术学院旅游与航空服务学院副教授
汪迎春	浙江育英职业技术学院航空学院副教授
段莎琪	张家界航空工业职业技术学院副教授
王勤勤	江苏航空职业技术学院航空飞行学院副教授
覃玲媛	广西蓝天航空职业学院航空管理系主任
付 翠	河北工业职业技术大学空乘系主任
李 岳	青岛黄海学院空乘系主任
王观军	福州职业技术学院空乘系主任
王海燕	新疆职业大学空中乘务系主任
谷建云	湖南女子学院管理学院副教授
牛晓斐	湖南女子学院管理学院讲师

"十四五"职业教育江苏省规划教材
高等职业学校航空运输类专业新形态系列教材

民航危险品运输

主　编◎王勤勤
副主编◎姜春燕　陈婉莹　王　宇　唐小闲

中国·武汉

内 容 提 要

本书以培养职业能力为核心,以工作实践为主线,以项目为导向,以民航危险品运输工作过程为框架,根据工作岗位设置课程内容,从航空危险品的分类、识别、包装、标记与标签、运输文件、收运、存储和装载,放射性物质和锂电池的运输,危险品运输紧急情况的处置等方面进行内容的编排。采用模块化、项目化的形式,注重学生实践能力、应用能力的培养。

本书体现了现代民航运输的研究成果,既选用了民航一线的工作场景案例,也综合引用了国内外最新的行业标准。因此,本书既可作为民航相关院校专业教材,也可作为民航一线员工参考工具书。

图书在版编目(CIP)数据

民航危险品运输/王勤勤主编. —武汉:华中科技大学出版社,2022.7(2025.7重印)
ISBN 978-7-5680-8495-6

Ⅰ.①民… Ⅱ.①王… Ⅲ.①民用航空-危险货物运输 Ⅳ.①F560.84

中国版本图书馆 CIP 数据核字(2022)第 119510 号

民航危险品运输　　　　　　　　　　　　　　　王勤勤　主编
Minhang Weixianpin Yunshu

策划编辑:胡弘扬
责任编辑:张　琳　仇雨亭
封面设计:廖亚萍
责任校对:曾　婷
责任监印:周治超
出版发行:华中科技大学出版社(中国·武汉)　　电话:(027)81321913
　　　　　武汉市东湖新技术开发区华工科技园　　邮编:430223
录　　排:华中科技大学惠友文印中心
印　　刷:武汉开心印印刷有限公司
开　　本:787mm×1092mm　1/16
印　　张:18.25
字　　数:446 千字
版　　次:2025 年 7 月第 1 版第 4 次印刷
定　　价:56.80 元

本书若有印装质量问题,请向出版社营销中心调换
全国免费服务热线:400-6679-118　竭诚为您服务
版权所有　侵权必究

INTRODUCTION
出版说明

民航业是推动我国经济社会发展的重要战略产业之一。"十四五"时期,我国民航业将进入发展阶段转换期、发展质量提升期、发展格局拓展期。2021年1月在京召开的全国民航工作会议指出,"十四五"期末,我国民航运输规模将再上一个新台阶,通用航空市场需求将进一步激活。这预示着我国民航业将进入更好、更快的发展通道。而我国民航业的快速发展模式,也进一步对我国民航教育和人才培养提出了更高的要求。

2021年3月,民航局印发《关于"十四五"期间深化民航改革工作的意见》,明确了科教创新体系的改革任务,要做到既面向生产一线又面向世界一流。在人才培养过程中,教材建设是重要环节。因此,出版一套把握新时代发展趋势的高水平、高质量的规划教材,是我国民航教育和民航人才建设的重要目标。

基于此,华中科技大学出版社作为教育部直属的重点大学出版社,为深入贯彻习近平总书记对职业教育工作作出的重要指示,助力民航强国战略的实施与推进,特汇聚一大批全国高水平民航院校学科带头人、一线骨干"双师型"教师以及民航领域行业专家等,合力编著高等职业学校航空运输类专业新形态系列教材。

本套教材以引领和服务专业发展为宗旨,系统总结民航业实践经验和教学成果,在教材内容和形式上积极创新,具有以下特点:

一、强化课程思政,坚持立德树人

本套教材引入"课程思政"元素,树立素质教育理念,践行当代民航精神,将忠诚担当的政治品格、严谨科学的专业精神等内容贯穿于整个教材,使学生在学习知识的"获得感"中,获得个人前途与国家命运紧密相连的认知,旨在培养德才兼备的民航人才。

二、校企合作编写,理论贯穿实践

本套教材由国内众多民航院校的骨干教师、资深专家学者联合多年从事乘务工作的一线专家共同编写,将最新的企业实践经验和学校教科研理念融入教材,把必要的服务理论和专业能力放在同等重要的位置,以期培养具备行业知识、职业道德、服务理论和服务思想的高层次、高质量人才。

三、内容形式多元化,配套资源立体化

本套教材在内容上强调案例导向、图表教学,将知识系统化、直观化,注重可操作性。华中科技大学出版社同时为本套教材建设了内容全面的线上教材课程资源服务平台,为师生们提供全系列教学计划方案、教学课件、习题库、案例库、教学视频音频等配套教学资源,从而打造线上线下、课内课外的新形态立体化教材。

我国民航业发展前景广阔,民航教育任重道远,为民航事业的发展培养高质量的人才是社会各界的共识与责任。本套教材汇集来自全国的骨干教师和一线专家的智慧与心血,相信其能够为我国民航人才队伍建设、民航高等教育体系优化起到一定的推动作用。

本套教材的编写难免有疏漏、不足之处,恳请各位专家、学者以及广大师生在使用过程中批评指正,以利于教材质量的进一步提高,也希望并诚挚邀请全国民航院校及行业的专家学者加入我们这套教材的编写队伍,共同推动我国民航高等教育事业不断向前发展。

华中科技大学出版社

PREFACE 前言

十九大报告指出,我国经济已由高速增长阶段转向高质量发展阶段。"十三五"期间,民航行业危险品运输量年均增速达4.9%,有力支持了我国电子产品和新能源发展,有效满足了人民医疗服务及公共卫生安全防控需求。"十四五"期间,民航危险品运输各主体坚持系统观念,加强全局谋划,构建公共航空危险品运输多领域、多方位、全链条的协同发展格局,计划到2025年基本建成安全、高效、便捷、优质的公共航空危险品运输服务体系。安全理念持续强化,服务模式不断创新,管理更加精细化、全链条化,航空公司与机场运行保障更加高效、有力,对国民经济和产业发展带动作用显著。要不断提升民航危险品运输保障水平,不断更新、提高民航危险品从业人员的职业素养和专业技能已在民航业内形成高度共识。

本书依据国际民航组织《国际民航公约》附件18、国际航空运输协会的《危险品规则》(DGR)、中国民航局颁布的《中国民用航空危险品运输管理规定》(CCAR-276-R1)等法规,根据危险品的民航运输操作流程,基于工作过程逻辑编排教学章节,形成九个项目,每个项目具体内容如下:初步认识民航运输中的危险品;民航危险品的分类;识别民航危险品;对民航危险品进行包装、加标记、贴标签;填写民航危险品运输文件;民航危险品运输限制;民航危险品运输;航空运输特殊危险品;民航危险品运输紧急情况处置。最终构成一个民航危险品运输的闭环操作流程。内容编排中的项目设计以民航实际工作流程为主线,以实际案例作为导入,知识、技能讲解对标民航局对12类人员的危险品知识技能要求,以真实生产项目、典型工作任务为载体,同时增加课程思政项目,将知识、能力和正确价值观的培养有机结合。每个项目结合民航12类人员岗位素养要求,融入课程思政内容,将社会主义核心价值观、民航"三个敬畏"精神、民航担当精神写入教材,从学校开始培养职业素养。本书适合作为各大专院校航空运输专业的学生的教材，也可以作为与危险品运输有关的货主、包装人、航空公司、机场、航空公司地面操作代理和销售代理等相关人员的培训教材。

  本书由江苏航空职业技术学院王勤勤担任主编，江苏航空职业技术学院姜春燕、陈婉莹、王宇和湖南女子学院唐小闲担任副主编，王勤勤负责落实全书编写计划以及统稿和整理工作。本书在编写过程中，得到了江苏航空职业技术学院各级领导的帮助，也获得了厦门航空、长龙航空、深圳航空等航空公司领导的大力支持，在此一并向为本书提供素材和帮助的社会各界人士表示衷心感谢。

  由于编者水平有限，书中难免有错漏和不妥之处，恳请业内专家与读者批评指正。

编 者
2022 年 1 月

目录

项目一 初步认识民航运输中的危险品 ························· 1
    任务一　认识危险品 ························· 1
    任务二　知道民航危险品运输的法律依据 ························· 2
    任务三　描述危险品航空运输流程 ························· 7
    任务四　归类民航危险品运输责任及培训 ························· 10

项目二 IATA 对民航危险品分类 ························· 19
    任务一　9 类危险品分类 ························· 19
    任务二　分类具有多重危险性的物品和物质 ························· 37

项目三 识别民航危险品 ························· 46
    任务一　认识危险品品名表 ························· 46
    任务二　使用危险品品名表 ························· 55

项目四 对民航危险品进行包装、加标记、贴标签 ························· 69
    任务一　确认危险品包装的基本要求 ························· 69
    任务二　识别联合国规格包装标记 ························· 76
    任务三　识别并制作民航危险品运输包装的标记及标签 ························· 82
    任务四　检查民航危险品运输的包装、标记和标签 ························· 94

项目五 填写民航危险品运输文件 ························· 107
    任务一　填写托运人危险品申报单 ························· 107
    任务二　填写航空货运单 ························· 118
    任务三　填写危险品收运检查单及特种货物机长通知单 ························· 122

项目六	**限制特定危险品的航空运输**	127
	任务一 掌握民航禁运危险品的危险特性	127
	任务二 熟悉可能隐含危险品的货物种类	129
	任务三 清楚旅客和机组人员携带危险品的限制	133
	任务四 熟悉其他形式的危险品	150

项目七	**运输民航危险品**	167
	任务一 收运危险品	168
	任务二 存储和装载危险品	171
	任务三 提供危险品信息	179

项目八	**航空运输特殊危险品**	187
	任务一 会操作放射性物质的航空运输	188
	任务二 学习操作锂电池的航空运输	202
	任务三 会操作危险品类航材的运输	217

项目九	**处置民航危险品运输紧急情况**	235
	任务一 掌握DGR对紧急情况处置的要求	236
	任务二 处置九类危险品紧急情况	238

附录A	**危险品品名表**	250

附录B	**包装说明**	258

附录C	**国家差异**	268

附录D	**经营人差异**	271

参考文献 277

项目一　初步认识民航运输中的危险品

 知识目标

1. 了解危险品及危险品运输的概念。
2. 了解民航危险品运输的法律依据。
3. 明确危险品运输过程中各环节人员责任和培训要求。

 技能目标

1. 描述危险品运输流程。
2. 归类民航危险品运输责任及培训要求。

 思政目标

1. 意识到安全运输危险品关系到人民生命财产安全,产生敬畏生命、敬畏规章、敬畏职责的意识。
2. 了解民航危险品运输的法律依据,培养按章操作的习惯。
3. 了解中国民航危险品运输需求,努力成为有理想、有担当的民航接班人。

 任务一　认识危险品

■ 导入案例

2006年2月7日午夜12:22,世界知名的美国联合包裹运送服务公司(UPS)一架载有三名机组人员的货机,正准备从美国佐治亚州首府亚特兰大飞往费城,但在美国费城国际机场着陆前货物突然起火,随后,美国费城国际机场被迫关闭,当天所有航班被迫取消。火灾持续数小时,大部分货物被烧毁,三名机组成员受伤。

资料来源:温岭新闻网,有改动

从以上案例我们不难看出危险品航空运输风险高,出现事故危害大、影响广。目前为

了保障民航危险品运输安全,世界各国对危险品航空运输的管理都相当严格。了解危险品航空运输的相关法律法规,熟悉危险品进入航空器的途径,掌握危险品航空运输流程,了解托运人、经营人及其代理人危险品运输责任,以及掌握危险品运输相关知识对于危险品航空运输的安全管理尤为重要。

一、危险品的概念和特征

国际民航组织(International civil aviation organization,ICAO)在《危险物品安全航空运输技术细则》(简称《技术细则》或 TI)中对"危险品"给出了明确的定义:危险品指能对健康、安全、财产或环境构成威胁,并在《技术细则》的危险物品表中列明和根据《技术细则》进行分类的物品或物质。航空运输协会(International air transport association,IATA)在《危险品规则》中给出危险货品(Dangerous goods)的定义:危险货品就是对健康、安全、财产与环境会造成危害的物质或物品;或是,《危险品规则》的危险品品名表中列举的物质或物品;或是,根据《危险品规则》属于危险货品分类标准的物质或物品。《中国民用航空危险品运输管理规定》中指出:"危险品"是国际民航组织列在《技术细则》危险品清单中或者根据该细则归类的能对健康、安全、财产或者环境构成危险的物品或者物质。

根据定义,危险品以危险品品名表和分类标准作为界定依据,具有以下特征:
(1) 具有爆炸性、易燃性、毒害性、腐蚀性、放射性等性质。
(2) 易造成人员损伤和财产损毁。当受到摩擦、撞击、震动,接触火源,日光曝晒,遇水受潮,温度变化或遇到性能相抵触的其他物品等时,危险品容易发生化学变化,从而引起爆炸、燃烧、中毒、灼伤等,容易带来人员伤亡或财产损毁。
(3) 需要特别防护,比如避光、温度控制、湿度控制。

二、危险品运输的概念

危险品运输是特种运输的一种,是指专门组织或技术人员对非常规物品使用特殊车辆进行的运输。一般只有经过国家相关职能部门严格审核,并且拥有能保证安全运输危险货物的相应设施设备,才有资格进行危险品运输。

 任务二　知道民航危险品运输的法律依据

■ 导入案例

2012年底,A销售代理公司经某外航航班(中国至 B 国)运输了一票普通快件货物。

飞机在B国降落时，经B国民航局抽查，发现该票普货内含疑似危险品。B国民航局遂将该信息通报至中国民航局。C民航地区管理局按照中国民航局的指示对该案进行了调查取证。发现，实际货主在交货时没有作出危险性声明，而托运人A销售代理公司在收货时也仅通过客户书面材料和货物包装进行辨别，没有发现该货物存在危险性。最终认定托运人A销售代理公司的行为构成在普货中夹带危险品，并依据《中国民用航空危险品运输管理规定》(CCAR-276-R1)对其给予警告和罚款人民币2万元的行政处罚。

资料来源：找法网，有改动

一、国际危险品运输相关法律法规

随着民航运输事业的发展，航空货运量日益增加，其中危险品运输的需求也越来越多。为了规范民航危险品运输，相关国际、国内组织拟定了危险品航空运输的有关法律法规。

国际危险品航空运输的法律法规体系主要由联合国危险货物运输专家委员会颁布的建议书、国际原子能机构颁布的运输规则、国际民航组织颁布的国际公约和技术细则等组成。国际航空运输协会制定的具体规则和培训手册等是这一法规体系的重要支持性操作文件，如图1.1所示。

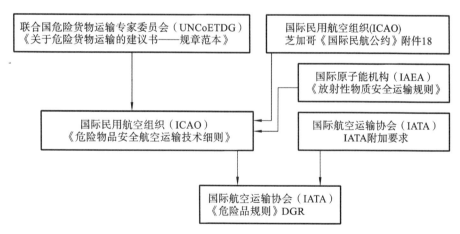

图1.1 国际危险品航空运输规则体系

1 《关于危险货物运输的建议书——规章范本》

制订《关于危险货物运输的建议书——规章范本》(以下简称《规章范本》)是为了保障危险货物运输安全，并使各国和国际上对各种运输方式的管理规定能够统一发展。根据联合国经济及社会理事会决议，联合国危险货物运输专家委员会(UNCoETDG)于1954年成立。我国于1988年以成员国正式代表身份加入联合国危险货物运输专家委员会。1956年，联合国经济及社会理事会的危险货物运输专家委员会编写的《关于危险货物运输的建议书》(Recommendations on the transport of dangerous goods-model regulations)(以下简称《建议书》)(UNRTDG)出版,由于其封面是橘黄色,又称"橙皮书"。为了反映技术的发展和使用者不断变化的需要,《建议书》定期修订和不定期增补。1996 年 12 月 2 日至 10 日,联合国经济及社会理事会危险货物运输专家委员会在第十九届会议上,通过了《规章范本》第一版。此后,每两年对《规章范本》进行一次修订和增补。其内容主要包括危险品货物的分类、危险货物一览表、包装件和便携式罐体的使用、制造、试验和批准,以及托运程序,如贴标识、标签和填单据等。《规章范本》2017 年第 20 修订版的英文版封面如图 1.2 所示。

❷ 《关于危险货物运输的建议书——试验与标准手册》

《关于危险货物运输的建议书——试验与标准手册》(Recommendations on the transport of dangerous goods-manual of tests and criteria),简称《试验与标准手册》,它是对《规章范本》的具体补充,包括概述、第一至第四部分和附录六个方面,手册中所载的各项标准、试验方法和程序,适用于根据《规章范本》第二和第三部分的规定对危险货物进行的分类,以及根据《全球统一制度》对危险化学品进行的分类。第七版封面如图 1.3 所示。

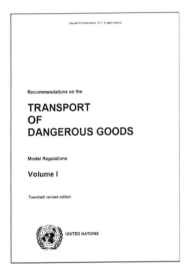

图 1.2 《规章范本》封面

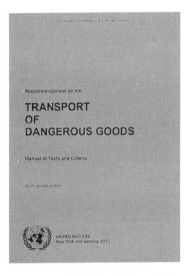

图 1.3 《试验与标准手册》封面

❸ 《放射性物质安全运输规则》

《放射性物质安全运输规则》(Regulations for the safe transport of radioactive material of dangerous goods)是 IAEA 应联合国经济及社会理事会请求,根据放射性物质运输的有关安全要求制定的建议性规则。该标准规定了与放射性物质运输有关的所有操作和条件,既包括包装的设计、制造和维护,又包括货包的准备、托运、装卸、载运和中途贮存,货包最终抵达地的验收,以及载运和贮存情况下遇到的正常和事故条件。其目的是保证放射性物质安全运输,保护国土和环境不受污染,保证运输人员和公众接受的辐射照射被控制在可合理做到的尽可能低的水平。

4 《国际民航公约》附件18

《国际民航公约》附件18——《危险物品的安全航空运输》(Convention on international civil aviation-on the safe transport of dangerous goods by air),简称附件18,是ICAO在《规章范本》和《放射性物质安全运输规则》的基础之上,为确保安全承运危险品,同时也为了便于各缔约国统一危险品航空运输管理而制定的规定。附件18是纲领性文件,规定了需要遵守的广泛标准和建议措施,包括危险品的标识、包装和运输的规范。各缔约国可以在此公约和附件的基础上制定适合本国情况的更加严格的法律法规。

5 《危险物品安全航空运输技术细则》

《危险物品安全航空运输技术细则》(Technical instructions for the safe transport of dangerous goods by air),简称《技术细则》或TI,对安全空运做出了详细说明,是一套详细的、完备的国际技术资料,用以支持附件18的各项规定。

6 《与危险品有关的航空器事故征候应急响应指南》

《与危险品有关的航空器事故征候应急响应指南》(Emergency response guidance for aircraft incidents involving dangerous goods)以检查单的形式为飞行机组和客舱组提供机上应急响应的指导建议,并提供了既按字母又按UN编号顺序排列的带有操作方法、参考代号的航空运输危险物品一览表。由于该文件的封面是红色的,故又称"红皮书"。该文件的依据是ICAO附件18和TI中向机组成员提出的危险品运输紧急情况下的应急行动指南的有关要求,目的是指导各国政府和经营人员制订处理航空器上危险品事故征候的政策和程序。

7 《危险品规则》

《危险品规则》(Dangerous goods regulations),简称DGR,是IATA在国际民航组织ICAO-TI的基础上,以国际航空运输协会的附加要求和有关的细节作为补充,基于运营和行业标准实践方面的考虑,制定的比《技术细则》更具约束力和操作性的危险品航空运输参考程序手册。由于《危险品规则》使用方便,操作性强,因此在世界航空运输领域中作为操作性文件被广泛使用。

二、国内危险品运输相关法规、标准及规范文件

1 《中华人民共和国民用航空法》

《中华人民共和国民用航空法》第一百零一条规定:公共航空运输企业运输危险品,应当遵守国家有关规定。禁止以非危险品品名托运危险品。禁止旅客随身携带危险品乘坐民用航空器。

2 《中国民用航空危险品运输管理规定》

为加强危险品航空运输管理,促进危险品航空运输发展,保证航空运输安全,根据《中

华人民共和国民用航空法》和有关法律、行政法规，中华人民共和国交通运输部颁布了《中国民用航空危险品运输管理规定》（简称交通部令 2016 年第 42 号），该规定是中国政府危险品航空运输管理的主要法规，于 2016 年 5 月 14 日起施行。

三、适用范围

1 IATA《危险品规则》适用范围

（1）IATA 所有会员与准会员航空公司。
（2）所有与 IATA 会员/准会员航空公司签订货物联运协议的航空公司。
（3）所有向上述经营人托运危险品的托运人及其代理人。

2 《中国民用航空危险品运输管理规定》适用范围

在中华人民共和国登记的民用航空器，以及在中华人民共和国境内运行的外国民用航空器。

3 《危险品手册》适用范围

适用于经营人及其代理人雇员。

任务实施

运用本节课的知识对课前案例进行分析，思考货主、代理人、承运人在运输过程中违反了哪些规定。

任务评价

任务实施检测表如表 1.1 所示。

表 1.1　任务实施检测表

考核内容	分值	自评分	小组评分	教师评分	实得分
运输角色的理解能力	20				
法律条款引用能力	30				
明确违法主体	20				
讲解条理清晰，观点表达明确	30				
总分	100				

任务三　描述危险品航空运输流程

■ 导入案例

2020年10月5日13时,旅客林某欲乘坐航班前往深圳,在首都机场二号航站楼国内安检14号通道过安检时,将一个一次性打火机包裹在毛巾里,并藏匿于牙杯内,被安检工作人员当场查出,后移交首都机场公安局西航站区派出所处理。根据《中华人民共和国民用航空安全保卫条例》第三十五条一款三项之规定,首都机场公安局对以上藏匿打火机过检的旅客给予行政罚款的处罚。

资料来源:中国民用航空网,有改动

一、航空客运中的危险品运输流程

航空客运中的危险品运输主要有旅客出港和进港两个阶段。在出港阶段,机场安检部门分别对旅客的交运行李和手提、随身携带的行李进行安检。对交运行李,值机部门称重、挂牌,安检部门安检,地服部门(或其代理人)入库、装机、入货舱;对旅客手提、随身携带的行李,安检部门将其与旅客一同安检后,再由旅客带进候机楼隔离区,最后登机带入客舱。在进港阶段,地面服务代理人将交运行李卸机、装传送带,旅客提取后出隔离区;手提、随身携带的行李则跟随旅客下机离开隔离区。航空客运中的危险品运输流程如图1.4所示。

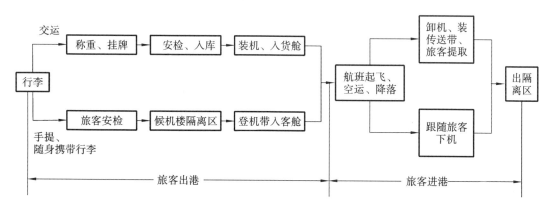

图1.4　航空客运中的危险品运输流程

二、航空货运中的危险品运输流程

航空货运中的危险品运输大致须经过运输准备、货物出港、空中运输和货物进港四个阶段。在运输准备阶段,托运人需要对托运物品进行识别,确定其是否为危险品。若有必要,还应出具由鉴定机构开具的危险品鉴定报告。如果确定为危险品,首先,由托运人或其代理人根据相关法规填写危险品申报单等运输文件,并对其进行包装、粘贴标记和标签。然后,由货运销售代理人对危险品进行包装件的检查、接收,并填写检查单等货运文件。在货物出港阶段,由地面服务代理人对危险品包装件进行计重、安检、入库、组装、装机,并填写货运单、预订舱位等。在空中运输阶段,由经营人对危险品进行空中运输。在货物进港阶段,主要由地面服务代理人对危险品包装件进行卸机、核对、入库等,最后交付货物,由收货人提取货物。航空货运中的危险品运输流程如图1.5所示。

■ **知识链接**

托运人——运输货物,与经营人订立合同,并在航空货运单或者货物记录上署名的人;

经营人——以营利为目的,使用民用航空器从事旅客、行李、货物、邮件运输的公共航空运输企业,包括国内经营人和国外经营人;

货运销售代理人——经经营人授权,代表经营人从事货物航空运输销售活动的企业;

地面服务代理人——经经营人授权,代表经营人从事航空运输各项地面服务的企业。

任务实施

以小组为单位,进行角色分工,分角色完成危险品货物运输过程:
(1) 危险品货物运输准备阶段的工作;
(2) 危险品运输货物出港阶段的工作和文件的准备;
(3) 危险品运输货物进港的工作和文件的交接。

任务评价

任务实施检测表如表1.2所示。

表1.2 任务实施检测表

考核内容	分值	自评分	小组评分	教师评分	实得分
正确识别危险品	20				
危险品运输流程中工作的完善程度	30				
角色分工明确	20				
讲解条理清晰,观点表达明确	30				
总分	100				

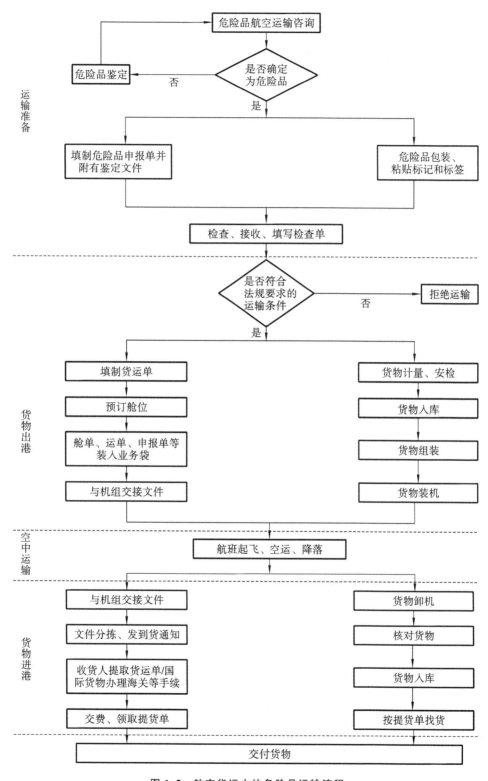

图 1.5 航空货运中的危险品运输流程

任务四　归类民航危险品运输责任及培训

■ 导入案例

2000年3月,北京空港航空地面服务有限公司(BGS)接收了大通国际运输公司托运的一票货物,货运单上品名为8-羟基喹啉,固体,而实际运输的则是淡黄色、有毒、有腐蚀性的液体草酰氯,此行为属于伪报危险品品名。

该货物在吉隆坡机场发生泄漏,造成5名工人中毒,飞机报废。马航向我国民航局投诉,并将我国六家公司告上法庭。

2007年12月国内相关网站和报纸刊登了北京市高级人民法院对此案进行判决的报道,北京市高级人民法院判决中国化工建设大连公司等公司赔偿5家境外保险公司6506.3万美元。

资料来源:中国民用航空网,有改动

一、托运人责任

1　DGR规定的托运人责任

DGR规定的托运人责任如下:
(1) 托运人必须向其雇员提供信息,使其能够履行与危险品航空运输有关的职责;
(2) 托运人必须确保所交运的物品或物质不属于航空禁运的物品或物质;
(3) 必须依据DGR的规定,对运输的物品或物质正确地进行识别、分类、加标记、贴标签,并备好文件,使之符合航空运输的条件;
(4) 在危险品交付空运之前,参与准备工作的所有相关人员必须接受过培训,以便履行相关职责;
(5) 危险品的包装必须符合DGR中的所有相关包装要求。

2　交通部令2016年第42号规定的托运人责任

除满足以上DGR中的规定外,托运人还需履行交通部令2016年第42号规定的责任:
(1) 禁止在普通货物中夹带危险品或者将危险品匿报、谎报为普通货物进行托运。
(2) 凡将危险品提交航空运输的托运人,应当向经营人提供正确填写并签字的危险品运输文件,文件中应当包括《技术细则》所要求的内容,还应当有经危险品托运人签字的声明,表明危险品已按运输专用名称进行完整、准确的描述和该危险品是按照《技术细则》的规定进行分类、包装、加标记和贴标签的,符合航空运输的条件。

必要时,托运人应当提供物品安全数据说明书或者经营人认可的鉴定机构出具的符合航空运输条件的鉴定书。托运人应当确保危险品运输文件、物品安全数据说明书或者鉴定书所列货物与其实际托运的货物保持一致。

(3) 国际航空运输时,除始发国要求的文字外,危险品运输文件应当加用英文。

(4) 托运人必须保存一份危险品运输相关文件至少 24 个月。上述文件包括危险品运输文件、航空货运单以及本规定和《技术细则》要求的补充资料和文件。

(5) 托运人委托的代理人的人员应当按照本规定和《技术细则》要求接受相关危险品知识的培训并通过考核。托运人的代理人代表托运人从事危险品航空运输活动的,适用本规定有关托运人责任的规定。

二、经营人责任

交通部令 2016 年第 42 号规定的经营人责任如下:

(1) 经营人应当在民航地区管理局颁发的危险品航空运输许可所载明的范围和有效期内开展危险品航空运输活动。

(2) 经营人在危险品收运方面的责任:

①经营人应当制定措施防止行李、货物、邮件及供应品中隐含危险品。

②经营人接收危险品进行航空运输至少应当符合下列要求:其附有完整的危险品运输文件,《技术细则》另有要求的除外;已按照《技术细则》的接收程序对包装件、合成包装件或者装有危险品的专用货箱进行检查;确认危险品运输文件的签字人已按本规定及《技术细则》的要求培训并合格。

③经营人应当制定和使用收运检查单以遵守以上两条规定。

(3) 经营人在危险品装载方面的责任:

①装有危险品的包装件和合成包装件,以及装有放射性物质的专用货箱应当按照《技术细则》的规定在航空器上装载。

②在危险品装载之前,经营人应当检查其是否有泄漏和破损的迹象,若有泄漏或破损,则不得装上航空器。未经检查并证实其内装的危险品无泄漏或者无损伤迹象之前不得装上航空器。

③装上航空器的任何危险品包装件出现破损或者泄漏,经营人都应当将此包装件从航空器上卸下,或者安排由有关机构将其从航空器上卸下。在此之后应当保证该托运物的其余部分符合航空运输的条件,并保证其他包装件未受污染。若在航空器上发现由于危险品泄漏或者破损造成任何有害污染的,应当立即进行清除。

④可能发生危险反应的各危险品包装件,不得在航空器上相邻放置或者装在发生泄漏时可发生相互作用的位置上;毒性物质和感染性物质的包装件应当根据《技术细则》的规定装在航空器上;危险品不得装在航空器驾驶舱或者有旅客乘坐的航空器客舱内,《技术细则》另有规定的除外;装在航空器上的放射性物质的包装件,应当按照《技术细则》的规定将其与人员、活动物和未冲洗的胶卷进行分离。

⑤经营人应当保护危险品不受破坏,应当将这些物品在航空器内加以固定以免在飞行

时移动而改变包装件的放置方向。

⑥贴有"仅限货机"标签的危险品包装件,按照《技术细则》的规定只能装载在货机上。

(4) 经营人应当确保危险品的存储符合《技术细则》中有关危险品存储、分离与隔离的要求。

(5) 若经营人要求托运人提供货物符合航空运输条件的鉴定书,则应当告知托运人其认可的鉴定机构,并确保其所认可的鉴定机构满足民航局关于货物航空运输条件鉴定机构的相关规定,同时将认可的鉴定机构报民航局备案。民航局自收到备案申请之日起 20 日内,应当对鉴定机构予以备案,并对外公布。

(6) 经营人应当在载运危险品的飞行终止后,将危险品航空运输的相关文件至少保存 24 个月。上述文件至少包括收运检查单、危险品运输文件、航空货运单和机长通知单。

(7) 当经营人委托地面服务代理人或货运销售代理人进行危险品航空运输时,需要注意如下事项:

①经营人委托地面服务代理人代表其从事危险品航空运输地面服务的,应当同地面服务代理人签订涉及危险品航空运输的地面服务代理协议。所委托的中国境内的地面服务代理人应当符合相关法规对地面服务代理人的要求,并自危险品航空运输地面服务代理协议签订之日起 7 日内将所签订协议报民航地区管理局备案。

②经营人委托货运销售代理人代表其从事货物航空运输销售活动的,应当同货运销售代理人签订包括危险品安全航空运输内容的航空货物运输销售代理协议,并确保所委托的货运销售代理人满足相关法规的要求。

③经营人委托货运销售代理人和地面服务代理人从事货物航空运输相关业务时,应当在代理协议中要求代理人对收运货物进行查验或者采取有效措施防止货物中隐含危险品。经营人应当对代理人的货物查验及相关措施进行认可并定期检查。

三、经营人的代理人的责任

经营人的代理人在危险品航空运输中的主要责任如下:

1 货运销售代理人

(1) 货运销售代理人不得作为托运人或者代表托运人托运危险品。

(2) 货运销售代理人从事货物航空运输销售代理活动,应当同经营人签订包括危险品安全航空运输内容的航空货物运输销售代理协议。

2 地面服务代理人

(1) 地面服务代理人无论是否从事危险品航空运输活动均应满足以下条件:

①拥有企业法人营业执照;

②制定危险品培训大纲并报民航地区管理局备案;

③确保其人员已按交通部令 2016 年第 42 号和《技术细则》的要求接受相关危险品知识的培训并通过考核;

④与经营人签订包括危险品航空运输在内的地面服务代理协议;

⑤制定危险品航空运输管理程序,其中应当包括地面应急程序和措施;

⑥拥有经营人提供或者认可的危险品航空运输手册;

⑦制定符合《技术细则》要求的危险品保安措施;

⑧危险品的储存管理符合《技术细则》中有关危险品存储、分离与隔离要求;

⑨确保其人员在履行相关职责时,充分了解危险品运输手册中与其职责相关的内容,并确保危险品的操作和运输符合危险品航空运输手册中规定的程序和要求。

(2) 地面服务代理人应当报所在地民航地区管理局备案。自收到备案申请之日起20日内,民航地区管理局应当对地面服务代理人予以备案,并对外公布。

(3) 地面服务代理人代表经营人从事危险品航空运输活动的,适用交通部令2016年第42号有关经营人责任的规定。

四、危险品运输的培训

1 培训对象

凡在航空运输中可能接触危险品的各岗位人员都必须接受危险品培训并考核合格。危险品培训人员类别如表1.3所示。

表1.3 危险品培训人员类别

类别	人员名称	类别	人员名称
1类	托运人及承担托运人责任的人员,还包括危险品航材运输机务人员	7类	负责收运货物、邮件或供应品(危险品除外)的经营人及其地面操作代理机构的人员
2类	包装人员	8类	负责货物、邮件或供应品的操作、存储和装载的经营人及其地面操作代理机构的人员
3类	负责处理危险品收运工作的货运代理人员	9类	旅客服务人员
4类	负责处理货物、邮件或供应品(危险品除外)的货运代理人员	10类	经营人飞行机组和配载人员
5类	负责货物、邮件或供应品的操作、存储和装载的货运代理人员	11类	客舱机组成员(飞行机组除外)
6类	负责收运危险品的经营人及其地面操作代理人员	12类	安全检查人员

2 培训要求

由于各岗位人员接触危险品的程度不同,要求掌握危险品航空运输的规定和技能不同,因此各类人员的培训内容也不相同。各类人员培训内容的最低要求见表1.4。

表 1.4　各类人员培训内容的最低要求

内容要求	人员类别											
	1	2	3	4	5	6	7	8	9	10	11	12
基本原理	√	√	√	√	√	√	√	√	√	√	√	√
限制	√		√	√	√	√	√	√	√	√	√	√
托运人的一般要求	√		√			√						
分类	√		√	√	√	√	√					
品名表	√	√				√				√		
一般包装要求	√		√			√						
包装说明	√		√									
标签与标记	√	√	√	√	√	√	√	√	√	√	√	√
申报单及其他文件	√		√			√	√					
收运程序						√						
对未申报危险品的识别	√	√	√	√	√	√	√	√	√	√	√	√
存储与装载程序						√		√		√		
机长通知单								√		√		
旅客及机组人员的规定	√		√	√	√	√	√	√	√	√		√
紧急情况的处理	√	√	√	√	√	√	√	√	√	√	√	√

3　培训大纲

危险品培训机构可以代表相关企业或组织制定危险品培训大纲,但在实施前应当得到委托方认可。危险品培训大纲应当至少包括下列内容:

①符合交通部令 2016 年第 42 号和《技术细则》相关要求的声明;②培训课程设置及考核要求;③受训人员的进入条件及培训后应当达到的质量要求;④将使用的设施、设备的清单;⑤危险品培训教员的资格要求;⑥培训教材;⑦考核试卷制定的原则和要求;⑧国家法律法规的相关要求;⑨培训记录的要求;⑩危险品培训大纲修订、分发和保存的程序及责任部门;⑪颁发危险品培训合格证的,还应包括证书的管理要求;⑫其他相关内容。

危险品培训大纲应当根据各类人员的职责制定,每种培训大纲应当包括初始培训和定期复训两个类别,并符合《技术细则》的要求。同时,培训大纲要明确各类人员初训、复训课程的总课时和课程中每项内容的课时要求,以及课堂教学的学员数量限制。

✈ 任务实施

1. 对导入案例进行分析,运输事故中托运人、经营人、经营人代理人没有履行哪些责任?
2. 托运人、经营人、经营人代理人应如何履职从而更好地保障危险品航空运输?
3. 准确表达不同人员类别至少需要掌握的危险品运输知识。

 任务评价

任务实施检测表如表1.5所示。

表1.5 任务实施检测表

考核内容	分值	自评分	小组评分	教师评分	实得分
案例分析全面	20				
明确各角色责任	30				
各人员类别需要掌握的知识表达到位	30				
讲解条理清晰,观点表达明确	20				
总分	100				

■ 民航危险品运输思政

近年来,随着社会经济的迅速发展,航空货运运输量不断增多,危险品航空运输年增长率已经超过3%。危险品航空运输责任大、运输费用高,运输需求日益旺盛。所以在危险品货物运输量增长的情况下,即使危险品事故率不变,事故数也会增加。危险品运输安全与飞行安全、空防安全及地面安全密切相关,是民航安全管理工作的重要组成部分,危险品航空运输安全也成为当前航空运输领域国际热点问题之一。

随着危险品航空运输需求的不断增多,危险品航空运输违规行为频繁发生。2011年11月11日在上海浦东国际机场联合包裹物流(上海)有限公司出口快件操作区内,现场员工发现计划由该公司承运的一票航空货物中的一件货物在已完成海关放行手续并经过机场安全检查后,在传送带上进行分拣时,在没有发生激烈碰撞和高空坠落等情况下开始冒出刺鼻性气味的烟雾并且包裹内部有较小的爆裂声。该公司立即通知机场消防部门按要求对该票货物进行隔离封存。经核实,该票货物为锂电池,匿报为普通货物交运后发生危险品地面起火事件。2012年5月20日,在南航执行的由广州到济南的CZ3509航班在济南遥墙机场落地后,卸货人员发现前货舱装载的一件邮包有疑似红色油漆的液体渗漏,造成周边三件货物及货舱地板污染(面积约100 cm×30 cm),机务人员评估:该液体无毒,且对货舱地板未造成腐蚀,而后及时进行了清理,飞机正常执行后续航班任务。2014年3月10日吉祥航空由上海飞往北京的HO1253航班在飞行过程中发生火警。机组在驾驶舱收到前货舱烟雾警告,机组实施灭火程序后火警消失。飞机安全迫降在济南遥墙机场,在前货舱货物卸货过程中发现一件货物有黑色灼伤痕迹,贴有申通快递标志,外包装为纸箱,无品名及重量。机场公安局专业消防人员开箱后发现,纸箱内装有三瓶液体,散发强烈刺激气味,液体已泄漏,箱内包装腐蚀、有类似灼伤痕迹,已无法辨识标签。后经有关部门鉴定,货物含危险品二乙胺基三氟化硫,具有腐蚀性、易燃。

据中国民航局统计,2012—2016年,我国平均每年危险品航空运输违规行为数量超过21起,其中2015年最高,达到34起。在危险品航空运输违规行为识别方面,聂燕对危险品航空运输进行风险评价,识别出代理人冒用托运人名义交运危险品的违规行为;张兴对货站收运、货站存储、站坪转运、机坪装机、航班配载等过程进行分析,得出操作人员的具体违

规行为;陈常美、郭世学等对违规行为产生原因进行分析发现,托运人及托运人代理人、销售代理人、经营人受利益驱动,容易引发危险品违规运输。在减少违规行为方面,吴丁超通过制订安全意识量表来提高收运人员的安全意识,减少收运过程中人员的违规行为;吴海英针对货物中的隐含危险品,给出预防未申报危险品行为发生的建议措施;赵华通过分析2008年以来的危险品航空运输违规行为,从培训与处罚2方面给出建议。杜珺根据2012—2016年已查明的危险品航空运输违规行为,采用专家访谈法,构建相关社会网络分析模型,对危险品航空运输具体违规行为间的关系进行分析,找出关键违规行为并对多个违规行为连锁反应进行分析,从而找到控制点,为危险品航空运输风险管理提供了参考和借鉴。结合行业监管现状和《中国民用航空危险品运输管理规定》界定3类主体的职责,3类主体的职责包括:

(1) 托运人及其代理人:在航空运输前,对危险品进行正确的分类、识别、包装,并规范地做标记、贴标签,提交正确填制的危险品运输文件。

(2) 销售代理人及地面服务代理人:销售代理人的职责是与经营人签订协议,不得作为托运人或代表托运人托运危险品;地面服务代理人的职责是与经营人签订协议,确保危险品操作和运输按危险品航空运输手册中规定程序和要求实施。

(3) 经营人:在民航地区管理局颁发的危险品航空运输许可所标明的范围和有效期内开展危险品航空运输活动,委托销售代理人代其从事货物航空销售活动或委托地面服务代理人代其从事危险品航空运输地面服务,均需与其签订代理协议,并确保其符合要求。

资料来源:中国知网,有改动

职业启示:民航危险品运输有力支撑了我国电子产品和新能源发展,有效满足了人民医疗服务及公共卫生安全防控需求。但危险品在民航运输过程中,会直接影响到民航的生产安全和从业人员的人身安全。因此,需要从各个方面系统地保障危险品的民航运输工作。最重要的就是民航危险品运输的一线工作人员方面,民航危险品运输的一线工作人员与危险品直接接触,只有刻苦学习,掌握相应的危险品运输知识和技能、熟悉危险品运输法律法规才能保障自身安全和相应运输环节的安全。

项目学习效果综合测试

一、选择题

1. 将危险品运输的法律法规与其拟定颁布机构的英文缩写配对

A.《国际民航公约》

B.《关于危险货物运输的建议书——试验与标准手册》

C.《放射性物质安全运输条例》

D.《危险品规则》

E.《与危险品有关的航空器事故征候应急响应指南》

ICAO（　　）　　　IATA（　　）　　　IAEA（　　）　　　UNCoETDG（　　）

2. 交通部令 2016 年第 42 号规定,经营人应将危险品航空运输相关文件至少保存( )。
   A. 6 个月   B. 12 个月   C. 24 个月   D. 36 个月
3. 以下危险品中,有可能通过客运途径带入航空器的是( )。
   A. 酒精饮料   B. 航空邮件   C. 随带行李   D. 交运行李
4. 在危险品出港阶段,应由( )对危险品进行检查、收货和订舱。
   A. 托运人   B. 货运销售代理人
   C. 经营人   D. 地面服务代理人
5. 危险品培训对象中第九类旅客服务人员包括( )。
   A. 贵宾服务人员   B. 行李查询人员
   C. 问询人员   D. 办理乘机手续的人员

二、填空题

TI 的全称是 ＿＿＿＿＿＿＿＿＿＿＿＿＿＿＿＿＿＿＿＿，由 ＿＿＿＿＿＿ 颁布。

三、判断题

1. ICAO 和 IATA 将危险品培训对象分为 12 类人员。（   ）
2. 第七类人员必须熟悉托运人申报单及其他有关文件的内容。（   ）

四、完成任务

任务标题	项目一　初步认识民航运输中的危险品		
工种	危险品运输专员	工作区域	
工时	＿＿＿＿＿分钟		
任务描述	民航危险品运输的流程及各个过程中的责任分配		
任务要求	1. 能复盘民航危险品运输的流程; 2. 清楚知道民航危险品运输每一步的责任分配; 3. 桌面演练民航运输危险品过程。		
民航危险品运输的流程及各个过程中的责任分配			
1. 运输流程 2. 角色分配 3. 桌面演练过程			

续表

操作过程中遇到的困难及解决方法

实训心得体会

本次实训任务组内分工情况						
姓名						
分工						

考核评价意见及得分（满分100分）		
组内自评	组间互评（注明执行评价工作的小组班级和组号）	教师评价
合计		

班级：_____　　组号：_____　　小组成员签字：_____

项目二　IATA 对民航危险品分类

知识目标

1. 识记 9 类危险品的定义、项别、名称、危险性。
2. 掌握特定类别或项别危险品包装等级的划分依据。
3. 识记 9 类危险品的危险性标签。
4. 掌握危险性和包装等级主次顺序表的使用条件。

技能目标

1. 背诵 9 类 20 项危险品的分类。
2. 看到危险性标签能够说出其所属类别、项别。
3. 确定第 3 类、6.1 项、第 8 类危险品的包装等级。
4. 能使用危险性和包装等级主次顺序表确定具有多重危险性物品的主要危险性和包装等级。

思政目标

1. 学习分类危险品，打好民航危险品运输的基础。努力强三基（加强以党支部建设为核心的基层建设，加强以岗位责任制为中心的基础工作，加强以岗位练兵为主要内容的基本功训练），杜绝因为民航工作人员的疏忽导致的危险品运输事故。
2. 树立规范意识，在危险品运输的过程中按规范操作，保障安全。培养民航三个敬畏精神之敬畏规章的精神，将行业精神植入课程学习。

任务一　9 类危险品分类

■ 导入案例

2007 年 11 月 8 日，某航空公司浦东至法兰克福航班，到达目的站卸机时发现一件邮包泄漏，有白色粉末漏出，粉末误入搬运工眼睛，造成暂时失明，在该区域活动的其他人员也出现嗓子不适、咳嗽症状,伤者接受医护治疗。经调查,寄件人交给邮局的邮件中装有三氯苯乙酮的化工品,三氯苯乙酮具有腐蚀性和毒性。

从以上案例中可以发现,准确识别危险品的标签,明确危险品的包装要求,对于保障航空运输安全具有重要意义。

资料来源:豆丁网,有改动

知识讲解

IATA 发布的《危险品规则》将危险品分为 9 个不同的"Class"(类),第 1、2、4、5、6 类因包含的危险性范围较广而被进一步细分为若干"Division"(项),以说明其特定危险性。许多危险品具有一种主要危险性的同时,可能还具有一种或几种次要危险性。

一、第 1 类 爆炸品

1 爆炸品的定义

(1)爆炸性物质(物质本身不是爆炸品,但能形成气体、蒸气或粉尘爆炸的不包括在第 1 类内)。但不包括那些危险性极大以致不能运输或根据其主要危险性应归于其他类别的物质。

(2)爆炸性物品。但不包括以下装置:其中含有爆炸性的物质,但由于其含量或性质的缘故,在运输过程中偶然或意外被点燃或引发后,该装置的外部不出现抛射、发火、冒烟、发热或巨响等情况。

(3)上述未提到的,为产生爆炸或烟火效果而制造的物质或物品,也定义为爆炸品。常见爆炸品如表 2.1 所示。

表 2.1 常见爆炸品

序号	爆炸品名称	特 征	图 片
1	硝化甘油 (硝酸甘油)	黄色的油状透明液体,易因震动而爆炸	
2	TNT 炸药	无色或淡黄色晶体。具有爆炸性,是常用炸药成分之一。性质稳定,不易爆炸,需要用雷管进行引爆	

续表

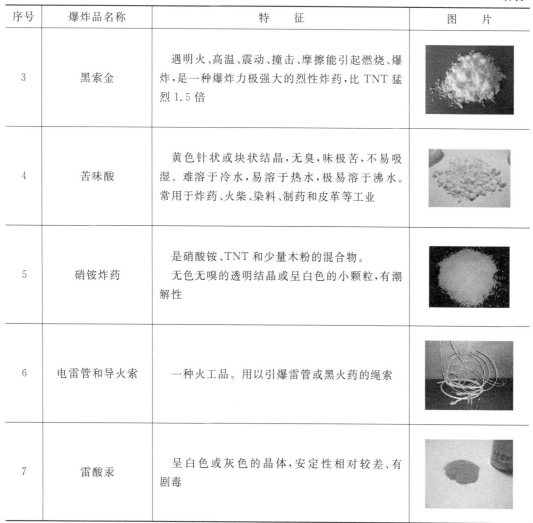

序号	爆炸品名称	特 征
3	黑索金	遇明火、高温、震动、撞击、摩擦能引起燃烧、爆炸，是一种爆炸力极强大的烈性炸药，比TNT猛烈1.5倍
4	苦味酸	黄色针状或块状结晶，无臭，味极苦，不易吸湿。难溶于冷水，易溶于热水，极易溶于沸水。常用于炸药、火柴、染料、制药和皮革等工业
5	硝铵炸药	是硝酸铵、TNT和少量木粉的混合物。无色无嗅的透明结晶或呈白色的小颗粒，有潮解性
6	电雷管和导火索	一种火工品。用以引爆雷管或黑火药的绳索
7	雷酸汞	呈白色或灰色的晶体，安定性相对较差、有剧毒

2　爆炸品的分项

1.1项——具有整体爆炸危险的物品和物质；

1.2项——具有喷射危险而无整体爆炸危险的物品和物质；

1.3项——具有起火危险和轻微的爆炸危险或轻微的喷射危险，或两者兼而有之，但无整体爆炸危险的物品和物质；

1.4项——不存在显著危险的物品和物质；

1.5项——具有整体爆炸危险的非常不敏感的物质；

1.6项——无整体爆炸危险的极不敏感的物质。

3　爆炸品的配装组

配装组是指出于运输经济或其他需要，在安全的前提下，不同项的爆炸品可以混装的组别。属于同一配装组的爆炸品可以放在一起运输，属于不同配装组的爆炸品一般不能放在一起运输。爆炸品配装组划分如表2.2所示。

表 2.2　爆炸品配装组划分

配装组	危险性项别	拟分类物品或物质的说明
A	1.1	初级爆炸性物质
B	1.1；1.2；1.4	含有初级爆炸性物质，而不含有两种或两种以上有效保护装置的物品。某些物品，例如爆破用雷管、爆破和起爆用雷管组件及帽形起爆器等也包括在内，即使这些物品不含有初级炸药
C	1.1；1.2；1.3；1.4	推进爆炸性物质或其他爆燃爆炸性物质或含有这类爆炸性物质的物品
D	1.1；1.2；1.4；1.5	次级起爆炸药或黑火药或含有次级起爆炸药的物品，无引发装置和发射药；或含有主要的爆炸性物质和两种或两种以上有效保护装置的物品
E	1.1；1.2；1.4	含有次级起爆炸药的物品，无引发装置，带有发射药（含有易燃液体或胶体或自燃液体的除外）
F	1.1；1.2；1.3；1.4	含有次级起爆炸药的物品，带有引发装置，带有发射药（含有易燃液体或胶体或自燃液体的除外）或不带有发射药
G	1.1；1.2；1.3；1.4	烟火物质或含有烟火物质的物品或既含有爆炸性物质又含有照明、燃烧、催泪或发烟物质的物品（水激活的物品或含有白磷、磷化物、发火物质、易燃液体或胶体或自燃液体的物品除外）
H	1.2；1.3	含有爆炸性物质和白磷的物品
J	1.1；1.2；1.3	含有爆炸性物质和易燃液体或胶体的物品
K	1.2；1.3	含有爆炸性物质和化学毒剂的物品
L	1.1；1.2；1.3	爆炸性物质或含有爆炸性物质并且具有特殊危险（例如遇水活化或含有自燃液体、磷化物或发火物质）需要彼此隔离的物品
N	1.6	只含有极不敏感的爆炸性物质的物品
S	1.4	物质或物品的包装与设计应使其在偶然引发时，只要包装件未被烧毁就能把任何危险都限制在包装之内。在包装件被烧毁的情况下，其爆炸和喷射的影响也有限，不会妨碍在附近采取消防或其他应急措施

4　爆炸品标签

第 1 类爆炸品标签如表 2.3 所示。

二、第 2 类　气体

1　气体的定义和运输状态

气体是指在 50 ℃（122 ℉）下，蒸气压力高于 300 kPa 的物质；或在 20 ℃（68 ℉），101.3 kPa 标准大气压下，完全处于气态的物质。

表 2.3　第 1 类爆炸品标签

标　签	名　　称	货运 IMP 代码	描　　述	举　　例
	第 1 类爆炸品（1.1、1.2、1.3 项）	1.1 项 REX	*填写项别和配装组的位置 最小尺寸：100 mm × 100 mm 图形符号（爆炸的炸弹）：黑色 底色：橙色（Pantone 151 U 号颜色） 贴有注明 1.1 或 1.2 项的标签的包装件通常禁止空运	起爆药、爆破雷管、黑火药、导弹
		1.2 项 REX		无引信炮弹、照明弹、枪弹、火箭发动机
		1.3 项 REX、RCX、RGX		导火索、燃烧弹药、烟幕弹药、C 型烟火
	第 1 类爆炸品（1.4 项）包括 S 装配组	RXB、RXC、RXD、RXE、RXG、RXS	*填写配装组的位置 印在标签上的数字"1.4"，高度约 30 mm，宽度约 5 mm 最小尺寸：100 mm × 100 mm 数字：黑色 底色：橙色（Pantone 151 U 号颜色） （1.4 项、1.5 项、1.6 项标签类似）	演习手榴弹、安全导火索、礼花弹、烟火、爆竹
	第 1 类爆炸品（1.5 项）	REX	*填写项别和配装组的位置 印在标签上的数字"1.5"，高度约 30 mm，宽度约 5 mm 最小尺寸：100 mm × 100 mm 数字：黑色 底色：橙色（Pantone 151 U 号颜色） 贴有此种标签的包装件通常禁止空运	E 型或 B 型引爆器、铵油、铵沥蜡炸药
	第 1 类爆炸品（1.6 项）	REX	*填写项别和配装组的位置 印在标签上的数字"1.6"，高度约 30 mm，宽度约 5 mm 最小尺寸：100 mm × 100 mm 数字：黑色 底色：橙色（Pantone 151 U 号颜色） 贴有此种标签的包装件通常禁止空运	

根据其物理状态,气体的运输状态包括以下几类。

(1) 压缩气体。

温度在-50 ℃,加压包装供运输时,完全是气态的气体。这一类别包括临界温度低于或等于-50 ℃的所有气体。

(2) 液化气体。

温度高于-50 ℃,加压包装供运输时,部分是液态的气体。分为高压液化气体(临界温度在-50 ℃与65 ℃之间的气体)和低压液化气体(临界温度高于65 ℃的气体)两种。

(3) 冷冻液化气体。

包装运输时由于其温度低而部分呈液态的气体。

(4) 溶解气体。

加压包装供运输时溶解于液相溶剂中的气体。

(5) 吸附气体。

包装供运输时吸附到固体多孔材料导致内部容器压力在20 ℃时低于101.3 kPa和在50 ℃时低于300 kPa的气体。

2 气体的标签

根据气体在运输中的主要危险性,第2类危险品标签如表2.4所示。

表2.4 第2类气体标签

标 签	名 称	货运IMP代码	描 述	举 例
	第2类 易燃气体 (2.1项)	RFG	最小尺寸:100 mm×100 mm 图形符号(火焰):黑色或白色 底色:红色(Pantone 186 U号颜色) 此标签也可印为红色底面,图形符号(火焰)、文字、数字及边线均为黑色	氢气、乙炔、打火机
	第2类 非易燃 无毒气体 (2.2项)	RNG、RCL	最小尺寸:100 mm×100 mm 图形符号(气瓶):黑色或白色 底色:绿色(Pantone 335 U号颜色) 此标签也可印为绿色底面,图形符号(气瓶)、文字、数字及边线均为黑色	二氧化碳、氧气、液氮
	第2类 毒性气体 (2.3项)	RPG	最小尺寸:100 mm×100 mm 图形符号(骷髅和交叉股骨):黑色 底色:白色	氯气、一氧化碳、硫化氢气体

3 气体的例外情况

(1) 2.2项气体,如果在温度为20 ℃、压力低于200 kPa的条件下运输,并且不为液化气体或深冷液化气体,则不受《危险品规则》限制。

(2) 以下物品不受《危险品规则》限制:①食品,包括碳酸饮料(UN1950气溶胶除外)。②体育用球。③符合A59的轮胎(A59指不能使用的或损坏的轮胎组件,要全部放气;可用轮胎,充气未超过最大额定压力,运输中为防止轮胎损坏,可以使用保护罩)。④灯泡,前提是能将灯泡的破裂碎片限制在包装件内。

三、第3类 易燃液体

1 易燃液体的定义

易燃液体是指在闭杯试验中温度不超过60 ℃,或者在开杯试验中温度不超过65.6 ℃时,放出易燃蒸气的液体、液体混合物或含有固体的溶液或悬浊液(例如油漆、清漆、真漆等,但不包括危险性属于其他类别的物质)。

2 易燃液体的包装等级标准

易燃液体的包装等级是依据其闪点和初沸点来划分的,闪点是指当实验容器内的液体产生的易燃蒸气在空气中达到某种浓度而能遇火源被点燃的最低温度。具体划分标准如表2.5所示。

表2.5 易燃液体的包装等级

包 装 等 级	闪点(闭杯)	初 沸 点
Ⅰ	—	≤35 ℃
Ⅱ	<23 ℃	>35 ℃
Ⅲ	≥23 ℃和≤60 ℃	

注:闪点是指当实验容器内的液体产生的易燃蒸气在空气中达到某种浓度而能遇火源被点燃的最低温度。

3 常见的易燃液体

(1) 乙醇。

乙醇(又称酒精)是一种无色透明、易挥发的易燃液体,如图2.1所示。带刺激性香味。纯乙醇沸点78.5 ℃,闪点为13 ℃。乙醇与水可以共溶,并能溶于乙醚。食用酒不属于危险品,但不能任意携带。

国际民航组织和国际航空运输协会关于乙醇溶液运输的规定:在货物运输时,体积百分含量小于或等于24%的乙醇溶液,属于普通货物;体积百分含量大于24%的,属于空运危险品。在旅客运输时,旅客或机组行李中的酒精饮料含乙醇在24%—70%,可携带的总数量不超过5 L。中国民航局限量为2瓶(不超过1 L)。

(2) 汽油。

汽油是一种具有芳香味的无色至淡黄色、易流动易挥发的油状液体,如图2.2所示。

不溶于水,比水轻,闪点－43 ℃(指航空汽油)。蒸气能与空气形成爆炸性混合物。遇明火、高热、强氧化剂有引起燃烧的危险。含四乙基铅的汽油的毒性大。

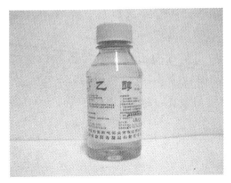

图 2.1　乙醇

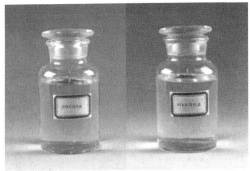

图 2.2　汽油

(3) 苯。

苯在常温下是一种无色透明、易挥发的液体,如图 2.3 所示。具有强烈的芳香气味。不溶于水,不能用水扑救苯引起的火灾。苯可燃,毒性较高,是一种致癌物质,可通过皮肤和呼吸道进入人体。

(4) 丙酮。

丙酮是一种无色透明、易流动液体,如图 2.4 所示。有芳香味,闪点－17.8 ℃,沸点 56.1 ℃,遇高热、明火、氧化剂有燃烧爆炸的危险。毒性近似乙醇的毒性。

图 2.3　苯

图 2.4　丙酮

4　易燃液体的标签

第 3 类易燃液体标签如表 2.6 所示。

表 2.6　第 3 类易燃液体标签

标　签	名　称	货运 IMP 代码	描　述	举　例
(第3类易燃液体标签图)	第 3 类易燃液体	RFL	最小尺寸:100 mm×100 mm 图形符号(火焰):黑色或白色 底色:正红色(Pantone 186 U 号颜色) 此标签也可印为红色底面,图形符号(火焰)、文字、数字及边线均为黑色	酒精、苯、汽油

四、第4类 易燃固体、易自燃物质、遇水释放易燃气体的物质

1 易燃固体

（1）定义。

4.1项以易燃固体为代表，但事实上并不仅仅包括易燃固体，还包括自反应物质和固态减敏爆炸品。

（2）分类。

①易燃固体，指在正常运输条件下，易于燃烧的固体和摩擦可能起火的固体。

②自反应物质，指即使没有氧气（空气）也容易发生激烈放热反应的不稳定物质。

③固态减敏爆炸品系指用水或醇类或其他物质稀释，形成均匀固态混合物，抑制了爆炸性的爆炸品。

（3）常见易燃固体。

①红磷

又叫赤磷，为紫红色粉末，如图2.5所示。无毒、无嗅，不溶于水和有机溶剂，略溶于无水酒精。红磷摩擦极易燃烧，但不自燃；在空气中能发生缓慢氧化，氧化产物易潮解；与大多数氧化剂如氯酸盐、硝酸盐、高氯酸盐等接触都会组成十分敏感的爆炸性混合物而立即爆炸。

②硫

纯硫在室温下为无嗅的淡黄色晶体，如图2.6所示。质脆，很容易被研成粉末，不溶于水。硫的粉末与空气混合能产生粉尘爆炸；与卤素、金属粉末接触剧烈反应，与氧化剂接触能形成爆炸性混合物；遇明火、高温易发生燃烧，燃烧时散发有毒、有刺激性气体。

图 2.5 红磷

图 2.6 硫

2 易自燃物质

（1）定义。

4.2项易自燃物质是指在正常运输条件下能自发放热，或接触空气后能够放热，并随后起火的物质。根据自燃性，易自燃物质分为发火物质和自发放热物质。

(2) 常见的易自燃物质。

黄磷又称白磷,呈白色或淡黄色半透明蜡状固体,如图 2.7 所示。黄磷不溶于水,自燃点 30 ℃,在空气中暴露 1—2 min 即会自燃,称为鬼火现象。一般情况下都把它浸没在水中保存。黄磷引起的火灾应用雾状水扑救,以防止飞溅,也可用沙土覆盖,并用水浸湿沙土防止复燃。黄磷有剧毒,成人口服 60 mg 可致死。

3 遇水释放易燃气体的物质

(1) 定义。

4.3 项遇水释放易燃气体的物质,指与水反应容易自燃或放出危险数量的易燃气体的物质。

(2) 常见遇水释放易燃气体的物质。

①碱金属

常见的碱金属有锂、钠、钾等,金属钠如图 2.8 所示。由于碱金属化学性质很活泼,一般将它们放在矿物油中或密封在稀有气体中保存,以防止其与空气或水发生反应。碱金属都能和水发生激烈的反应,产生强碱性的氢氧化物。钠存放时应浸泡于煤油中,事故处置方法为采用干砂、干粉处理,切忌用水和泡沫。

图 2.7 黄磷

图 2.8 金属钠

②碳化钙

俗称电石,是无机化合物,白色晶体,工业品为灰黑色块状物,断面为紫色或灰色,如图 2.9 所示。遇水立即发生激烈反应,生成乙炔,并放出热量。如果使用水来扑火,会产生可燃气体导致爆炸,所以应使用干粉灭火器、水泥、沙土控制明火火势。碳化钙是重要的基本化工原料,主要用于产生乙炔,也用于有机合成、氧炔焊接等。电石桶要密封充氮或设放气孔。

③萘

萘是白色片状结晶,如图 2.10 所示。易挥发,有温和芳香气味,粗萘有煤焦油臭味,不溶于水,易溶于醚和热的乙醇中,在高温下可升华,可用于合成染料、树脂等。

4 第 4 类危险品标签

第 4 类易燃固体、易自燃物质、遇水释放易燃气体的物质标签如表 2.7 所示。

图 2.9 碳化钙

图 2.10 工业萘

表 2.7 第 4 类易燃固体、易自燃物质、遇水释放易燃气体的物质标签

标 签	名 称	货运 IMP 代码	描 述	举 例
	第 4 类 易燃固体 (4.1 项)	RFS	最小尺寸:100 mm×100 mm 图形符号(火焰):黑色 底色:白色,带有七条红色竖条(Pantone 186 U 号颜色)	安全火柴、乒乓球、硫、硝基萘
	第 4 类 易自燃物质 (4.2 项)	RSC	最小尺寸:100 mm×100 mm 图形符号(火焰):黑色或白色 底色:上半部白色,下半部红色(Pantone 186 U 号颜色)	黄磷、二氨基镁、椰肉干、鱼粉
	第 4 类 遇水释放 易燃气体 的物质 (4.3 项)	RFW	最小尺寸:100 mm×100 mm 图形符号(火焰):黑色或白色 底色:蓝色(Pantone 285 U 号颜色) 此标签也可印为蓝色底面,图形符号(火焰)、数字及边线均为黑色	碳化钙、金属钠、氢化钠、甲基二氯硅烷

五、第 5 类 氧化性物质和有机过氧化物

1 氧化性物质和有机过氧化物的定义

5.1 项氧化性物质是指自身不一定可燃,但可以放出氧气而引起其他物质燃烧的物质。

5.2 项有机过氧化物是指含有二价过氧基(—O—O—)的有机物。

2 常见的氧化性物质

（1）高锰酸钾。

高锰酸钾是紫红色晶体，如图 2.11 所示。可溶于水，遇乙醇即被还原。它是极强的氧化剂之一，在化学生产中应用广泛：用作制糖精、维生素 C 及安息香酸的氧化剂；在医药上用作制防腐剂、消毒剂、除臭剂及解毒剂；还用作特殊织物、蜡、油脂及树脂的漂白剂，以及防毒面具的吸附剂。

（2）过氧化氢。

过氧化氢为无色透明液体，如图 2.12 所示，是一种强氧化剂。3％的过氧化氢水溶液俗称双氧水，在医药上作消毒用。过氧化氢本身不燃，但能与可燃物反应放出大量热量和氧气而引起着火爆炸。它能与糖、淀粉、醇类、石油产品等形成爆炸性混合物，在撞击、受热或电火花作用下发生爆炸。

图 2.11　高锰酸钾　　　　　　图 2.12　过氧化氢水溶液

（3）漂白粉。

其主成分中文别名为次氯酸钙，是白色粉末，具有类似氯气的臭味。次氯酸钙属于一种强氧化剂，遇水或潮湿空气会引起燃烧爆炸，与碱性物质混合能引起爆炸，接触有机物有引起燃烧的危险。在受热、遇酸或受日光照射时会分解放出剧毒的氯气。漂白粉一般用于棉、麻、纸浆、丝纤维织物的漂白，饮用水、游泳池水等的杀菌和消毒，乙炔的净化等。

3 氧化性物质和有机过氧化物标签

第 5 类氧化性物质和有机过氧化物标签如表 2.8 所示。

表 2.8　第 5 类氧化性物质和有机过氧化物标签

标　签	名　称	货运 IMP 代码	描　述	举　例
（5.1 标签图）	第 5 类氧化性物质（5.1 项）	ROX	最小尺寸：100 mm×100 mm 图形符号（圆圈上带火焰）：黑色 底色：黄色（Pantone 109 U 号颜色） 此标签也可印为红色底面，图形符号（火焰）、文字、数字及边线均为黑色	硝酸铵肥料、氯酸钙、漂白粉、高锰酸钾

续表

标　签	名　称	货运 IMP 代码	描　述	举　例
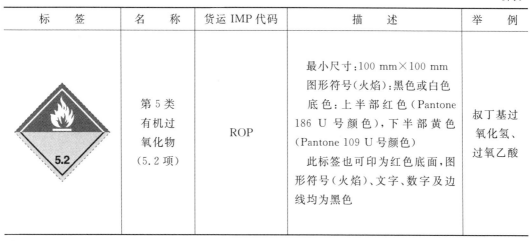	第5类有机过氧化物（5.2项）	ROP	最小尺寸：100 mm×100 mm 图形符号（火焰）：黑色或白色 底色：上半部红色（Pantone 186 U 号颜色），下半部黄色（Pantone 109 U 号颜色） 此标签也可印为红色底面，图形符号（火焰）、文字、数字及边线均为黑色	叔丁基过氧化氢、过氧乙酸

六、第6类　毒性物质和感染性物质

1　毒性物质

（1）定义。

6.1项毒性物质指经吞食、吸入或与皮肤接触进入人体后，可导致死亡或严重受伤或危害人类健康的物质。

（2）毒性物质的包装等级。

包括农药在内的6.1项毒性物质，必须根据它们在运输中的毒性危险程度划入如下包装等级：

①包装等级Ⅰ级——具有非常剧烈毒性危险的物质及制剂；

②包装等级Ⅱ级——具有严重毒性危险的物质及制剂；

③包装等级Ⅲ级——具有较低毒性危险的物质及制剂。

在人类缺乏经验的时候，必须以动物实验所得的数据为根据来划定包装等级，以3种可能的实施方式进行实验，包括口服摄入、皮肤接触和吸入粉尘、烟雾或蒸气。具体包装等级标准如表2.9和表2.10所示。

表2.9　口服、皮肤接触及吸入尘、雾的毒性物质包装等级标准

包装等级	口服毒性 LD_{50}/(mg/kg)	皮肤接触毒性 LD_{50}/(mg/kg)	吸入尘、雾毒性 LC_{50}/(mg/L)
Ⅰ	≤5	≤50	≤0.2
Ⅱ	>5 和≤50	>50 和≤200	>0.2 和≤2
Ⅲ	>50 和≤300	>200 和≤1000	>2 和≤4

注：催泪性气体物质即使毒性数据为包装等级Ⅲ级要求，也必须归为包装等级Ⅱ级。

表2.10　吸入蒸气毒性物质包装等级标准

包装等级	吸入蒸气毒性
Ⅰ	LC_{50}≤1000 mL/m³ 并且 V≥10LC_{50}

续表

包装等级	吸入蒸气毒性
Ⅱ	$LC_{50} \leqslant 3000 \ mL/m^3$ 并且 $V \geqslant LC_{50}$，同时未能达到包装等级Ⅰ级标准
Ⅲ	$LC_{50} \leqslant 5000 \ mL/m^3$ 并且 $V \geqslant 0.2LC_{50}$，同时未能达到包装等级Ⅰ级和Ⅱ级标准

注：V 是指在 20 ℃ 和标准大气压下空气中饱和蒸气的浓度，单位为 mL/m^3。

2 感染性物质

（1）定义。

感染性物质指那些已知含有或有理由认为含有病原体的物质。

（2）种类。

①生物制品，如疫苗；

②转基因微生物和生物；

③医学或临床废弃物；

④感染性活体动物；

⑤病患标本。

3 常见的毒性物质和感染性物质

（1）氢氰酸及其盐。

氢氰酸有苦杏仁味，极易扩散，如果通过呼吸进入体内，毒性很大。氰化钾为白色圆球形硬块，粒状或结晶性粉末，如图 2.13 所示。剧毒，若被误食，50 mg 即可致人死亡。

氰化钾是一种重要的基本化工原料，用于基本化学合成、电镀、冶金、有机合成医药、农药及金属处理等方面。可以作为化学试剂、络合剂、掩蔽剂，可以用于金银等贵重金属的提炼和电镀等。

（2）砷及其化合物。

砷的俗名为砒，是呈灰色、黄色或黑色的金属状晶体，如图 2.14 所示。纯的未被氧化的砷是无毒的，不纯的砷俗称砒霜，有剧毒。砷的氧化物及对应酸和盐、氢化物大都具有毒性，不少是极毒物质。砷及其化合物可用作药物或杀虫剂等。

图 2.13 氰化钾

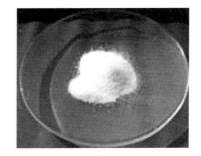

图 2.14 砷

4 毒性物质和感染性物质标签

第 6 类毒性物质和感染性物质标签如表 2.11 所示。

表 2.11 第 6 类毒性物质和感染性物质标签

标　签	名　称	货运 IMP 代码	描　述	举　例
☠	第 6 类 毒性物质 (6.1 项)	RPB	最小尺寸:100 mm×100 mm 图形符号(骷髅和交叉股骨):黑色 底色:白色	砒霜、尼古丁、氰化物、农药
☣	第 6 类 感染性物质 (6.2 项)	RIS	最小尺寸:100 mm×100 mm 小包装件的尺寸可为 50 mm×50 mm 图形符号(三枚新月叠加在一个圆圈上)和说明文字:黑色 底色:白色	病毒、病菌、医学或临床废弃物

七、第 7 类　放射性物质

1　放射性物质的定义

放射性物质是指能自发和连续地放射出某种类型的辐射(电离辐射)的物质或物品,放射性物质是指含放射性元素的材料。这种辐射不能被人体的任何感官(视觉、听觉、嗅觉、触觉)觉察到,但可用相应的仪器鉴别和测量。

2　放射性物质的标签

第 7 类放射性物质标签如表 2.12 所示。

表 2.12 第 7 类放射性物质标签

标　签	名　称	货运 IMP 代码	描　述	举　例
RADIOACTIVE I	第 7 类 放射性物质 (Ⅰ级-白色)	RRW	最小尺寸:100 mm×100 mm 图形符号(三叶形标记):黑色 底色:白色	

续表

标　签	名　称	货运 IMP 代码	描　述	举　例
	第7类放射性物质（Ⅱ级-黄色）	RRY	最小尺寸：100 mm×100 mm 图形符号（三叶形标记）：黑色 底色：上半部黄色（Pantone 109 U 号颜色）带白边，下半部白色	医疗放射性核素的射线装置，如PET-CT、钴-60远距离放射治疗机、粒子植入手术灯；瓷砖
	第7类放射性物质（Ⅲ级-黄色）	RRY	最小尺寸：100 mm×100 mm 图形符号（三叶形标记）：黑色 底色：上半部黄色（Pantone 109 U 号颜色）带白边，下半部白色	
	第7类裂变物质（临界安全指数）		最小尺寸：100 mm×100 mm 说明文字（必须注明）：白色底色标签的上半部标注黑色文字"FISSILE"（裂变物质）	

八、第8类　腐蚀性物质

1　腐蚀性物质的定义

腐蚀性物质是指通过化学作用在接触生物组织时会造成严重损伤或在渗漏时会严重损害甚至毁坏其他货物或运载工具的物质。如湿电池电解液、硫酸、汞等，如图2.15所示。

湿电池电解液

硫酸

温度计（含汞）

图 2.15　腐蚀性物质

2 腐蚀性物质的包装等级

腐蚀性物质的包装等级是根据它与人的皮肤从开始接触到皮肤出现明显坏死所需的时间来测定的(由动物代替实验测定)。经测定不能导致皮肤严重损伤的物质,仍有可能导致金属表面的腐蚀。具体包装等级划分标准如表 2.13 所示。

表 2.13　第 8 类腐蚀性物质包装等级标准

包装等级	接触时间	观察时间	皮肤被破坏的厚度	对钢/铝的腐蚀速度
Ⅰ	≤3 min	≤60 min	100%	—
Ⅱ	>3 min,≤60 min	≤14 d	100%	—
Ⅲ	>60 min,≤4 h	≤14 d	100%	被测物质对皮肤的破坏厚度达不到100%,但每年对特定型号钢/铝的腐蚀厚度>6.25 mm,试验温度为 55 ℃(130 ℉)

3 腐蚀性物质标签

第 8 类腐蚀性物质标签如表 2.14 所示。

表 2.14　第 8 类腐蚀性物质标签

标　签	名　称	货运 IMP 代码	描　述	举　例
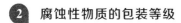	第 8 类腐蚀性物质	RCM	最小尺寸:100 mm×100 mm 图形符号(液体从两只玻璃容器中溢出并溅到手上和金属上):黑色 底色:上半部白色,下半部黑色,带有白色边线	硫酸、蓄电池电解液、硝酸、汞

九、第 9 类　杂项危险品

1 杂项危险品的定义

杂项危险品指在空运过程中存在不属于其他类别危险性的危险物质和物品。

2 常见杂项危险品

(1) 锂电池。

锂电池是指电化学体系中含有锂(包括金属锂、锂合金和锂离子、锂聚合物)的电池。如图 2.16 所示。

锂电池一直位于 ICAO《技术细则》的名录中,因为锂是不稳定的金属,锂电池在高空环境下遇热后很容易自燃,所以 ICAO 一直都规定锂电池应该作为手提行李携带登机。

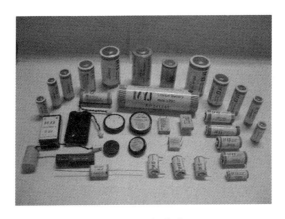

图 2.16 锂电池

(2) 磁性物质。

距离组装好的包装件外表面任一点 2.1 m 处的最大磁场强度能使罗盘偏转 2°的物质即为磁性物质。大部分铁磁性金属,例如机动车、机动车零部件、金属栅栏、管子和金属结构材料等,即使未达到磁性物质标准,由于可能影响飞行仪表,尤其是罗盘,也应遵守经营人的特殊装载要求。

③ 杂项危险品标签

第 9 类杂项危险品标签如表 2.15 所示。

表 2.15 第 9 类杂项危险品标签

标签	名称	货运 IMP 代码	描述	举例
	第 9 类 杂项危险品	RMD		石棉、大蒜油、救生艇、电动轮椅
	第 9 类 颗粒状聚合物	RSB	最小尺寸:100 mm×100 mm 图形符号(上半部有七条竖条):黑色 底色:白色	半成品聚合物材料
	第 9 类 固体二氧化碳	ICE		干冰、冷冻蔬菜
	第 9 类 锂电池	RBI, RBM, RLI 和 RLM	最小尺寸:100 mm×100 mm 图形符号(上半部有七条竖条,下半部是一组电池,其中一个损坏且喷出火焰):黑色 底色:白色	锂电池

任务实施

1. 危险品根据什么分类？共分为哪几项？
2. 常见的危险品有哪些？每项至少列出 2 种物品或物质。
3. 毒性物质按照什么标准进行包装等级划分？
4. 简述不同配装组的爆炸品危险性项别。
5. 根据危险品标签识别危险品类型。

任务评价

任务实施检测表如表 2.16 所示。

表 2.16　任务实施检测表

考核内容	分值	自评分	小组评分	教师评分	实得分
任务一	20				
任务二	20				
任务三	20				
任务四	20				
任务五	20				
总分	100				

任务二　分类具有多重危险性的物品和物质

■ 导入案例

2014 年 3 月 10 日，吉祥航空 HO1253 航班在执飞上海至北京任务过程中，货舱烟雾警告装置被触发，飞机紧急备降于济南遥墙机场。后经查明，原因是该航班的一货物内含具有腐蚀性、易燃性的化学品二乙胺基三氟化硫。该物品的运输专用名称是"腐蚀性液体，易燃"，主要危险性为腐蚀性，次要危险性为易燃。但货运单上填写的货物品名为"标书、鞋子、连接线和轴承"。该票货物是由申通快递有限公司揽收，申通快递因与航空公司无销售代理协议，交由上海秉信物流有限公司运送，上海秉信又将货物转交持有航空货运单的上海申海杰国际物流有限公司进行了托运。中航协方面指出，上述三家公司超出经营范围承揽危险品，并采取隐瞒手法将危险品谎报为普通货物运输，性质十分恶劣，严重危及民航安全，因此注销三家公司的货运代理资质。

资料来源：搜狐网，有改动

知识讲解

如果某物品或物质在危险品表中未列出具体名称,并且具有双重危险性,其危险性必须按照下列标准确定。

一、多重危险性物品和物质

多重危险性物品和物质是指具有两种及以上危险性的危险品。例如,腐蚀性物质除具有腐蚀性外,还具有毒性、易燃性和氧化性等。对于同一物质,用不同危险性指标(如闪点、燃点、遇水反应、氧化性、致死中量、腐蚀性等)去测定,如果有两个及以上的测定值在危险品的定义范围内,那么该物质就具有两种及以上危险性。判定多重危险性物品和物质属于的危险品类别,应以其主要危险性作为定类的标准,其余的则为次要危险性。

二、危险性主次顺序表

如果某种物品或物质在危险品品名表中未列出具体名称,并且具有双重危险性,则其主要危险性必须按照以下标准来确定。

当两种危险性同时出现在第3类、第4类、第8类、5.1项和6.1项时,必须根据表2.15来确定两种危险性中的一种作为主要危险性。表2.17中纵横两行交叉之处的类、项是主要危险性,其他类、项是次要危险性。在不同危险性所对应的包装等级中,必须选取最严格的包装等级作为该危险品的包装等级。应选定的包装等级在表示主要危险性的类、项编号旁边标明。

表 2.17　第3、4、8类及5.1项、6.1项危险品的危险性和包装等级主次顺序表

类或项	包装等级	4.2 II	4.2 III	4.3 I	4.3 II	4.3 III	5.1 I	5.1 II	5.1 III	6.1(d) I	6.1(o) II	6.1 I	6.1 II	8(l) I	8(s) I	8(l) II	8(s) II	8(l) III	8(s) III
3	I*			4.3, I	4.3, I	4.3, I	—	—	—	3, I	3, I	3, I	3, I	3, I	—	3, I	—	3, I	—
3	II*			4.3, I	4.3, II	4.3, II	—	—	—	3, I	3, II	3, II	3, II	8, I	—	3, II	—	3, II	—
3	III*			4.3, I	4.3, II	4.3, III	—	—	—	6.1, I	6.1, I	6.1, II	3, III**	8, I	—	8, II	—	3, III	—
4.1	II*	4.2, II	4.2, II	4.3, I	4.3, II	4.3, II	5.1, I	4.1, II	4.1, II	6.1, I	6.1, I	4.1, II	4.1, II	—	8, I	—	4.1, II	—	4.1, II
4.1	III*	4.2, II	4.2, III	4.3, I	4.3, II	4.3, III	5.1, I	4.1, II	4.1, III	6.1, I	6.1, I	4.1, II	4.1, III	—	8, I	—	8, II	—	4.1, III
4.2	II			4.3, I	4.3, II	4.3, II	5.1, I	4.2, II	4.2, II	6.1, I	6.1, I	4.2, II	4.2, II	8, I	8, I	4.2, II	4.2, II	4.2, II	4.2, II

续表

类或项	包装等级	4.2 II	4.2 III	4.3 I	4.3 II	4.3 III	5.1 I	5.1 II	5.1 III	6.1(d) I	6.1(o) I	6.1 II	6.1 III	8(l) I	8(s) I	8(l) II	8(s) II	8(l) III	8(s) III
4.2	III			4.3,I	4.3,II	4.3,III	5.1,I	5.1,II	4.2,III	6.1,I	6.1,I	6.1,II	4.2,III	8,II	8,II	8,III		4.2,III	4.2,III
4.3	I						5.1,I	4.3,I	4.3,I	6.1,I	6.1,I	4.3,I	4.3,I	4.3,I	4.3,I	4.3,I	4.3,I	4.3,I	4.3,I
4.3	II						5.1,I	4.3,II	4.3,II	6.1,I	6.1,I	4.3,II	4.3,II	8,I	8,I	4.3,II	4.3,II	4.3,II	4.3,II
4.3	III						5.1,I	5.1,II	4.3,III	6.1,I	6.1,I	6.1,II	4.3,III	8,I	8,I	8,II	8,II	4.3,III	4.3,III
5.1	I						5.1,I	5.1,I	5.1,I	5.1,I	5.1,I	5.1,I	5.1,I	5.1,I	5.1,I	5.1,I	5.1,I	5.1,I	5.1,I
5.1	II						6.1,I	5.1,II	5.1,II	6.1,I	6.1,I	5.1,II	5.1,II	8,I	8,I	5.1,II	5.1,II	5.1,II	5.1,II
5.1	III						6.1,I	6.1,I	6.1,I	5.1,III	5.1,III	6.1,II	5.1,III	8,I	8,I	8,II	8,II	5.1,III	5.1,III
6.1(d)	I													8,I	6.1,I	6.1,I	6.1,I	6.1,I	6.1,I
6.1(o)	I													8,I	6.1,I	6.1,I	6.1,I	6.1,I	6.1,I
6.1(i)	II													8,I	6.1,I	6.1,I	6.1,I	6.1,I	6.1,I
6.1(d)	II													8,I	6.1,II	8,I	6.1,II	6.1,II	6.1,II
6.1(o)	II													8,I	8,I	8,I	6.1,II	6.1,II	6.1,II
6.1	III													8,I	8,I	8,II	8,II	8,III	8,III

注：本表依据联合国的危险性主次顺序表制成。

l：液体。

s：固体。

i：吸入。

d：皮肤接触。

o：口服。

—：不可能的组合。

*：自反应物质和固态减敏爆炸品以外的 4.1 项物质以及减敏的液态爆炸品以外的第 3 类物质。

**：对于农药，主要危险性必须是 6.1 项。

三、例外情况

具有多重危险性的物品或物质,如果其中一种危险性符合下列各类、项中的标准,则这些类项永远作为主要危险性:

(1) 第1类、第2类和第7类(放射性物质的例外包装件除外)。
(2) 5.2项和6.2项。
(3) 4.1项的易燃物质及相关的物质和固态减敏爆炸品。
(4) 4.2项的易自燃物质。
(5) 要求吸入毒性包装等级Ⅰ级的6.1项物质。符合第8类标准的某些物质,例如其吸入性、雾的毒性(LC_{50})要求Ⅰ级包装等级的物质应划归6.1项,但若其口服或皮肤接触毒性(LD_{50})要求Ⅲ级包装等级,应划归为第8类。
(6) 第3类的减敏的液态爆炸品。

四、附加规则

规则1:除例外包装件中的放射性物质外,具有其他危险性的放射性物质必须归为第7类,同时还必须确定其次要危险性。

规则2:符合磁性物质标准同时也具有其他危险性的物质,除了作为磁性物质以外,还必须根据本节的规定进行识别。

规则3:具有其他危险性的感染性物质必须始终归类为6.2项,并且还应识别它的最大次要危险性。

任务实施

1. 描述第3、4、8类及5.1项、6.1项危险品的危险性和包装等级主次顺序表的使用方法。
2. 利用第3、4、8类及5.1项、6.1项危险品的危险性和包装等级主次顺序表进行危险性识别。

任务评价

任务实施检测表如表2.18所示。

表2.18 任务实施检测表

考核内容	分值	自评分	小组评分	教师评分	实得分
方法表述正确	40				
操作过程规范	20				
危险性识别准确	40				
总分	100				

■ **民航危险品运输思政**

2015年7月26日0时40分,深圳航空公司ZH9648台州至广州航班发生一起机上纵火事件。机上9名机组成员临危不惧、协同配合、果断处置,成功扑灭明火、稳定客舱秩序、制服犯罪嫌疑人。0时58分,飞机安全着陆,确保了机上97名乘客生命财产安全和航空器安全。7月28日晚间,记者从中国民航局主管的中国民航网获悉,事件发生后,当地已成立工作领导小组、开展处置,当地民航局局长被免职,副局长撤职,机场安检站站长、副站长,当班职工全部就地开除。

火种属于危险品,根据火种的性质不同可分类到2.1项易燃气体或者第3类易燃液体或者4.1项易燃固体。对于火种,中国民航局有明确规定禁止旅客随身携带和托运。

资料来源:百度百科,有改动

职业启示:作为航空运输保障中要求最为严格和精密的细分业务之一,危险品航空运输是一个国家航空运输业保障能力和操作水平的直观体现。作为航空运输人员,保持精益求精的工作态度,不断加强业务学习,掌握IATA对民航危险品的分类,夯实危险品运输基础,对于减少危险品事故及事故症候,保证民航危险品的安全运输极其重要。

项目学习效果综合测试

一、选择题

1. 爆炸品共分为(　　)个危险项别,(　　)个装配组。
   A.7;13　　　　B.7;12　　　　C.6;13　　　　D.6;12
2. 以下物质属于第3类危险品的是(　　)。
   A.苯　　　　B.硫　　　　C.过氧化物　　　　D.汽油
3. 4.3项危险品的危险特性包括(　　)。
   A.遇水燃烧性　　B.爆炸性　　　C.毒害性　　　　D.自燃性
4. 下列物品属于第9类危险品的是(　　)。
   A.固态二氧化碳　B.石棉　　　　C.救生艇　　　　D.以上都是

二、判断题

1. 2.1项优先于2.2、2.3项。(　　)
2. 1.1、1.2项可以进行航空运输。(　　)
3. 在运输过程中,含有自反应物质的包装件或集装件必须避免阳光直射,远离各种火源。(　　)
4. 红磷发生自燃,我们通常称为鬼火现象。(　　)
5. 碱金属发生火灾时可以用水灭火,但最好用沙土。(　　)

三、填空题

1. 氢气的货运IMP为_____,氯气的货运IMP为_____。
2. 第4类危险品主要包括_____、_____以及_____。
3. 判断下列危险品的主要危险性。

类别或项别	包装等级	类别或项别	包装等级	主要危险性	次要危险性	包装等级
3	I	And 8(l)	II			
6.1(i)	II	And 8(l)	I			
4.3	III	And 6.1	III			
6.1	II	And 3	II			

4. 根据以下给定的性质描述和实验数据,判断危险品的类别或项别编号和包装等级。

物质的特性描述	类别或项别	包装等级
液体,闪点 15 ℃,初沸点 36 ℃		
液体,闪点 50 ℃,初沸点 32 ℃		
液体,闪点 45 ℃,初沸点 70 ℃		
固体,口服毒性 LD_{50} 为 35 mg/kg,皮肤接触毒性 LD_{50} 为 500 mg/kg,吸入毒性 LC_{50} 为 1.5 mg/L		
固体,口服毒性 LD_{50} 为 80 mg/kg,皮肤接触毒性 LD_{50} 为 150 mg/kg,吸入毒性 LC_{50} 为 3.5 mg/L		
固体,吸入蒸气的毒性 LD_{50} 为 1800 mL/m³		
固体,与皮肤接触时间 45 min,观察时间 2 d,皮肤出现深度坏死		
固体,与皮肤接触时间 2 min,观察时间 15 min,皮肤出现深度坏死		

5. 将下列危险品与分项配对。
危险品:金属钠、氢气、红磷、氧气、赛璐珞、白磷、一氧化碳、氮气、乙炔、碳化钙
2.1 项(　　　　　　　　)　　4.1 项(　　　　　　　　)
2.2 项(　　　　　　　　)　　4.2 项(　　　　　　　　)
2.3 项(　　　　　　　　)　　4.3 项(　　　　　　　　)

四、完成任务

任务标题	项目二　IATA 对民航危险品分类		
工种	危险品运输专员	工作区域	
工时	_____分钟		

续表

任务描述	1. 按小组过关危险品分类,即看到危险性标签能够说出其所属类别、项别、危险性; 2. 根据所给物料确定第 3 类、6.1 项、第 8 类危险品的包装等级; 3. 根据所给物料使用危险性和包装等级主次顺序表确定具有多重危险性物品的主要危险性和包装等级。
任务要求	1. 识记 9 类危险品的定义、项别、名称、危险性; 2. 识记 9 类危险品的危险性标签; 3. 能看懂、会使用危险性和包装等级主次顺序表。
实训室"6S"管理要求	1. 实训桌台面整洁,不放置与本实训任务无关的物品; 2. 工具、配件摆放整齐; 3. 保证工具、物料、设备齐全,数量足够; 4. 安全用电,规范操作。

所用物料: 清点者签字 组长签字

类别	名称	规格型号	单位	数量	
危险性标签					

续表

名称	数量	组长签字
第 3 类危险品包装等级划分表		
6.1 项危险品包装等级划分表		
第 8 类危险品包装等级划分表		
第 3、4、8 类及 5.1 项、6.1 项危险品的危险性和包装等级主次顺序表		
危险性标签的识别操作过程		
第 3 类、6.1 项、第 8 类危险品包装等级的确定操作过程		
多重危险性物品和物质的分类操作过程		

续表

操作过程中遇到的困难及解决方法								
实训心得体会								
本次实训任务组内分工情况								
姓名								
分工								
考核评价意见及得分（满分100分）								
组内自评	组间互评（注明执行评价工作的小组班级和组号）							教师评价	
合计								

班级：_____　　组号：_____　　小组成员签字：_____

项目三　识别民航危险品

知识目标

1. 认识危险品品名表。
2. 理解危险品品名表每一项条目的内容。

技能目标

1. 选择运输专用名称及 UN/ID 编号。
2. 确定危险品的类别/项别及可能存在的次要危险性。
3. 确定包装件所需的危险性标签。
4. 确定危险品包装等级。
5. 确定每一包装件的最大允许净数量。
6. 确定危险品适用于客机/货机运输、仅限货机运输,还是禁运。
7. 命名未列于品名表中的危险品的运输专用名称。
8. 命名具有单一危险性及多重危险性的混合物及溶液的运输专用名称。

思政目标

1. 识别危险品是民航危险品运输的关键,是安全运输危险品的前提条件。安全是民航的生命线,作为民航工作人员,我们必须守好安全这个底线,掌握过硬的知识技能是我们保障民航安全运输的基础,强三基的理念要贯穿课程始终。

2. 树立规范意识,树立责任意识,在危险品运输的过程中按规范操作是保障安全的前提,要培养民航三个敬畏精神,即敬畏生命、敬畏规章、敬畏职责的精神,将行业精神植入课程学习。

任务一　认识危险品品名表

■ 导入案例

2010 年 10 月,西北大学分析检测研究中心接到了某航空公司送来的红色泥状货物样品,货主称该货物样品为矿物样品,所以仅采用普通木质板箱进行包装。但货物在起始机场露天存放时遇到雨雪天气,木箱和内置货物被打湿,后飞机运输抵达西安机场,机组人员打开货舱准备卸货时发现,机舱内雾气弥漫,这一现象给机组人员带来了极大的恐慌,更对机组人员和飞机的安全造成了严重威胁。

后西北大学分析检测研究中心对货物样品进行分析发现,该货物属于具有腐蚀性的危险品,依据《危险品规则》中的规定,该货物被列入第8类危险品,UN编号为UN3244。由于客户对货物没有进行准确、详尽的申报,且危险品鉴定部门未进行准确的分类和包装,使得该货物的运输产生了较为严重的后果。这就提醒我们,在进行航空运输货物的危险性识别和分类工作时,不仅要深刻理解《危险品规则》中的所有信息,还要了解货物样品的颜色、气味、状态等各项理化特性,以期为高效、安全的危险性货物航空运输提供强大的支持。

资料来源:豆丁网,有改动

一、危险品品名表的构成

危险品品名表是《危险品规则》的重要组成部分,对承运人、托运人双方都具有法律效力,运输各方都必须严格遵守危险品品名表的各项规定。国际航空运输协会(IATA)《危险品规则》中危险品品名表各栏说明如图3.1所示。

UN/ID no.	Proper Shipping Name/Description	Class or Div. (Sub Hazard)	Hazard Label(s)	PG	EQ see 2.6	Passenger and Cargo Aircraft				Cargo Aircraft Only		S.P. see 4.4	ERG Code
						Ltd Qty							
						Pkg Inst	Max Net Qty/Pkg	Pkg Inst	Max Net Qty/Pkg	Pkg Inst	Max Net Qty/Pkg		
A	B	C	D	E	F	G	H	I	J	K	L	M	N
0167	Projectiles † with bursting charge	1.1F				Forbidden		Forbidden		Forbidden			1L
0169	Projectiles † with bursting charge	1.2D				Forbidden		Forbidden		Forbidden			1L
0324	Projectiles † with bursting charge	1.2F				Forbidden		Forbidden		Forbidden			1L

图3.1 类别或项别

注:A栏,UN/ID编号;

B栏,运输专用名称/说明;

C栏,类别或项别(次要危险性);

D栏,危险性标签;

E栏,包装等级;

F栏,例外数量代号;

G栏,客机和货机限制数量——包装说明;

H栏,客机和货机限制数量——每一包装件的最大允许净数量;

I栏,客机和货机(包装说明);

J栏,客机和货机(每一包装件的最大允许净数量);

K栏,仅限货机(包装说明);

L栏,仅限货机(每一包装件的最大允许净数量);

M栏,特殊规定;

N栏,ERG编码。

以上为危险品品名表表头释义,后同。

❶ A栏，UN/ID编号

本栏是根据联合国分类系统给物品或物质划定的号码设定的，使用时，必须冠以字母"UN"。如果物品或物质在联合国分类系统中没有编号，可以在8000系列中指定一个临时的适用的识别编码，并且在8000系列中适用的编号前必须冠以"ID"，以代替需用"UN"在标记和文件中说明的情况。

❷ B栏，运输专用名称/说明

本栏包括通过运输专用名称和定性的描述文字识别的以英文字母顺序排列的危险品和物质。运输专用名称用粗体（黑体）字，而说明文字用细体字。

附加说明：

交运的每件物品或物质必须使用运输专用名称申报。

①危险品品名表中细体字的补充说明不属于运输专用名称，但可用作运输专用名称的补充；

②第1类爆炸品的运输专用名称可采用补充文字说明，注明其商用或军用名称；

③托运人申报单或包装件标记中使用的运输专用名称中若出现细微差异，如句号和逗号的省略，在不危及安全的情况下不视为错误。

❸ C栏，类别或项别（次要危险性）

本栏包括按照《危险品规则》的分类系统给物品或物质划定的类别或项别编号。在第1类爆炸品中，还显示了配装组。在物质有次要危险性时，次要危险性类别和项别必须示意在主要危险性后的括号中。所有次要危险性以数字次序列出。

除了有毒气体，所有的次要危险性均应严格按照数字顺序排序。对于毒性气体6.1项，次要危险性须列在其他次要危险性的类项编号之前。

❹ D栏，危险性标签

本栏包含用于B栏中物品的每一包装件及合成包装件（Overpack）外部的危险性标签。首先列出的是主要危险性标签，所有的次要危险性标签紧随其后。

❺ E栏，包装等级

本栏标明按联合国包装等级划定的给某一危险物品或物质的具体包装等级。联合国包装等级共分三级，分别为Ⅰ级——高度危险、Ⅱ级——中度危险、Ⅲ级——低度危险。

❻ F栏，例外数量代号

本栏列出危险物质或物品指定的例外数量代号。表3.1为例外数量代号说明。

表3.1 例外数量代号说明

代　号	每一内包装最大允许净数量	每一外包装最大允许净数量
E0	不允许按例外数量载运	

续表

代 号	每一内包装最大允许净数量	每一外包装最大允许净数量
E1	30 g/30 mL	1 kg/1 L
E2	30 g/30 mL	500 g/500 mL
E3	30 g/30 mL	300 g/300 mL
E4	1 g/1 mL	500 g/500 mL
E5	1 g/1 mL	300 g/300 mL

7 G栏,客机和货机限制数量(包装说明)

该栏列出了客机和货机危险品限制数量的包装说明代号。有限数量危险品的限量包装说明以"Y"作为前缀,如Y203、Y305等。以字母"Y"作为前缀的包装指令,只适用于限制数量以内的危险品。

8 H栏,客机和货机限制数量(每一包装件的最大允许净数量)

本栏表明可用于客机或货机运输中每一包装件的物品或物质的最大净数量(重量或体积),如图3.2所示。"kg"表示重量单位"千克";"L"表示体积单位"升"。所提供的重量应为净重,但如果另外带有字母"G",则表示该重量为毛重。在运输爆炸性物品和火柴时,净重是指除包装以外的制品的重量。

UN/ID no.	Proper Shipping Name/Description	Class or Div. (Sub Hazard)	Hazard Label(s)	PG	EQ see 2.6	Passenger and Cargo Aircraft Ltd Qty Pkg Inst	Passenger and Cargo Aircraft Ltd Qty Max Net Qty/Pkg	Passenger and Cargo Aircraft Pkg Inst	Passenger and Cargo Aircraft Max Net Qty/Pkg	Cargo Aircraft Only Pkg Inst	Cargo Aircraft Only Max Net Qty/Pkg	S.P. see 4.4	ERG Code
A	B	C	D	E	F	G	H	I	J	K	L	M	N
1950	Aerosols, non-flammable	2.2	Non-flamm. gas		E0	Y203	30 kg G	203	75 kg	203	150 kg	A98 A145 A167 A802	2L
1854	Barium alloys, pyrophoric	4.2				Forbidden		Forbidden		Forbidden			4W
3292	Batteries, containing sodium †	4.3	Dang. when wet		E0	Forbidden		Forbidden		492	No limit	A94 A183	4W
	Batteries, dry †					Not Restricted		Not Restricted		Not Restricted		A123	
2717	Camphor synthetic	4.1	Flamm. solid	III	E1	Y443	10 kg	446	25 kg	449	100 kg	A803	3L

图3.2 客货机限制数量包装说明和最大净数量

如果显示"Forbidden"(禁运),本物品或物质不得按照有限数量的规定运输。

如果显示"No Limit"(无限制)或在H栏有包装说明参照时,在托运人的申报单上所填数量必须按照对"机器或器械中的危险品"的要求,标明每种固态、液态或气态危险品的总数量的要求描述。

9 I栏,客机和货机(包装说明)

本栏列出了危险物品或物质用客机或货机运输时有关的包装说明。

❿ J栏，客机和货机（每一包装件的最大允许净数量）

本栏说明可用于客机或货机运输的每一包装件内的物品或物质所允许的最大净数量（重量或体积）。所提供重量应为净重，除非有另外字母 G 表示毛重。在运输爆炸性物品和火柴时，净重是指除包装以外的制品的重量。

⓫ K 栏，仅限货机（包装说明）

本栏列出仅限货机运输的危险物品或物质的包装说明。

⓬ L 栏，仅限货机（每一包装件的最大净数量）

本栏说明仅限货机运输的每一包装件内的物品或物质所允许的最大净数量（重量或体积）。重量应为净重，除非另外有字母 G 表示毛重。同样，在运输爆炸性物品和火柴时，净重是指除包装以外的制品的重量。

⓭ M 栏，特殊规定（见 IATA《危险品规则》4.4 节）

本栏内容用一个、两个或三个数字前冠以字母"A"表示，对应于危险品品名表中的适当条目。如 A1 表示该物品或物质只有预先得到始发国或经营人国有关当局的批准，并按照该有关当局指定的书面条件才可以用客机运输。批准文件包括数量限制和包装要求，且必须有一份伴随货物运输。该物品或物质可以按照表 3.1 的 K 栏和 L 栏的要求用货机运输。如始发国及经营人国以外的其他国家在其国家差异中规定按本特殊规定运输的危险品，必须事先得到其同意，则必须取得这些国家的批准。

⓮ N 栏，ERG 编码

ERG 编码，即应急响应编码，可以在 ICAO 文件《涉及危险品航空器事件应急指南》中找到。编码由字母部分和数字部分组成，表示编码指定的涉及事件的特定危险品条目的建议反应措施及额外危险，如表 3.2 和表 3.3 所示。

表 3.2 机上危险品事故应急响应措施及注意事项

操作代号	固有的危险性	对飞机的危险	对机上人员的危险	溢出/渗漏处理程序	救火措施	其他考虑因素
1	爆炸可能破坏飞机的结构	起火和/或爆炸	参照有关操作代码	使用100%氯气,禁止吸烟	所有使用的灭火器;使用标准灭火程序	可能突然减压
2	气体、非易燃,在起火情况下压力可能产生危险	最低限	参照有关操作代码	使用100%氯气,对于操作代码"A""I"或"P",打开并保持最大限度的通风	所有使用的灭火剂;对于代码为"W"的危险品不得使用水作为灭火剂	可能突然减压

续表

操作代号	固有的危险性	对飞机的危险	对机上人员的危险	溢出/渗漏处理程序	救火措施	其他考虑因素
3	易燃（液体或固体）	起火和/或爆炸	烟、气和高温，以及如有关操作代码所述	使用100%氯气，打开并保持最大限度的通风；禁止吸烟；用电保持最低限度	所有使用的灭火剂；对于代码为"W"的危险品不得使用水作为灭火剂	可能突然减压
4	暴露在空气中自燃	起火和/或爆炸	烟、气和高温，以及如有关操作代码所述	使用100%氯气，打开并保持最大限度的通风	所有使用的灭火剂；对于代码为"W"的危险品不得使用水作为灭火剂	可能突然减压；对于操作代码"F""H"用电保持最低限度
5	氧化剂，可能点燃其他物质或在火中受热爆炸	起火和/或爆炸；可能造成腐蚀性破坏	刺激眼、鼻和咽喉；与皮肤接触造成损害	使用100%氯气，打开并保持最大限度的通风	所有使用的灭火剂；对于代码为"W"的危险品不得使用水作为灭火剂	可能突然减压
6	有毒物品，吸入、食用或被皮肤吸收可能致命	被有毒液体或固体污染	剧烈中毒，可能以后才有反应	使用100%氯气，打开并保持最大限度的通风；没有手套不得接触	所有使用的灭火剂；对于代码为"W"的危险品不得使用水作为灭火剂	可能突然减压；对于操作代码"F""H"用电保持最低限度
7	破损或未加防护的包装发出辐射	被渗透的放射性物质污染	受辐射，人员被放射性物质污染	不得移动包装；避免接触	所有合适的处理剂	通知专业人员接机处理

续表

操作代号	固有的危险性	对飞机的危险	对机上人员的危险	溢出/渗漏处理程序	救火措施	其他考虑因素
8	腐蚀性物质或烟雾,吸入或与皮肤接触可能致残	腐蚀性破坏	刺激眼、鼻和咽喉;与皮肤接触造成损害	使用100%氯气,打开并保持最大限度的通风;没有手套不得接触	所有使用的灭火剂;对于代码为"W"的危险品不得使用水作为灭火剂	可能突然减压;对于操作代码"F""H"用电保持最低限度
9	无通常固有的危险	见有关操作代码所述	见有关操作代码所述	使用100%氯气,对于操作代码为"A"的危险品,打开并保持最大限度的通风	所有使用的灭火剂;对于代码为"W"的危险品不得使用水作为灭火剂	无
10	易燃气体,遇火源起大火	起火和/或爆炸	烟、气和高温,以及如有关操作代码所述	使用100%氯气,打开并保持最大的通风;禁止吸烟;尽量不用电器	所有使用的灭火剂	可能突然减压

表3.3 操作代码额外危险

操作代码	额外危险	操作代码	额外危险	操作代码	额外危险
A	麻醉	I	刺激性或催泪	S	自燃或引火
C	腐蚀	L	其他较低危险性或无危险性	W	遇湿释放有毒或易燃气体
E	爆炸				
F	易燃	M	磁性	X	氧化剂
H	高点燃性	N	有毒害的	P	毒性

ERG 编码主要是提供给经营人使用,以方便经营人将 ERG 编码填写在特殊货物机场通知单(NOTOC)上。

二、危险品运输专用名称的选择

运输专用名称是指在危险品运输过程中,在所有运输文件和通告中,包装件表面使用的用于识别危险品或物质的名称。运输专用名称在危险品品名表中用粗体表示,而一般字体部分不必视为运输专用名称的一部分,但可以附在运输专用名称之后作为补充说明。

1 危险品品名表条目使用顺序

危险品品名表中列出的运输专用名称条目有以下 4 种,优先使用顺序为:
(1) 单一条目(具有明确定义的物质或物品)。
Kerosene　煤油　　　　　　　　　　　　　　　　　　　　　　UN1223
Isopropyl butyrate　丁酸异丙酯　　　　　　　　　　　　　　UN2405
(2) 属性条目(具有明确定义的一组物质或物品)。
Adhesives　黏合剂　　　　　　　　　　　　　　　　　　　　UN1133
Organic peroxide, type C, liquid　液态 C 型有机过氧化物　　UN3103
(3) 特定泛指条目(具有某一特定化学或技术性质的一组物质或物品)。
Refrigerant gas, n.o.s.　泛指制冷气体　　　　　　　　　　UN1078
Selenium compound, solid, n.o.s.　泛指固体硒化物　　　　UN3283
(4) 属性泛指条目(具有符合一种或多种危险性类别/项别的一组物质或物品)。
Corrosive solid, n.o.s.　腐蚀性固体　　　　　　　　　　　UN1759
Toxic liquid, organic, n.o.s.　有机毒性液体　　　　　　　UN2810

2 危险品运输专用名称的选择

(1) 名称已列入危险品品名表的条目。

如果为已知名称,可直接查阅危险品品名表(DGR 4.2),如表 3.4 所示;如果已知 UN/ID 编号,可通过编号对照目录(DGR 4.3)查找危险品品名表。

表 3.4　编号对照目录节选

UN/ID 编号	运输专用名称/描述	页　码
0004	Ammonium picrate dry or wetted with less than 10% water, by weight 苦味酸铵,干性或含有重量百分比少于 10% 的水的湿性	240
0005	Cartridges for weapons+ with bursting charge 武器弹药筒,装有起爆药	260

(2) 名称未列入危险品品名表的条目。

对于未列出名称的危险物品或物质,托运人必须按照未列明条目的相关要求确定最准确的泛指运输专用名称。

①根据禁运的危险品的描述和分类标准确定该物品或物质是不是禁运的。

②如果该条目不是禁运的,对照它的性质及分类标准描述进行分类。如果该条目有一种以上的危险性,必须按 IATA《危险品规则》确定其主要危险性。

③使用能最准确描述物品或物质的属性或 n.o.s. 泛指运输专用名称,运输专用名称必须按照危险品品名表的条目确定优先使用顺序。

例:甲基正戊基甲醇是一种闪点为 54 ℃ 的醇类,该名称没有列入危险品品名表,因此,它必须用最准确的名称申报,该名称应该是"醇类,泛指"(甲基正戊基甲醇),而不是"易燃液体,泛指"。

④当危险品品名表 B 栏中属性或泛指运输专用名称后面标有"★"时,必须直接在此运输专用名称后面附加用括号括注的技术名称或化学名称(不超过两个),不得使用商用名称,此要求不适用于国家法律或国际公约禁止其公开的管制物质。

例:氟利昂 14 与氟利昂 23(Freon 14 and Freon 23)的混合物的运输专用名称是制冷气体,泛指(四氟甲烷,三氟甲烷)。

氟利昂 14 与氟利昂 23 是商业名称,因而不能接受。

⑤对于未列入危险品品名表中的物品或物质是否禁运或允许何种情况下空运有任何疑问,托运人和经营人必须咨询国家主管当局。

⑥水合物可在无水物质的运输专用名称下运输。

在 DGR 表 4-1.A 中,如表 3.5 所示,选用 n.o.s. 条目作为在危险品品名表中未列名称的危险品的运输专用名称时,首先应考虑使用该危险品的特定(所属化学通用)名称,其次考虑该危险品的属性(危险性类型)名称。

表 3.5 属性和 n.o.s. 泛指运输专用名称(DGR 表 4-1.A 节选)

Class or Division	Subsidiary Risk	UN or ID No.	Proper Shipping Name (Note:The ★ is not part of proper sipping name.)
Class 3 Specific entries			
3	8	3274	Alcoholates solution, n.o.s. ★ in alcohol
3	6.1	1986	Alcohols, flammable, toxic, n.o.s. ★
3		1987	Alcohols, n.o.s. ★
3	6.1	1988	Aldehydes, flammable, toxic, n.o.s. ★
Class 3 General entries			
3		1993	Flammable liquid, n.o.s. ★
3	8	2924	Flammable liquid, corrosive, n.o.s. ★

除此之外,还有以下几条需要注意:

①在危险品品名表中很多 n.o.s. 条目后标有★,但★不属于运输专用名称的一部分。

②正确的做法是将★用( )中间加该物质的专业技术名称取代。

例:甲基正戊基甲醇(Methyl-n-amyl carbinol)是一种闪点为 54 ℃的醇类。该名称没有列入危险品品名表,因此,它必须用最准确的名称申报,该名称应该是"醇类,泛指(Alcohols,n.o.s. ★)",而不是"易燃液体,泛指(Flammable liquid,n.o.s. ★)"。故此物质的运输专用名称为:Alcohols,n.o.s.(Methyl-n-amyl carbinol)。

任务实施

1. 正确描述危险品品名表各栏目含义。

2. 以小组为单位,查阅危险品品名表,填写下表。

UN/ID 编号	运输专用名称/说明	类/项(次要危险性)	危险性标签	包装等级	例外数量代码	客货机每一包装件的最大允许净数量	仅限货机每一包装件的最大允许净数量
UN2224							
UN1120							
UN0014							

任务评价

任务实施检测表如表3.6所示。

表3.6 任务实施检测表

考核内容	分值	自评分	小组评分	教师评分	实得分
危险品品名表项目描述准确	40				
掌握危险品品名表查阅方法	30				
填表正确率	30				
总分	100				

任务二　使用危险品品名表

■ 导入案例

　　2012年11月25日,圆通快递选择航空托运锂电池,但是申报物品时,却谎报为普通货物。航空公司对货物进行安检发现,该公司申报的货物是锂电池,随即圆通快递被注销二类航空货运代理资质。中航协请各航空公司终止与该公司货运销售代理企业的合作,不承运其揽收的货物。同日,顺丰速运托运货物内有疑似炮弹近30枚。经调查,炮弹系某军工企业寄到北京某防化科技院做研究所用,炮弹内无火药。

资料来源:中国民用航空网,有改动

知识讲解

一、在危险品品名表中列出名称的危险品

当危险品的运输专用名称列于危险品品名表中时,我们可以按照以下步骤,依次查阅各栏要求来确定该危险品的运输条件。

第一步:查找运输专用名称和联合国/识别代号——对应于危险品品名表的 A、B 栏;

第二步:确定危险品的类别/项别以及次要危险性——对应于危险品品名表的 C 栏;

第三步:查看危险性标签——对应于危险品品名表的 D 栏;

第四步:查看包装等级——对应于危险品品名表的 E 栏;

第五步:查看例外数量代号——对应于危险品品名表的 F 栏;

第六步:查看包装说明及每一包装件的最大允许净数量限制——对应于危险品品名表的 G、H、I、J、K、L 栏;

第七步:检查是否有特殊规定——对应于危险品品名表的 M 栏;

第八步:查看应急响应编码——对应于危险品品名表的 N 栏。

❶ 第一步:查找运输专用名称及 UN/ID 编号

DCR4.2 危险品品名表以运输专用名称的英文第一个字母的顺序列出,DCR4.3 以 UN/ID 编号顺序列出。

例:运输专用名称为烟碱(Nicotine),对应的编号为 UN1654。运输专用名称为日用消费品(Consumer commodity),对应的编号为 ID8000。

一个 UN/ID 编号可对应一个以上的运输专用名称(对应不同的危险性)。

例:如图 3.3 所示,UN1950 所对应的运输专用名称为 Aerosols, flammable;Aerosols, flammable, containing toxic gas;Aerosols, non-flammable(tear gas devices)等,有十几个运输专用名称与之对应,此时不同的运输专用名称包含不同的危险性。

UN/ID no.	Proper Shipping Name/Description	Class or Div. (Sub Hazard)	Hazard Label(s)	PG	EQ see 2.6	Passenger and Cargo Aircraft Ltd Qty		Passenger and Cargo Aircraft		Cargo Aircraft Only		S.P. see 4.4	ERG Code
						Pkg Inst	Max Net Qty/Pkg	Pkg Inst	Max Net Qty/Pkg	Pkg Inst	Max Net Qty/Pkg		
A	B	C	D	E	F	G	H	I	J	K	L	M	N
1950	Aerosols, flammable	2.1	Flamm. gas		E0	Y203	30 kg G	203	75 kg	203	150 kg	A145 A167 A802	10L
1950	Aerosols, flammable, containing toxic gas	2.3 (2.1)				Forbidden		Forbidden		Forbidden			10P
1950	Aerosols, non-flammable (tear gas devices)	2.2 (6.1)	Non-flamm. gas & Toxic		E0	Forbidden		Forbidden		203	50 kg	A1 A145 A167 A802	2P

图 3.3 危险品品名表示例 1

一个运输专用名称也可对应一个以上的 UN/ID 编号。

物质的一些性质,如物理状态固态、液态和气态,浓度和纯度都可能会影响它的分类。这些描述性质的文字是以细体字出现在品名栏中的,它们不属于运输专用名称的一部分,

却是确定物质或物品分类,决定其运输专用名称、UN/ID 编号及其他运输要求的必要信息,所以必须要仔细阅读。如图 3.4 所示,氨溶液的运输专用名称对应了 3 个 UN 编号,分别是 UN2672、UN2073、UN3318。通过阅读危险品品名表的描述可知:

UN2672 氨溶液,水溶液在 15 ℃ 时的相对密度为 0.880—0.957,含氨量为 10%—35%。

UN2073 氨溶液,水溶液在 15 ℃时的相对密度小于 0.880,含氨量为 35%—50%。

UN3318 氨溶液,水溶液在 15 ℃时的相对密度小于 0.880,含氨量为大于 50%。

这 3 项中溶液含氨的浓度是不同的,严格地说,它们不是同一种物质,它们所具有的危险性即分类因此也不同,UN2672 的氨溶液为第 8 类腐蚀性液体;UN2073 的氨溶液的危险在于其挥发出来的氨蒸气,因此归为第 2 类气体;UN3318 的氨溶液由于含氨量更高,而具有第 2 类毒性气体——氨气的危险性,同时还具有 6.1 项和第 3 类物质的毒性和易燃的特性。

					Ltd Qty		Passenger and Cargo Aircraft		Cargo Aircraft Only			
UN/ID no. A	Proper Shipping Name/Description B	Class or Div. (Sub Hazard) C	Hazard Label(s) D	PG E	EQ see 2.6 F	Pkg Inst G	Max Net Qty/Pkg H	Pkg Inst I	Max Net Qty/Pkg J	Pkg Inst K	Max Net Qty/Pkg L	S.P. see 4.4 M	ERG Code
2672	Ammonia solution relative density (specific gravity) between 0.880 and 0.957 at 15℃ in water, with more than 10% but not more than 35% ammonia	8	Corrosive	III	E1	Y841	1 L	852	5 L	856	60 L	A64 A803	8L
2073	Ammonia solution relative density (specific gravity) less than 0.880 at 15℃ in water, with more than 35% but not more than 50% ammonia	2.2	Non-flamm. gas		E0	Forbidden		Forbidden		200	150 kg	A1	2L
3318	Ammonia solution relative density (specific gravity) less than 0.880 at 15℃ in water, with more than 50% ammonia	2.3 (8)				Forbidden		Forbidden		Forbidden		A2	2CP

图 3.4 危险品品名表示例 2

另外,如果物质的实际浓度等性质指标超过描述性文字中相应的限制,这一物质会被禁止运输;反之,如果低于限制,则可能会有"Not Restricted"(非限制),即可不加任何限制地运输。

2 第二步:决定危险品的类别/项别和次要危险性——C 栏

当查找到运输专用名称及 UN/ID 编号后,便可确定其相应的危险类别/项别以及可能存在的次要危险性。

显示在 C 栏中的危险类别/项别必须确切地与物质或物品的危险性和描述一致,若某物质或物品具有多重危险性,则应将对航空运输来说最危险的性质视为主要危险性,其他的危险性视为次要危险性,次要危险性标注在主要危险性后面的括号里,如图 3.5 所示。

3 第三步:检查危险品的危险性标签——D 栏

运输某一危险品所需使用的危险性标签均在 D 栏中显示。如图 3.6 所示,丙胺的主要危险性为第三类易燃液体(Flamm, liquid),次要危险性为腐蚀性物质(Corrosive)。

UN/ID no.	Proper Shipping Name/Description	Class or Div. (Sub Hazard)	Hazard Label(s)	PG	EQ see 2.6	Passenger and Cargo Aircraft Ltd Qty		Passenger and Cargo Aircraft		Cargo Aircraft Only		S.P. see 4.4	ERG Code
						Pkg Inst	Max Net Qty/Pkg	Pkg Inst	Max Net Qty/Pkg	Pkg Inst	Max Net Qty/Pkg		
A	B	C	D	E	F	G	H	I	J	K	L	M	N
2407	Isopropyl chloroformate	6.1 (3, 8)				Forbidden		Forbidden		Forbidden		A2	6CF

图 3.5 危险品品名表示例 3

UN/ID no.	Proper Shipping Name/Description	Class or Div. (Sub Hazard)	Hazard Label(s)	PG	EQ see 2.6	Passenger and Cargo Aircraft Ltd Qty		Passenger and Cargo Aircraft		Cargo Aircraft Only		S.P. see 4.4	ERG Code
						Pkg Inst	Max Net Qty/Pkg	Pkg Inst	Max Net Qty/Pkg	Pkg Inst	Max Net Qty/Pkg		
A	B	C	D	E	F	G	H	I	J	K	L	M	N
1277	Propylamine	3 (8)	Flamm. liquid & Corrosive	II	E2	Y340	0.5 L	352	1 L	363	5 L		3CH

图 3.6 危险品品名表示例 4

4 第四步：查看包装等级栏——E 栏

包装等级可以用来判断所装物质的危险程度。包装分为三个等级，Ⅰ级包装（危险程度大）、Ⅱ级包装（危险程度中）、Ⅲ级包装（危险程度小）。

有些危险品可能出现不止一个包装等级，如图 3.7 所示，需根据毒性物质包装等级的判断方法，确定其具体的包装等级。

UN/ID no.	Proper Shipping Name/Description	Class or Div. (Sub Hazard)	Hazard Label(s)	PG	EQ see 2.6	Passenger and Cargo Aircraft Ltd Qty		Passenger and Cargo Aircraft		Cargo Aircraft Only		S.P. see 4.4	ERG Code
						Pkg Inst	Max Net Qty/Pkg	Pkg Inst	Max Net Qty/Pkg	Pkg Inst	Max Net Qty/Pkg		
A	B	C	D	E	F	G	H	I	J	K	L	M	N
2570	Cadmium compound ★	6.1	Toxic	I	E5	Forbidden		666	5 kg	673	50 kg	A3	6L
				II	E4	Y644	1 kg	669	25 kg	676	100 kg	A5	6L
				III	E1	Y645	10 kg	670	100 kg	677	200 kg		6L

图 3.7 危险品品名表示例 5

5 第五步：查看例外数量代号——F 栏

危险品品名表 F 栏中列出了例外数量代号。有关 E0、E1、E2、E3、E4 和 E5 的解释如表 3.7 所示。

表 3.7 例外数量代号表

Code	Maximum Net Quantity per Inner Packaging	Maximum Net Quantity per Outer Packaging
E0	Not Permitted as Excepted Quantity	
E1	30 g/30 mL	1 kg/1 L
E2	30 g/30 mL	500 g/500 mL
E3	30 g/30 mL	300 g/300 mL
E4	1 g/1 mL	500 g/500 mL
E5	1 g/1 mL	300 g/300 mL

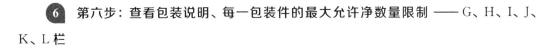

6 第六步：查看包装说明、每一包装件的最大允许净数量限制 —— G、H、I、J、K、L栏

根据物质或物品的实际包装情况，检查是否既可在货机，又可在客机上运输，或仅限在货机上运输。实际包装情况必须同时满足 G、H 栏或 I、J 栏的要求，即满足包装说明和每一包装件的最大允许净数量限制要求，才可在客机(货机)上运输。K、L 栏的要求是针对全货机提出的，按此规定准备的包装件不能用于客机。

在图 3.8 中，熔化的马来酸酐(Maleic anhydride,molten)，UN2215，由于太危险，故客机、货机均不可运输，即禁止航空运输。

压缩甲烷(Methane,compressed)，UN1971，客机禁止运输，仅限货机运输，按包装说明 200 包装，每一包装件的最大允许净数量为 150 kg。

2-甲基-1-丁烯(2-Methyl-1-butene)，UN2459，Ⅰ级包装，客机可以运输，包装说明 351，每一包装件的最大允许净数量为 1 L。货机也可以运输，包装说明 361，用货机运输时，每一包装件的最大允许净数量为 30 L。

甲基环己烷(Methylcyclohexane)，UN2296，Ⅱ级包装，客机可运输，对于限量包装说明 Y341，每一包装件的最大允许净数量为 1 L；对于包装说明 353，每一包装件的最大允许净数量为 5 L；仅限货机运输，包装说明 364，每一包装件的最大净数量为 60 L。

UN/ID no. A	Proper Shipping Name/Description B	Class or Div. (Sub Hazard) C	Hazard Label(s) D	PG E	Passenger and Cargo Aircraft				Cargo Aircraft Only		S.P. see 4.4 M	ERG Code N
					EQ see 2.6 F	Ltd Qty		Pkg Inst I	Max Net Qty/Pkg J	Pkg Inst K	Max Net Qty/Pkg L	
						Pkg Inst G	Max Net Qty/Pkg H					
2215	Maleic anhydride, molten	8			E0	Forbidden		Forbidden		Forbidden			8L
1971	Methane, compressed	2.1	Flamm. gas		E0	Forbidden		Forbidden		200	150 kg	A1	10L
2459	2-Methyl-1-butene	3	Flamm. liquid	I	E3	Forbidden		351	1 L	361	30 L		3H
2296	Methylcyclohexane	3	Flamm. liquid	II	E2	Y341	1 L	353	5 L	364	60 L		3H

图 3.8　危险品品名表示例 6

7 第七步：检查是否有特殊规定 —— M 栏

特殊规定包括下列几种情况：

(1) 经有关政府部门批准后，在特定的条件下对某些禁运的危险品准予运输；

(2) 规定了附加特殊的限制条件；

(3) 规定了某一危险品在满足危险物质含量低于或高于某个值的条件下可视为非危险品。

此外，是否接收经政府许可运输的危险品还取决于经营人。

如图 3.9 所示，DGR 中特殊规定 A71 指出，氰氨化钙含碳化钙不超过 0.1% 时，不受 DGR 限制。

UN/ID no.	Proper Shipping Name/Description	Class or Div. (Sub Hazard)	Hazard Label(s)	PG	EQ see 2.6	Passenger and Cargo Aircraft Ltd Qty Pkg Inst	Passenger and Cargo Aircraft Ltd Qty Max Net Qty/Pkg	Passenger and Cargo Aircraft Pkg Inst	Passenger and Cargo Aircraft Max Net Qty/Pkg	Cargo Aircraft Only Pkg Inst	Cargo Aircraft Only Max Net Qty/Pkg	S.P. see 4.4	ERG Code
A	B	C	D	E	F	G	H	I	J	K	L	M	N
1403	Calcium cyanamide with more than 0.1% calcium carbide	4.3	Dang. when wet	III	E1	Y477	10 kg	486	25 kg	491	100 kg	A71 A803	4W
	Calcium cyanamide with 0.1% or less calcium carbide					Not Restricted		Not Restricted		Not Restricted			

图 3.9 危险品品名表示例 7

如图 3.10 中的碳酰氟(Carbonyl fluoride),在 DGR4.4 查 A2 可知:

(1) 此货物只要取得始发国主管当局事先的书面批准便可在货机上运输;

(2) 除满足(1)的条件外,若经中转国、飞越领空国及到达站国家主管当局的事先批准,则也可用客机运输。

书面批准中应包含数量限制和包装要求,且必须随附批准书。

UN/ID no.	Proper Shipping Name/Description	Class or Div. (Sub Hazard)	Hazard Label(s)	PG	EQ see 2.6	Passenger and Cargo Aircraft Ltd Qty Pkg Inst	Passenger and Cargo Aircraft Ltd Qty Max Net Qty/Pkg	Passenger and Cargo Aircraft Pkg Inst	Passenger and Cargo Aircraft Max Net Qty/Pkg	Cargo Aircraft Only Pkg Inst	Cargo Aircraft Only Max Net Qty/Pkg	S.P. see 4.4	ERG Code
A	B	C	D	E	F	G	H	I	J	K	L	M	N
2417	Carbonyl fluoride	2.3 (8)				Forbidden		Forbidden		Forbidden		A2	2CP

图 3.10 危险品品名表示例 8

8 第八步:查看应急响应代码——N 栏

如图 3.11 所示,氯乙酰(Acetyl chloride)的应急响应编码为 3C。

UN/ID no.	Proper Shipping Name/Description	Class or Div. (Sub Hazard)	Hazard Label(s)	PG	EQ see 2.6	Passenger and Cargo Aircraft Ltd Qty Pkg Inst	Passenger and Cargo Aircraft Ltd Qty Max Net Qty/Pkg	Passenger and Cargo Aircraft Pkg Inst	Passenger and Cargo Aircraft Max Net Qty/Pkg	Cargo Aircraft Only Pkg Inst	Cargo Aircraft Only Max Net Qty/Pkg	S.P. see 4.4	ERG Code
A	B	C	D	E	F	G	H	I	J	K	L	M	N
1717	Acetyl chloride	3 (8)	Flamm. liquid & Corrosive	II	E2	Y340	0.5 L	352	1 L	363	5 L		3C

图 3.11 危险品品名表示例 9

查阅表 3.2 机上危险品事故应急响应措施及注意事项,可知应急信息如下:

(1) 固有的危险性:易燃液体;

(2) 对飞机的危险:起火和/或爆炸;

(3) 对机上人员的危险:烟、气和高温以及有关措施代码所表述的危险;

(4) 溢出/渗漏处理程序:使用 100%氯气,打开并保持最大限度的通风,禁止吸烟,用电保持最低限度;

(5) 救火措施:所有使用的灭火剂,对于代码为"W"的危险品不得用水作为灭火剂;

(6) 其他考虑因素:可能突然减压;

(7) 该危险品具有腐蚀性。

二、在危险品品名表中未列出名称的危险品

1 含有一种危险物质的混合物或溶液

混合物或溶液含有一种在危险品品名表中列名的危险物质,同时又含有一种或几种非危险物质时,必须用列出的危险物质品名作为该混合物或溶液的运输专用名称,应在后加上"Mixture"(混合物)或"Solution"(溶液)。

判断步骤:

(1) 判断混合溶液的性质是否和溶液中的危险物质性质相同;

(2) 若相同,必须用列出的危险物质品名作为该混合物或溶液的运输专用名称,应在后加上"Mixture"或"Solution";

(3) 若不相同,需运用泛指名称作为运输专用名称(特定泛指条目和属性泛指条目)。

例如一种防冻产品由 80% 的甲醇(Methanol)和 20% 的水组成。此溶液的闪点为 20 ℃,初沸点高于 70 ℃,因此这种物质与甲醇具有相同的包装等级(UN1230,Ⅱ级包装)。由于危险性类别和包装等级均未改变,所以这种溶液可申报为:甲醇溶液(Methanol solution)或 80% 甲醇溶液(Methanol 80% solution)。

但也有例外情况:

(1) 当危险品品名表中特别提到混合物或溶液时,如多硫化铵溶液(Ammonium polysulphide solution)、苯酚溶液(Phenol,solution)、固态苯酚(Phenol,solid)等;

(2) 当列名的危险物质在危险品品名表中被指明该项目仅适用于纯净物质时;

(3) 混合物或溶液的危险类别、项别或物理状态或者包装等级与所列危险物质不同时,如液态碱金属汞合金(Alkalimetal amalgam,liquid)、固态碱金属汞合金(Alkalimetal amalgam,solid);

(4) 在发生紧急情况时,混合物或溶液所采用的施救措施与所列危险物质不同时。

在上述任一种情况下,必须选择与其性质相适宜的泛指名称或 n.o.s. 条目,并将所包含的危险物质专业技术名称写在其后括号内,并且为了说明清楚还应注明表示状态的文字,即"Mixture"或"Solution"。

例:危险程度未改变的混合物或溶液运输专用名称的确定。

一种液体混合物,其中有效危险成分为乙缩醛(UN1088,第 3 类,Ⅱ级包装,如图 3.12 所示)及一种无危险性的成分,经测试其闪点为 20 ℃,初沸点为 36 ℃。

UN/ID no.	Proper Shipping Name/Description	Class or Div. (Sub Hazard)	Hazard Label(s)	PG	EQ see 2.6	Passenger and Cargo Aircraft Ltd Qty Pkg Inst	Passenger and Cargo Aircraft Ltd Qty Max Net Qty/Pkg	Passenger and Cargo Aircraft Pkg Inst	Passenger and Cargo Aircraft Max Net Qty/Pkg	Cargo Aircraft Only Pkg Inst	Cargo Aircraft Only Max Net Qty/Pkg	S.P. see 4.4	ERG Code
A	B	C	D	E	F	G	H	I	J	K	L	M	N
1088	Acetal	3	Flamm. liquid	Ⅱ	E2	Y341	1 L	353	5 L	364	60 L		3H

图 3.12 危险品品名表示例 10

由于危险程度没有发生变化,所以该混合物的运输专用名称为:Acetal solution。

例:危险程度发生变化时的混合物或溶液运输专用名称的确定。

一种混合物含有2-氯丙烷(2-Chloropropane)(UN2356,3类,Ⅰ级包装,如图3.13所示)及一种无危险性的成分,其闪点为23 ℃,初沸点高于35 ℃。

UN/ID no. A	Proper Shipping Name/Description B	Class or Div. (Sub Hazard) C	Hazard Label(s) D	PG E	EQ see 2.6 F	Passenger and Cargo Aircraft Ltd Qty		Passenger and Cargo Aircraft		Cargo Aircraft Only		S.P. see 4.4 M	ERG Code N
						Pkg Inst G	Max Net Qty/Pkg H	Pkg Inst I	Max Net Qty/Pkg J	Pkg Inst K	Max Net Qty/Pkg L		
2356	2-Chloropropane	3	Flamm. liquid	I	E3	Forbidden		351	1 L	361	30 L		3H

图 3.13 危险品品名表示例 11

由于包装等级由Ⅰ级变为Ⅲ级,此物质应表示为:
UN1993 Flammable liquid n.o.s. (2-Chloropropane solution)

❷ 含有两种或两种以上危险物质的混合物或溶液

若一种混合物或溶液包含一种以上危险成分,首先必须确定其危险特性的先后顺序,即主、次危险性。但不管危险成分是否列于危险品品名表上,都必须使用适宜的n.o.s.条目作为运输专用名称,其后的括号内应标明至少两种占主导地位危险成分的专业技术名称。

确定主次危险性的原则:

(1) 如果某种物质或物品在危险品品名表中未具体列出名称,并且在航空运输中具有第3类、第4类、第8类、5.1项和6.1项这些危险类项中定义的两种危险性时,必须按照表格的先后顺序进行分类;

(2) 对于杀虫剂,6.1项必须为主要危险性;

(3) 例外规则:

①第1类、第2类和第7类(放射性物质的例外包装件除外);

②5.2项和6.2项;

③4.1项的自反应物质及相关的物质和固态减敏炸药品;

④4.2项的易自燃物质;

⑤具有吸入毒性包装等级Ⅰ级的6.1项物质;

⑥第3类的液态减敏爆炸品。

(4) 具有3种及3种以上危险性,则不适用于表2.17,需请教始发国的主管部门;

(5) 具有其他危险性的放射性物质必须划归第7类,并且必须验明它的最大次要危险性;

(6) 具有其他危险性的感染性物质必须划为6.2项,并且必须验明它的最大次要危险性;

(7) 同时具有其他危险性也符合磁性物质标准的物品,除了作为磁性物质外,还必须根据上述原则进行鉴别。

例:某一液体混合物含有两种危险成分:辛酰氯(Caprylyl chloride)和四氢吡喃(Tetrahydrofuran),经测试,满足以下危险性标准:

(1) 第8类腐蚀性物质,包装等级Ⅱ级;

(2) 第3类易燃液体,包装等级Ⅱ级。

通过查表2.17可知,该混合物溶液主要危险性为第3类易燃液体,Ⅱ级包装,次要危险性为第8类腐蚀性物质。再根据DGR4-1.A可选定该混合物运输专用名称为:Flammable liquid,corrosive,n.o.s.(Caprylyl chloride & tetrahydrofuran),UN2924

任务实施

1. 描述危险品品名表的使用方法。
2. 某液体混合物含有苯(Benzene)及某非危险品,其闪点为23 ℃,初沸点为35 ℃,其运输专用名称是什么?客机装载包装说明是什么?
3. 发动机清洗剂是汽油和四氯化碳的混合物,且名称未列入危险品品名表,性质为闪点小于23 ℃,且符合DGR中6.1项(口服毒性)定义,则该混合物的运输专用名称是什么?

任务评价

任务实施检测表如表3.8所示。

表3.8 任务实施检测表

考核内容	分值	自评分	小组评分	教师评分	实得分
正确描述危险品品名表的使用方法	30				
掌握危险品品名表查阅方法	30				
含有一种物质的混合物运输专用名称	20				
含有两种物质的混合物运输专用名称	20				
总分	100				

■ **民航危险品运输思政**

识别危险品是危险品航空运输的基础,是后续章节学习的前提。《危险品规则》明确指出了特定物品和物质的联合国分类、是否可以进行航空运输以及运输条件。由于没有任何品名表是完整的,因此DGR危险品品名表还包括许多泛指的或未另作说明的条目,以利于对那些未列明名称的物品或物质进行分类。在后疫情时代,旅客乘机会携带很多防疫物资,而防疫物资中的很多物质在DGR危险品品名表中明确列明,其危险性和运输条件均有说明。我们只有会识别危险品,才可能将危险品阻止在上飞机之前。

乘飞机携带疫情防控物品该注意什么?

Q:个人防护物品是不是都可以携带?
A:个人防护用品的种类比较多,主要包括口罩、护目镜、防护服、消毒剂等,部分旅客可能还会携带体温计和药品。对于一些不会造成安全隐患的物品,携带乘机是没有限制的,比如口罩、护目镜、普通防护服等。

Q:消毒剂是否能够携带乘机?

A:消毒剂产品众多,不能笼统地说能带或不能带,需要分类细说。

(1) 酒精类消毒剂。

目前多数免洗洗手液均含有高浓度酒精(无水乙醇),浓度在60%—80%。

酒精的体积百分含量大于70%的消毒剂,旅客不能托运,也不能随身携带。

酒精的体积百分含量不超过70%的消毒剂不能随身携带登机,但可以托运,托运时应放置在零售包装内,每瓶不超过500 mL,允许托运个人自用的合理数量。

市面上还有一些产品标识不含酒精,但有可能含有异丙醇。异丙醇属于航空运输的危险品,旅客不能托运,也不能随身携带。

(2) 双氧水消毒液。

双氧水消毒液也叫过氧化氢消毒液,市场上销售的产品的过氧化氢的浓度在3.5%—25%,属于航空运输的危险品,旅客不能托运,也不能随身携带。

(3) 过氧乙酸消毒液。

市场上销售的此类产品,过氧乙酸含量在15%—20%,属于航空运输的危险品,旅客不能托运,也不能随身携带。

(4) 84消毒液。

这是以次氯酸钠为主要有效成分的高效消毒剂,市场上销售的产品,有效氯含量在4.0%—6.5%,属于航空运输的危险品,旅客不能托运,也不能随身携带。

(5) 含氯消毒片、消毒泡腾片。

其有效成分为:三氯异氰尿酸、二氯异氰尿酸、三氯异氰尿酸钠、二氯异氰尿酸钠、二氧化氯等。市场上销售的产品均为固体,类似药片,但都属于航空运输的危险品,旅客不能托运,也不能随身携带。

(6) 漂白粉。

这是氢氧化钙、氯化钙、次氯酸钙的混合物,其主要成分是次氯酸钙,有效氯含量在30%—38%,属于航空运输的危险品,旅客不能托运,也不能随身携带。

(7) 高锰酸钾消毒片。

高锰酸钾含量在85%—95%,属于航空运输的危险品,旅客不能托运,也不能随身携带。

Q:是不是不在上述提及的这些危险品范围内的,就可以携带乘机?

A:那也不一定,还需要看物品的具体成分,如果没有易燃、易爆、有毒、腐蚀性等危险性,那是可以携带的。如果有其中一种危险性,那就不可以。这也是为了最大程度保障所有旅客的安全。

Q:疫情期间大家都特别关注自身健康,有人习惯经常用体温计量体温,那么乘机时对携带体温计有什么要求?

A:体温计的种类不同,携带乘机的要求也不同。水银体温计是不能随身携带的,只能办理托运,且必须将水银体温计放置保护盒里。

如果想携带体温计乘机出行,建议大家携带电子体温计,但要注意如果电子体温计含有锂电池,锂电池额定能量不超过100 W·h或锂含量不超过2 g,才能在做好防止短路措施的前提下,携带乘机。

当然，目前旅客从进入机场便开始测量体温，其实已经没有携带体温计的必要。此外，发热旅客也不建议继续乘坐公共交通工具出行。

Q：考虑到安全问题，疫情期间就餐不是十分方便，出门在外，带点自热食品乘机可以吗？

A：现在自热食品也算网红食品了，种类很多，包括方便火锅、方便米饭、自热饮料等。由于自热食品里面含有加热包或自热包，内含遇水释放易燃气体的镁粉、铁粉、自燃固体炭或具有腐蚀性的氧化钙等危险品，所以加热包或自热包是禁止旅客携带的。旅客如果把加热包或自热包扔掉，剩下的食物可以携带，但是如果是包装在一起的自热食品，旅客不能托运，也不能随身携带。

资料来源：中国民航报

职业启示：随着经济的快速发展，危险品航空运输量、品类不断增加，民航危险品的名称识别、包装、标记标签的粘贴以及文件的填写与普通货物有非常大的区别，一旦出现伪报、误报、误操作等会引发航空事故，危害、影响巨大。因此在运输各个环节中，民航工作人员要时刻坚守安全底线，秉持民航"三个敬畏"精神，严肃对待，合规操作，切实保障空防安全。

项目学习效果综合测试

一、选择题

1. "**Formaldehyde solution** with not less than 25％ formaldehyde"，细体字表示的含义是（　　）。
   A. 商业名称或俗称　　　　　　B. 运输专用名称
   C. 对物质的性质和成分的说明　　D. 运输专用名称的组成部分

2. "**Fulminating gold**"，细体字，且在客/货机运输栏中均显示"Forbidden"字样，表示的含义是（　　）。
   A. 危险性过大　　　　　　　　B. 航空中禁止运输
   C. 不属于航空运输品的运输范围　D. 是危险品的运输专用名称

3. "**Chlorobenzol**, see **Chlorobenzene**(UN1134)"，细体字表示的含义是（　　）。
   A. 商业名称或俗称　　　　　　B. 运输专用名称
   C. 对物质的性质和成分说明　　D. 运输专用名称的组成部分

4. 第1类危险品中只有（　　）可以在客机上运输。
   A. 1.4B　　　B. 1.4C　　　C. 1.4D　　　D. 1.4S

5. 下列选项中（　　）是航空运输2.2项非易燃无毒气体的例子。
   A. 含易燃气体的打火机　　　　B. 氧气瓶
   C. 丙烷　　　　　　　　　　　D. 丁烷

6. 政府气象局或类似官方机构的代表每人可以携带（　　）支汞气压计或汞温度计。
   A. 1　　　　B. 2　　　　C. 3　　　　D. 4

7. 用于包装不受本规则限制的易腐物品的干冰,每人携带总量不超过( )kg。
A. 1　　　　B. 2　　　　C. 2.5　　　　D. 4

二、判断题

1. 危险品品名表中 L 栏表示客/货机限量包装说明。( )

2. 运输专用名称/说明栏中出现符号:†为要求附加技术名称。( )

3. 节能灯不含危险品,旅客可以携带登机。( )

4. 液氧装置禁止航空运输。( )

5. 84 消毒液是以次氯酸钠为主要有效成分的高效消毒剂,市场上销售的产品,有效氯含量在 4.0%—6.5%,属于航空运输的危险品,旅客不能托运,也不能随身携带。( )

6. 有干冰的包装件必须密封。( )

三、填空题

1. 写出下列物质的运输专用名称和项别。

UN 编号	运输专用名称	项　　别
UN2864		
UN3165		
UN3189		

2. 有些危险物质的数量限制的字数旁标有"G",表示_____。

3. 某物质符合下列标准:6.1项,包装等级Ⅱ级;第3类,包装等级Ⅱ级,其主要危险性为_____,包装等级为_____。

4. 某一放射性物质还具有腐蚀性,_____是主要危险性。

5. 第 7 类放射性危险品的危险等级随着数字的增加,危险性_____。

四、简答题

1. 异丙基环己烷,一种碳氢化合物,闪点为 35 ℃,名称未列入危险品品名表中,请用最准确的名称申报。

2. 根据运输专用名称,请正确排列各编号在危险品品名表的顺序。

编号 UN3255:tert-Butyl hypochlorite

编号 UN2247:n-Decane

编号 UN2948:3-Trifluoromethylaniline

编号 UN2518:1,5,9-Cyclododecatriene

编号 UN3376:4-Nitrophenylhydrazine with 30% or more water,by mass

3. 某固体混合物含砷(Arsenic)及某非危险品,其口服毒性的半数致死剂量 LD_{50} 为 45 mg/kg,其运输专用名称及包装等级是什么?

五、完成任务

任务标题	项目三　识别民航危险品		
工种	危险品运输专员	工作区域	
工时	_____分钟		
任务描述	1. 根据已知运输专用名称确定 UN/ID 编号； 2. 根据已知 UN/ID 编号确定运输专用名称； 3. 根据已知危险品的危险性和相关性质选择正确的运输专用名称； 4. 根据指定的危险品及其数量，判断能否由民航客、货机运输； 5. 给具有危险品相关性质，但是名称未列入《危险品规则》危险品品名表中的物质确定合适的运输专用名称； 6. 给名称未列入《危险品规则》危险品品名表中的含有一种或两种以上的危险物质混合物或溶液确定合适的运输专用名称。		
任务要求	1. 能够正确解读《危险品规则》中的危险品品名表； 2. 能够熟练使用《危险品规则》中的危险品品名表。		
实训室"6S"管理要求	1. 实训桌台面整洁，不放置与本实训任务无关的物品； 2. 工具、配件摆放整齐； 3. 保证工具、物料、设备齐全，数量足够； 4. 安全用电，规范操作。		
危险品品名表使用流程			
操作过程中遇到的困难及解决方法			

续表

实训心得体会						
本次实训任务组内分工情况						
姓名						
分工						
考核评价意见及得分（满分100分）						
组内自评	组间互评（注明执行评价工作的小组班级和组号）					教师评价
合计						

班级：_____　　组号：_____　　小组成员签字：_____

项目四　对民航危险品进行包装、加标记、贴标签

1. 了解危险品包装的基本术语。
2. 掌握危险品包装的一般要求。
3. 熟悉危险品包装的注意事项。
4. 掌握 UN 规格包装标记的组成。
5. 熟悉危险品包装检查的分类及程序。
6. 掌握危险品标记和标签的分类及特征。

技能目标

1. 能说出特定包装件、包装容器、包装方式的专业术语。
2. 能在各种包装要求和包装注意事项下正确进行特定危险品的包装。
3. 能对 UN 规格包装标记的各项信息进行解读,并能针对具体情况写出相应标记。
4. 能够利用危险品品名表对特定危险品的包装件进行检查。
5. 能够解读危险品标记的各项信息。
6. 能够判断危险品标签的内容并能够根据危险性标签特点制作出危险性标签。

思政目标

1. 树立和践行社会主义核心价值观,弘扬爱国、敬业、诚信的价值观。
2. 树立安全意识,树立"安全第一、预防为主"的意识。
3. 成为掌握民航危险包装知识和能力的高素质技术技能人才。

任务一　确认危险品包装的基本要求

■ 导入案例

据报道,某日 13 时许,位于攀枝花市区的某黄磷厂向异地发运黄磷途中,一卡车上黄

磷自燃，引起火灾，造成严重的空气污染，此次事故造成抢险民工1人窒息死亡，5人轻度烧伤。经调查发现，运输中的黄磷由电镀钢桶包装，但由于包装桶质量问题，桶内密封的水全部泄漏，造成黄磷自燃。

资料来源：道客巴巴，有改动

常温下黄磷能在空气中自燃，故常在水中保存。黄磷的一般包装方法：①用铁桶装，黄磷完全浸没水中；②装入盛水的玻璃瓶、塑料瓶或金属容器（使用塑料瓶时必须再装入金属容器内），黄磷必须完全浸没，严封后再装入坚固木箱中。国家标准《黄磷包装安全规范使用鉴定》（GB19358—2003）中明确指出，包装用的瓶、桶等容器外表应干净清洁，不允许有残留物、污染、锈蚀或渗漏，其性能应符合联合国《规章范本》规定的Ⅰ类包装要求。

一、包装术语

（1）包装（Packaging）。
符合《危险品规则》对包装最低要求的容器及为实现其包容作用的其他构件或材料的集合体。
（2）包装件（Package）。
包装作业的最终产物，包括准备运输的包装及其内容物，如图4.1所示。
（3）打包（Packing）。
对物品或物质进行捆扎、包装或固定的工艺和操作。
（4）容器（Receptacle）。
用于接收和盛放物品或物质的器具，包括所有封闭装置，如图4.2所示。

图4.1 航空运输包装件

图4.2 容器

（5）内包装（Inner packaging）。
在运输中还需使用外包装才能达到安全运输目的的包装，如图4.3所示。

图 4.3　内包装

(6) 内容器(Inner receptacle)。

为实现其内层保护功能还需使用外包装的容器。

(7) 外包装(Outer packaging)。

由吸附材料、衬垫材料和其他容纳和保护内容器或内包装所需要的部件一起构成的用以外部保护的包装。

(8) 组合包装(Combination packaging)。

由一个或多个内包装按照一定的包装要求紧固在一个外包装内组成的包装组合。内、外包装间需根据不同情况填充衬垫或吸附材料，如图 4.4 所示。

(9) 单一包装(Individual packaging)。

不需要任何内包装即能在运输中发挥其包容作用的包装。因为只有一层包装，所以无所谓内、外包装之分，如图 4.5 所示。

图 4.4　组合包装

图 4.5　单一包装

(10) 复合包装(Composite packaging)。

由一个外包装和一个内容器在结构上形成一个整体的包装，一旦组装好后，无论在充罐、存贮、运输还是卸空时始终是一个单一的整体，是单一包装的一种特殊形式。

(11) 集合包装件(Overpack)。

为了运输和装载的方便，同一托运人将一个或若干个包装件合成一个作业单元用于运输的包装件。合成包装件内每个危险品包装件的包装、标记、标签都必须正确，且符合《危险品规则》的有关要求。合成包装件可以分为敞开式和封闭式两种，如图 4.6 所示。

(12) 补救包装(Salvage packaging)。

补救包装是指用于出现破损、残缺、渗透或不符合规定的危险物品包装件或已泄漏的危险物品的特殊包装。其目的在于使危险物品能继续运输或进行处理。

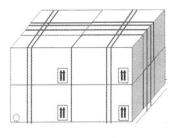

敞开式包装件　　　　　　封闭式包装件

图 4.6　合成件包装

二、一般包装要求

（一）托运人责任

按照《危险品规则》，托运人对包装负有全面责任。在准备危险品的每一包装件时，托运人必须注意以下几点。

(1) 遵守与所选用包装类型相关的一系列包装要求。

(2) 选用的包装必须是危险品品名表中 G 栏、I 栏或 K 栏指定包装说明中适用的包装。

(3) 对所有包装而言，在危险品品名表的 H 栏、J 栏或 L 栏中，对每一包装件的盛装数量有限制，而包装设计本身对此也有限制。在这种情况下，应采用两者中较严格的限制。此外，关于组合包装，每一内包装的数量限制，不得超过适用的包装说明中的规定。

(4) 严格按照设定的方式组装和固定以保障各个组成部分。

(5) 应保证组装的包装件外表面没有灌装过程自身带来的或灌装/组装区周围环境带来的污染。

(6) 向经营人交运包装件时，应保证经营人已履行有关包装的全部责任。

（二）一般包装要求

1　包装等级

根据物质或物品的危险程度，将除第 1、2、7 类，4.1 项中的自反应物质，5.2 项和 6.2 项以外的危险品划分为三个包装等级，即Ⅰ级、Ⅱ级和Ⅲ级，分别表示较高、中等、较低危险程度。

2　包装质量

危险品必须使用优质容器进行包装，容器的结构和封闭性必须适应正常运输条件下温度、湿度、压力或震动的变化，以免运输包装件漏损。新容器和再次使用的容器都要符合这一规定。如氢氟酸有强烈的腐蚀性，能侵蚀玻璃，所以不能用玻璃容器盛装，要用铝桶或耐腐蚀的塑料、橡胶桶装运。

3 包装测试

包装说明中指定的包装，必须符合国际航空运输协会《危险品规则》中的相关要求。对每一重复使用的包装，必须预先进行检查，如有腐蚀污染或损坏则不得使用。

4 兼容性要求

直接与危险品接触的包装（包括封闭盖）不可与这种危险品发生化学反应或其他作用。容器的材料不得含有能与内装物反应而生成危险物质或明显削弱容器的物质。由于运输中温度的变化，不得使用能与内装物发生反应或会因使用冷冻剂而变软、脆化或渗透性增大的包装（如某些塑料）。应尤其注意氟对玻璃的作用，汞对铝制材料的作用。

5 耐温和抗震

容器的主体和封闭盖的构造必须能够充分地适应正常运输条件下温度和震动的变化。容器的塞子或其他摩擦型的塞盖必须塞紧，并用可靠的方法进行固定，封闭塞的设计必须容易检查，以便确定其是否处于完好状态。

6 剩余空间

容器注入液体后，内部必须保留充分的剩余空间，以防止容器在运输中因液体遇热膨胀而发生破损或出现永久性变形。环境温度不低于 55 ℃时，容器内不得完全充满液体。

7 内部压力标准

盛放液体的包装必须能够承受内部产生的不低于 95 kPa 的压力差而无破损（对于第 3 类或 6.1 项Ⅲ级包装的液体，不低于 75 kPa），或者能承受一个与内装液体蒸气压有关的压力而无破损。在上述的两个压力差中以较大值为准。

8 阶段变化

在航空运输中，若某个固体可以随温度的变化而变成液体，那么这种固体使用的包装也必须能够盛装这种物质的液体。如氮气，化学式为 N_2，通常状况下是一种无色无味的气体，而且一般氮气比空气密度小。在标准大气压下，冷却至－195.8 ℃时，氮气会变成无色的液体，冷却至－209.8 ℃时，液态氮会变成雪状的固体。

（三）其他要求

1 摩擦

在运输中发生摩擦时，外包装的质地和厚度必须保证不致发热而改变内装物品的化学稳定性。

2 释放气体

如果内装物品可能释放气体，为了降低包装内部压力而需要排气的包装不准在航空运输中使用,除非在《危险品规则》中另有规定。

③ 方向

盛装液体危险品的组合包装中内包装上的封口必须朝上,并加贴"包装方向"标签指明其直立方向。在包装的顶盖也可以注明"THIS SIDE UP"(此面朝上)或"THIS END UP"(此端朝上)的字样。

方向性箭头不需要标注在以下组合包装的外包装上:

(1) 每个内包装中的易燃液体不超过 120 mL;且内外包装间含有足以完全吸附全部内装物的吸附材料;

(2) 每个气密的内包装如管、袋或打破、穿刺打开的玻璃瓶的容量不超过 500 mL;

(3) 主容器中的感染性物质不超过 50 mL;

(4) 放射性物质。

④ 最小尺寸

包装件的尺寸不得太小,其表面应有充分空间来容纳所有必须的标记和标签。

⑤ 空包装

盛放过某种危险品的空包装,必须按本规则视同装满危险品的包装处理,除非已采取充分的措施消除了所有危险(使用中和剂净化和彻底清洗包装容器是可接受的消除危险性的手段)。

除第 7 类外,曾经装过危险品的包装必须按照该危险品的要求进行识别、标记、粘贴标签和指示牌,除非已采取诸如清洁、蒸汽净化或重新装入非危险品的措施来消除全部的危险性。

将以前装过感染性物质的空包装交给托运人或者发送到别处之前,必须经过彻底的消毒或灭菌,必须除去或覆盖标明其以前装过感染性物质的所有标签和标记。

⑥ 作为冷却剂的冰

在使用冰作为冷却剂时绝不能影响包装的完整性。

三、包装的注意事项

① 要恰当地使用衬垫材料

瓦楞纸、细刨花、草套、泡沫塑料、弹簧等都可作为衬垫材料,如图 4.7 所示。但应注意衬垫材料不得与内包装中危险物品发生危险反应。例如硝酸具有很强的氧化性,所以不能用稻草、木屑等可燃物作衬垫,以免硝酸渗漏发生燃烧事故,可选取惰性材料如黄沙等作衬垫。

② 要恰当地使用吸附材料

装入玻璃或陶瓷内包装的第 3 类、第 4 类、第 8 类或 5.1 项、6.1 项属于Ⅰ级和Ⅱ级包

瓦楞纸

草套

泡沫塑料

弹簧

图 4.7 常见的衬垫材料

装的液体,在打包时必须使用有吸收液体能力的吸附材料。使用吸附材料时,每一外包装内的用量和填放必须符合表 4.1 的要求。硅藻土、陶土、稻草、草套、草垫、无水氯化钙等均可作为吸附材料,但吸附材料不得与被吸收的液体发生危险反应。

表 4.1 对吸附材料的要求

包 装 等 级	客/货机运输	仅限货机运输
Ⅰ级	A	B
Ⅱ级	B	B
Ⅲ级	C	C

注:A——使用充足的吸附材料,能吸收全部内包装中的液体;

B——使用充足的吸附材料,能充分吸收任何一个内包装中的液体;当内包装体积大小不同时,应能完全吸收容量最多内包装中的液体;

C——不要求使用吸附材料。

任务实施

1. 分别说明组合包装、复合包装、合成包装件的定义。
2. 以小组为单位,描述如何对 10 kg 工业红磷进行包装。

任务评价

任务实施检测表如表 4.2 所示。

表 4.2 任务实施检测表

考核内容	分值	自评分	小组评分	教师评分	实得分
正确描述各包装术语	40				
包装步骤完整	20				
明确包装等级	15				
考虑兼容性	10				

续表

考核内容	分值	自评分	小组评分	教师评分	实得分
选择合适的衬垫材料	15				
总分	100				

任务二　识别联合国规格包装标记

■ 导入案例

标记意在为包装制造商、修理厂、包装用户、经营人和有关当局提供帮助。最初的标记是制造商用以区别包装的类型和标明其通过某些性能试验的手段。标记本身并不证明该包装可用于装任何特定的物质，仅表明带有该标记的容器与已成功地通过试验的设计型号一致，并符合联合国(UN)外包装、单一包装和组合包装规格以及联合国(UN)规格包装性能测定的规定。除用于第 2 类气体、第 7 类放射性物质和第 9 类杂项危险品的一些包装外，按联合国规格要求进行生产试验的单一包装、组合包装和复合包装的所有外包装必须带有耐久、易辨认、位置合适、与包装相比大小适当和易于看清的标记。对于毛重超过 30 kg 的包装件，其标记或复制标记必须在包装件的顶部或一侧。字母、数字和符号的高度至少为 12 mm；容量为 30 L 或最大净重小于或等于 30 kg 的包装件上标记的字母、数字和符号的高度至少为 6 mm；5 L 容量或最大净重 5 kg 及以下的包装件上标记的字母、数字和符号也必须有适当的尺寸。

资料来源：IATA DGR 62TH，有改动

一、联合国规格包装定义

联合国规格包装(UN specification packaging)，简称 UN 规格包装，是指经过联合国包装性能测试，保证达到联合国标准，并可以保证达到安全标准的包装。并且外包装上标有联合国包装试验合格标记，即 UN 规格包装标记。联合国规格包装分为两种，一种为组合包装，另一种为单一包装。

二、联合国规格包装代码

根据联合国规格包装的标准，不同的代码表示不同类型的危险品包装。包装代码分为两个系列，第一个系列适用于内包装以外的包装，第二个系列适用于内包装。

1 适用于内包装以外的包装代码

(1) 外包装和单一包装代码。

外包装和单一包装代码(两位或三位符号)由一个或两个阿拉伯数字加一个拉丁字母组成,第一个符号是阿拉伯数字,表示包装的种类,如桶、箱,如表4.3所示;第二个符号是大写拉丁字母,表示材料的性质,如钢、铝等,如表4.4所示;第三个符号是阿拉伯数字,表示某一种类包装更细的分类,此符号根据实际情况确定有无。

表4.3 包装代码中阿拉伯数字的含义

阿拉伯数字	1	2	3	4	5	6
代表含义	圆桶	预留	方形桶	箱	袋	复合包装

表4.4 包装代码中拉丁字母的含义

拉丁字母	A	B	C	D	F	G
代表含义	钢	铝	天然木材	胶合板	再生木材(再制木)	纤维板
拉丁字母	H	L	M	N	P	
代表含义	塑料材料	纺织品	多层纸	金属(钢和铝除外)	玻璃、瓷器或粗陶瓷	

(2) 复合包装代码。

复合包装代码(三位或四位)由一个或两个阿拉伯数字和两个拉丁字母组成,如表4.5所示。第一、四位的两个阿拉伯数字表示的含义如表4.3所示;第二、三位的大写拉丁字母顺次地写在代码中,第一个字母表示内容器的材料,第二个字母表示外包装的材料,拉丁字母的含义如表4.4所示。

(3) 组合包装代码。

仅采用表示外包装的代码,即由一个或两个阿拉伯数字和一个字母组成,如1A1 1A2,如表4.5所示。

表4.5 UN规格包装表

代码	含义	代码	含义
1A1	桶盖不可动钢桶	4H1	泡沫塑料箱
1A2	桶盖可动钢桶	4H2	硬质塑料箱
1B1	桶盖不可动铝桶	4A	钢箱
1B2	桶盖可动铝桶	4B	铝箱
3B1	桶盖不可动方形铝桶	5L2	防漏型织物袋
3B2	桶盖可动方形铝桶	5L3	防水型织物袋
3A1	桶盖不可动方形钢桶	5H2	防漏型塑料织物袋
3A2	桶盖可动方形钢桶	5H3	防水型塑料织物袋
1D	胶合板桶	5H4	塑料薄膜袋
1G	纤维板桶	5M2	多层防水型纸袋
1H1	桶盖不可动塑料桶	6HA1	钢壳塑料桶

续表

代码	含义	代码	含义
1H2	桶盖可动塑料桶	6HB1	铝壳塑料桶
3H1	桶盖不可动方形塑料桶	6HC	木壳塑料桶
3H2	桶盖可动方形塑料桶	6HD1	胶合板壳塑料桶
4C1	普通型木箱	6HD2	胶合板壳塑料箱
4C2	接缝严密型木箱	6HG1	纤维板壳塑料桶
4D	胶合板箱	6HG2	纤维板壳塑料箱
4F	再生木材箱	6HH1	塑料外壳塑料桶
4G	纤维板箱	6HH2	硬质塑料壳塑料箱

② 适用于内包装的包装代码

内包装代码包括三个或四个编码,如表 4.6 所示。第一、二位是大写拉丁字母"IP",意为"内包装"(Inner package);第三位是阿拉伯数字,表示内包装的种类,有的情况下数字后还会有一个大写字母,表示这一种类内包装的更细分类。

表 4.6 内包装代码

代码	含义
IP1	陶瓷、玻璃或蜡制容器
IP2	塑料容器
IP3	非铝金属罐、筒或管
IP3A	铝罐、筒或管
IP4	多层纸袋
IP5	塑料袋
IP6	硬纸盒或罐
IP7	气溶胶金属容器,一次性使用
IP7A	气溶胶金属容器,一次性使用
IP7B	气溶胶金属容器,一次性使用
IP7C	气溶胶塑料容器,一次性使用
IP8	玻璃安瓿瓶
IP9	金属或塑料软管
IP10	有塑料/铝衬的纸袋

③ 包装限定代码

在包装代码后可加上字母"V""U""W""T"进行限定,它们具有不同的意义:
(1) V:特殊包装。

(2) U:感染性物质特殊包装。

(3) W:不完全符合UN规格,使用时需要始发国批准的包装。

(4) T:补救包装。

三、联合国规格包装标记

联合国规格标记仅仅说明此种设计类型的包装已成功地通过试验,其标记与包装的制造有关而与使用无关,因此其标记并不能进一步指明此类包装可以盛装某种特定的物质。联合国规格包装的标记必须以压印或模压的方式标在包装件上,不能手写。标记要求耐久、易辨认。联合国为了国际运输的需要,规定了统一的包装合格标记及联合国危险货物规格包装符号。

1 标记的基本要求

除了用于第2类、第7类和第9类危险品的一些包装外,所有按联合国包装规格和试验规定进行生产和测试的单一包装、组合包装及复合包装的外包装都应带有耐久的、易辨认的标记,内包装不要求带有标记。规格标记必须压印或用其他方式标在包装件上,以便有持久性和对比性。其位置必须合适且与包装大小比例相当。

对于毛重超过30 L或30 kg的包装,其标记应显示在包装件的顶部或侧面,且标记的字母、数字和符号的高度应大于或等于12 mm。包装件小于或等于30 L或30 kg时,标记应至少高6 mm。对于5 L或5 kg及更小的包装件,标记的字母、数字和符号应为一种适当的尺寸。

2 标记的组成

联合国分别对新设计制造的包装容器和经修复后的包装容器的标记进行了规定,具体如下。

(1) 新设计制造的包装容器的标记规定。

新设计制造的包装容器的标记的构成格式和要素必须严格无误地按照联合国明确的规定贯彻执行。此标记由以下七个要素构成,如图4.8所示,使用时是严格按照下列顺序标记的。

①符号:联合国危险货物规格包装符号(见图4.9)。若包装上铸印了该符号,则表明该种包装的性能已通过该国家主管当局检验,达到了联合国规定要求。

图4.8 UN规格包装标记　　　　　图4.9 联合国危险货物规格包装符号

②包装代码。

③包装等级符号:由一个大写英文字母表示,表明该种包装容器经性能测试所达到的类别等级。联合国包装等级符号及其含义见表4.7。

表 4.7　包装等级符号及含义

标记中的字母	包装等级	用于所包危险品的包装等级
X	Ⅰ	Ⅰ、Ⅱ、Ⅲ
Y	Ⅱ	Ⅱ、Ⅲ
Z	Ⅲ	只限Ⅲ

包装等级符号后紧跟的数字：
• 对拟盛装液体的单一包装：该液体的最大允许相对密度，四舍五入至第一位小数。按照此相对密度已对包装类型进行过试验。若相对密度不超过 1.2，则这一部分可省略。如图 4.8 中"Y 1.4"表示拟装液体的最大允许相对密度为 1.4。
• 对拟盛装固体或装有内包装的包装：包装的最大毛重，以千克(kg)为单位。此最大毛重的包装设计类型已通过了试验。如图 4.8 中"Y 145"表示该包装最大允许毛重为 145 kg。

④数字或字母"S"。
• 对拟盛装液体的单一包装，一个数字表示包装能承受的液压试验压力值，以千帕(kPa)为单位，四舍五入至十位数。该包装已成功地通过液压试验。如图 4.8 中"150"表示该包装最大试验压力为 150 kPa。
• 对拟盛装固体或装有内包装的包装，此处使用字母"S"。

⑤包装容器的制造年份。以年份的最后两位数表示。
⑥制造包装容器国家的名称。使用联合国认可的国家两字代码表示。
⑦国家主管当局规定的包装容器制造厂的名称代号。

（2）经修复的包装容器规定的标记。

联合国规定，对于某种经过修复并经检验合格，可以重复使用的危险货物包装容器，应压印规定的标记。这种标记除了有上述的①—⑦要素外，还包括以下三个要素。

①修复国家的名称。用国家两字代码表示。
②修复厂商的名称代号。
③修复年份。由年份的最后两位数和字母"R"(Repair,修理)构成。顺利通过了防渗漏试验的容器，还应再加上字母"L"(Leakproofness,防渗漏)。

3　标记的示例

示例 1：4G/Y145/S/08/NL/VL824

4G——纤维板箱。
Y——包装等级Ⅱ级，可以盛放包装等级为Ⅱ、Ⅲ的危险品。
145——包装可以承受的最大允许毛重是 145 kg。
S——盛装固体或内包装。
08——生产时间为 2008 年。

NL——生产国家代号:荷兰。

VL824——生产厂商代号。

示例2: (UN) 4G/X20-Y30-Z45/S/12/NL/ABC1234

4G——纤维板箱。

X20-Y30-Z45——Ⅰ级包装时最大允许毛重 20 kg,Ⅱ级包装时最大允许毛重 30 kg,Ⅲ级包装时最大允许毛重 45 kg。

S——盛放固体或内包装。

12——生产时间为 2012 年。

NL——生产国家代号:荷兰。

ABC1234——生产厂商代号。

示例3: (UN) 4G/Class6.2/08/DK/SP9989-ERIKSSON

4G——纤维板箱。

Class6.2——用来盛装感染性物质。

08——生产时间为 2008 年。

DK——生产国家代号:丹麦。

SP9989——生产厂商代号。

示例4: (UN) 1A1/Y1.4/150/06/NL/RB/14RL

1A1——小口钢桶。

Y——包装等级Ⅱ级,可以盛放包装等级为Ⅱ级、Ⅲ级的危险品。

1.4——盛放液体与水相对密度不能超过 1.4。

150——最大承受的压强为 150 kPa。

06——生产时间为 2006 年。

NL——检修国家代号:荷兰。

RB——检修厂家代号。

14RL——2014 年检修后防渗漏。其中"14"代表检修时间 2014 年;"R"表示检修;"L"代表通过渗漏试验。

任务实施

以小组为单位,完成下列任务:

(1) 查表识别以下两组标记信息。

 4G/X50/S/08/GB/0007

1B1/Y1.4/180/06/NL/VL666

（2）准确描述包装代码中各字母和数字的含义。

任务评价

任务实施检测表如表4.8所示。

表4.8　任务实施检测表

考核内容	分值	自评分	小组评分	教师评分	实得分
包装代码含义表达完整	20				
包装代码含义表达正确	20				
表述流畅	10				
标记信息识别正确	30				
标记信息识别完整	20				
总分	100				

 任务三　识别并制作民航危险品运输包装的标记及标签

■ 导入案例

　　1973年，一架从纽约起飞的货机空中起火，在波士顿机场迫降时坠毁，机组人员全部遇难。

　　调查结果显示，货舱中的货物有未如实申报的危险品——硝酸。托运人签署了一份空白"托运人危险品申报单"给货运代理，供货商用卡车将货物送交货运代理，货运代理将货物交给包装公司做空运包装。包装公司不了解硝酸的包装要求，将装有5 L硝酸的玻璃瓶放入一个用锯末作为吸附和填充材料的木箱中。

　　这样的包装共有160个，一些包装外粘贴了方向性标签，另一些则没有贴。货物在交运时，货运单上的品名被改成了电器，危险品文件在操作过程也丢失了。这160个木箱在装集装器时，粘贴了方向性标签的木箱是按照向上的方向码放的，而未粘贴方向性标签的木箱部分被倾倒码放。

资料来源：中国民用航空网，有改动

　　识别和制作危险品包装件上的标记和标签是危险品航空运输中最重要的环节，能够正确书写包装标记、粘贴危险性标签及操作标签，以及识别错误的危险品包装标记和标签并对其进行纠正对于危险品安全运输具有重大意义。

知识讲解

一、危险品包装的标记

货运标记主要包含由托运人书写、印刷或粘贴在货物外包装上的有关记号、操作注意事项和说明,运输标记俗称唛头,由书写、压印或刷在外包装上的图形、文字和数字组成。

1 危险品基本信息标记

每一危险品的包装件都应当标明货物的运输专用名称,如图4.10所示,其主要包含的信息如下。

(1) 内装物品的运输专用名称和联合国编号或识别编号,如需要,应加上技术名称。

(2) 适用的 UN 或 ID 编号(UN/ID No.)。

(3) 发货人及收货人详细姓名、地址。

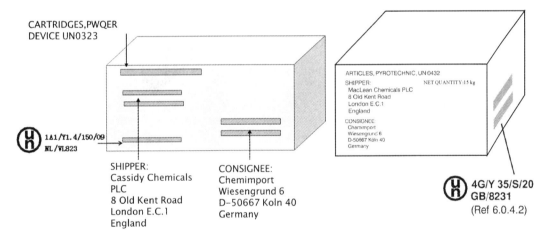

图 4.10 基本信息标记示例

2 附加标记

(1) 对危险品的要求。

①爆炸品:所有包装件必须标出爆炸品的净重和包装件的毛重。

②除了 ID8000 消费品和第 7 类放射性物质,每个包装件上都必须标注所含危险品的净数量;当图 3.1 中的 H、J 和 L 栏为毛重时,包装件上重量计量单位后也必须标注字母"G"。数量标记必须标注在 UN 或 ID 编号和运输专用名称相邻的位置,此条要求不适用于:

- 托运一件包装件;
- 托运多个含相同危险品的包装件;
- ID8000 消费品和第 7 类放射性物质。

(2) 对感染性物质的要求。

每一包装件上都必须标出货运负责人的姓名及电话号码。该负责人应具备处理该感染性物质的突发事件的能力。

(3) 对干冰的要求。

托运人应在每一包装件上标注该包装件内干冰(固体二氧化碳)的净重。

(4) 对深冷液化气体的要求。

每一包装件的码放方向必须用箭头或"包装件方向"标签明显标示。环绕包装件每隔120°或每侧面都必须标出"KEEP UPRIGHT"("保持向上")。包装件上还须清楚地标上"DO NOT DROP, HANDLE WITH CARE"("切勿扔摔,小心轻放")字样。包装件上必须标注延误、无人提取或出现紧急情况时应遵循的处置说明,如图4.11所示。

(5) 限量规定装运的危险品包装件。

必须标有"限制数量"的标记,如图4.12所示。

图4.11 深冷液化气体标记示例

图4.12 限制数量标记示例

(6) 合成包装件的标记。

每一合成包装件上必须标有"Overpack"字样。内部包装件上所要求的文字标记,应从外部可以完全看得清楚,否则要在合成包装件的外表面重现。

(7) 危害环境物质UN3077和UN3082的包装件。

除非DGR另有规定,含有环境危害物质或混合物(UN3077和UN3082)的包装件,必须耐久地标注有环境危害物质标记,包装上还需粘贴第9类危险性标签。

需要注意:

①如果其他国际或国家运输规则有要求,环境危害物质的标记(见图4.13)也可以标记在UN3077和UN3082以外物质的包装件上。

②符合特殊规定A197的单一包装和组合包装,可以不粘贴环境危害物质标记。如果托运人选择以环境危害物质运输(仅以UN3077和UN3082)交运,则必须符合DGR的所有规定。

③危害环境物质标记必须位于基本标记的附近。

④标记必须为正方形,以45°角放置(菱形)。

图4.13 环境危害物质标记示例

标记(鱼和树)必须是黑色的,配以白色或高反差背景色。

标记的最小尺寸必须为 100 mm×100 mm,构成菱形的线的最小宽度为 2 mm。如果包装尺寸有限制,标记尺寸/线的宽度可以降低,前提是标记清晰可见。

(8) 运输含化学氧气发生器的呼吸保护装置。

当根据特殊规定 A144 运输带有化学氧气发生器的呼吸保护装置时,必须在包装件上的运输专用名称旁边注明"Air crew protective breathing equipment(smoke hood) in accordance with special provision A144"(飞行机组呼吸保护装置(防烟罩),符合 A144 特殊规定)的说明文字。

二、危险货物标签

危险货物标签一般通过粘贴或悬挂的形式起到提醒、警示、指导操作、信息说明等作用。

在 DGR 的相关规定中,针对危险货物运输设计的标签主要有两大类:危险性标签和操作标签。

1 危险性标签

通过该标签可以很快地了解货物的危险性,表示主要危险性的标签,其底部应标有表示该危险品类别或项别的数字,以便识别;表示次要危险性的标签,底部没有这些数字。一般危险性标签只要求在包装件的一侧粘贴,但放射性物质的标签须粘贴在包装件的两个侧面上。危险性标签示例如表 4.9 所示。

表 4.9 危险性标签示例

图 例	说 明
(爆炸标签图)	第 1 类:爆炸品(1.1、1.2、1.3 项) 货运 IMP 代码:REX、RCX、RGX 最小尺寸:100 mm×100 mm 图形:爆炸的炸弹(黑色) 底色:橙色 *处填写配装组 数字"1"写在底角 注意:粘贴有 1.1 或 1.2 项标签的包装件通常是禁止空运的
(1.4 Explosives 标签图)	第 1 类:爆炸品(1.4、1.5、1.6 项) 货运 IMP 代码:RXB、RXC、RXD、RXE、RXG、RXS 最小尺寸:100 mm×100 mm 图形:"1.4""1.5""1.6"(黑色) 底色:橙色 *处填写配装组 数字"1"写在底角 注意:粘贴有 1.5、1.6 项标签(标签实样同 1.4 项,将 1.4 项分别改为 1.5 项和 1.6 项即可)的包装件通常是禁止空运的

续表

图 例	说 明
	第2类：易燃气体(2.1项) 货运 IMP 代码：RFG 最小尺寸：100 mm×100 mm 图形：火焰(黑色或白色) 底色：红色 数字"2"写在底角
	第2类：非易燃无毒气体(2.2项) 货运 IMP 代码：RNG、RCL 最小尺寸：100 mm×100 mm 图形：气瓶(黑色或白色) 底色：绿色 数字"2"写在底角
	第2类：毒性气体(2.3项) 货运 IMP 代码：RPG 最小尺寸：100 mm×100 mm 图形：骷髅和交叉股骨(黑色) 底色：白色 数字"2"写在底角
	第3类：易燃液体 货运 IMP 代码：RFL 最小尺寸：100 mm×100 mm 图形：火焰(黑色或白色) 底色：红色 数字"3"写在底角
	第4类：易燃固体(4.1项) 货运 IMP 代码：RFS 最小尺寸：100 mm×100 mm 图形：火焰(黑色) 底色：白色，带有七条红色竖条 数字"4"写在底角

续表

图 例	说 明
	第4类：易自燃物质（4.2项） 货运IMP代码：RSC 最小尺寸：100 mm×100 mm 图形：火焰（黑色） 底色：上半部白色，下半部红色 数字"4"写在底角 注意：如具有易燃固体次要危险性，则无须粘贴4.2项的次要危险性标签
	第4类：遇水释放易燃气体的物质（4.3项） 货运IMP代码：RFW 最小尺寸：100 mm×100 mm 图形：火焰（黑色或白色） 底色：蓝色 数字"4"写在底角
	第5类：氧化性物质（5.1项） 货运IMP代码：ROX 最小尺寸：100 mm×100 mm 图形：圆圈上带火焰（黑色） 底色：黄色 数字"5.1"写在底角
	第5类：有机过氧化物（5.2项） 货运IMP代码：ROP 最小尺寸：100 mm×100 mm 图形：火焰（黑色或白色） 底色：上半部红色，下半部黄色 数字"5.2"写在底角
	第6类：毒性物质（6.1项） 货运IMP代码：RPB 最小尺寸：100 mm×100 mm 图形：骷髅和交叉股骨（黑色） 底色：白色 数字"6"写在底角 注意：含主要或次要危险性的6.1项物质，其毒性物质标签内容可用"TOXIC"（毒性的）或"POISON"（有毒的）字样表示

续表

图 例	说 明
	第6类:感染性物质(6.2项) 货运 IMP 代码:RIS 最小尺寸:100 mm×100 mm 图形:三枚新月叠加在一个圆圈上(黑色) 底色:白色 数字"6"写在底角 标志的下半部可以标上说明性文字:Infectious substance(感染性物质);In case of damage or leakage, immediately notify public health authority(如有破损或渗漏,立即通知公共卫生部门)
	第7类:放射性物质,Ⅰ级-白色 货运 IMP 代码:RRW 最小尺寸:100 mm×100 mm 图形:三叶形(黑色) 底色:白色 文字(强制性要求),在标志的下半部分用黑体标出:RADIOACTIVE(放射性)、CONTENTS(内容物)、ACTIVITY(活度) 紧跟在"RADIOACTIVE"字样的后面,标上一条垂直的红色短杠 数字"7"写在底角
	第7类:放射性物质,Ⅱ级-黄色 货运 IMP 代码:RRY 最小尺寸:100 mm×100 mm 图形:三叶形(黑色) 底色:上半部黄色加白边,下半部白色 文字(强制性要求),在标志的下半部分用黑体标出:RADIOACTIVE(放射性)、CONTENTS(内容物)、ACTIVITY(活度) 在一个黑框里标出 TRANSPORT INDEX(运输指数) 紧跟在"RADIOACTIVE"字样的后面,标上两条垂直的红色短杠 数字"7"写在底角
	第7类:放射性物质,Ⅲ级-黄色 货运 IMP 代码:RRY 最小尺寸:100 mm×100 mm 图形:三叶形(黑色) 底色:上半部黄色加白边,下半部白色 文字(强制性要求),在标志的下半部分用黑体标出:RADIOACTIVE(放射性)、CONTENTS(内容物)、ACTIVITY(活度) 在一个黑框里标出 TRANSPORT INDEX(运输指数) 紧跟在"RADIOACTIVE"字样的后面,标上三条垂直的红色短杠 数字"7"写在底角

续表

图 例	说 明
	第 7 类:裂变物质(临界安全指数) 最小尺寸:100 mm×100 mm 底色:白色 文字(强制性要求):上半部用黑色文字标注"FISSILE"(裂变物质)字样,下半部在一个黑框内标出 CRITICALITY SAFETY INDEX(临界安全指数) 数字"7"写在底角
	第 8 类:腐蚀性物质 货运 IMP 代码:RCM 最小尺寸:100 mm×100 mm 图形:液体从两只玻璃容器中溢出并侵蚀了手和金属(黑色) 底色:上半部白色,下半部黑色带白色边线 数字"8"写在底角 注意:如果其毒性只来自对组织的破坏作用,则无须使用 6.1 项次要危险性标签
	第 9 类:杂项危险品 货运 IMP 代码:适用的 RMD 或 ICE(干冰)、RSB(聚合物颗粒) 最小尺寸:100 mm×100 mm 图形:上半部有七条黑色竖条 底色:白色 数字"9"写在底角 注意:当包装件内盛装磁性物质时,必须用"磁性物质"标签代替"杂项危险品"标签

② 操作标签

操作标签又称为储运标签,包含根据商品的特性提出的在储运过程中应注意的事项,用醒目的图形和文字印刷,贴在商品的外包装上。某些危险品须贴此类标签,既可单独使用用,也可与危险性标签同时使用,对于危险品的操作性提出一定要求,比如"方向朝上""远离热源"等,如表 4.10 所示。

表 4.10　操作标签示例

示　例	图　样	说　明
"固定货物"标签		在收运一些大物件时,应在货物的外包装上加贴"固定货物"标签,以防止货物在运输过程中因滑动而受到损坏或者破坏其他货物
"仅限货机"标签		"仅限货机"标签必须与危险性标签相邻粘贴。该标签最小尺寸:120 mm×110 mm,感染性物质(第 6 类,6.2 项)小包装件的尺寸可减半,颜色:底为橘黄色,图形和文字为黑色
"磁性物质"标签		磁性物质的包装件上用"磁性物质"标签来代替第 9 类危险性标签 标签货运标准代码:MAG,最小尺寸:110 mm×90 mm,颜色:底为白色,图形和文字为蓝色
"低温液体"标签		低温液体的包装件和合成包装件上的"CRYOGENIC LIQUID"操作标签必须与非易燃气体(2.2 项)危险性标签同时使用 标签货运标准代码:RCL,最小尺寸:74 mm×105 mm,颜色:底为绿色,图形和文字为白色

续表

示 例	图 样	说 明
"包装件方向"标签		标签的横线下应填入"危险物品"字样,标签必须粘贴或者印制在包装件相对的两个侧面以表明包装件的方向,使其封闭处始终朝上。粘贴包装件方向标签时,还应将"THIS END UP"或"THIS SIDE UP"字样填写在包装件或合成包装件的顶面。该标签的最小尺寸:74 mm×105 mm,颜色:红色或白色,配以对比鲜明的底色
"远离热源"标签		4.1项中的自反应物质和5.2项中规定的有机过氧化物的包装件和合成包装件必须同时使用"远离热源"标签和"keep away from heat"操作标签,适用于没有空气(氧气)也容易发生激烈放热分解的不稳定物质
"放射性物品,例外包装件"标签		在装有放射性物质的例外包装件上必须贴上"放射性物品,例外包装件"标签
"锂电池"操作标签		最小尺寸要求:120 mm×110 mm;如果包装箱尺寸不够,标签尺寸可缩小为105 mm×74 mm 操作标签必须要有红色边框,且其宽度不低于5 mm

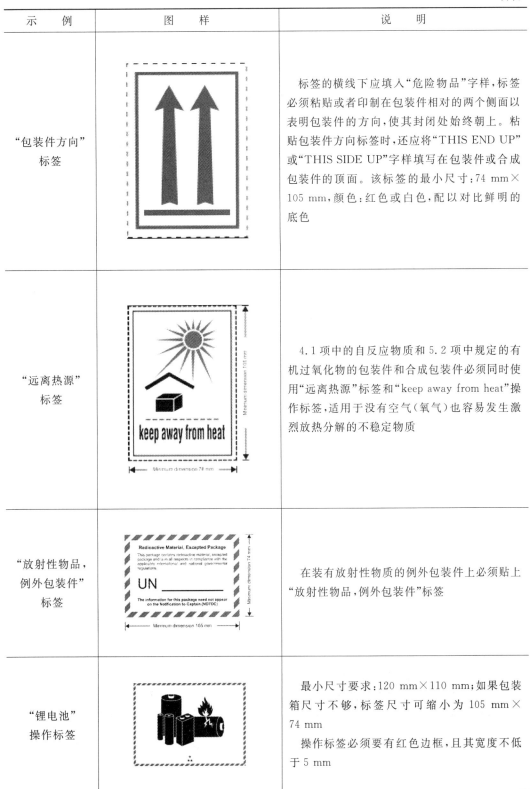

续表

示 例	图 样	说 明
"装有可拆卸湿电池轮椅"标签		此标签由 A、B 两部分组成,A 部分粘贴于轮椅,标明轮椅具有可拆卸电池;B 部分粘贴于电池,用于和轮椅配对 这些包装须标有"BATTERY,WET,WHEELCHAIR"("轮椅用电池,湿式")或"BATTERY,WET,WITH MOBILITY AID"("代步工具用电池,湿式")字样。并加贴"CORROSIVE"("腐蚀性")标签和"包装件方向"标签

3　特种货物标签

特种货物标签是说明特种货物的货物性质的各类识别性标签,其作用是提示操作人员按照货物的特性进行操作,预防事故的发生。

(1)"鲜活易腐物品"标签。

在收运鲜活易腐货物时,应在货物外包装各正面上加贴"鲜活易腐物品"标签,如图 4.14 所示,以示货物在运输过程中易腐烂变质,需要给予特殊照顾。

(2)"活体动物"标签。

在收运活体动物时,应在货物外包装各正面上加贴"活体动物"标签,如图 4.15 所示,以便于在运输过程中引起注意,加强照料。

图 4.14　"鲜活易腐物品"标签

图 4.15　"活体动物"标签

(3)"实验用动物"标签。

在收运实验用动物时,需要在货物外包装上加贴"实验用动物"标签,如图 4.16 所示,以便于在运输过程中引起注意,防止动物细菌感染。

(4)"急件"标签。

在收运急件货物时,需要在货物外包装上加贴"急件"标签,如图 4.17 所示,以便于在运输过程中引起注意。

图 4.16 "实验用动物"标签

图 4.17 "急件"标签

三、标签的粘贴

托运人应按照 DGR 的规定在包装件与合成包装件上粘贴标签。

(1)应除去包装件或合成包装件上与运输无关的标签。

(2)标签应粘贴在包装件的正确位置上。

(3)所有标签必须牢固地粘贴或印制在包装上,以使它们清楚可见,不被遮盖,一个标签不得贴在包装的不同面上。

(4)在可能的情况下,标签应紧邻托运人、收货人的地址粘贴,次要危险性标签应紧邻主要危险性标签粘贴。

(5)"仅限货机"标签必紧邻危险性标签。

(6)"包装件方向"标签至少在包装件上贴两个,在两个相对的侧面上各贴一个,箭头方向应保持向上。

(7)"仅限货机"标签:"仅限货机"标签必须紧邻着危险性标签粘贴,"仅限货机"标签与危险品标签需配合使用。

(8)合成包装件:要求在一个合成包装内的包装件上使用的标签必须清晰可见,否则在外表面粘贴标签。

(9)易燃物质与有机过氧化物的运输中一般要与操作标签"远离热源"配合使用。

(10)运输非易燃气体一般要同时使用"低温液体"(Cryogenic liquid)操作标签。

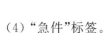 **任务实施**

1.说出图中标记的含义。

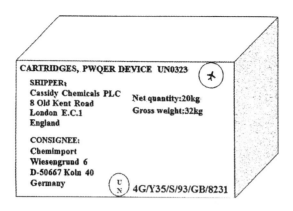

2. 标出包装件标记、标签。

托运人向承运人申请托运如下包装件,请在包装件上标出所要求的标记和标签。

包装件 1:5 L UN1219 Isopropanol 装于一个联合国规格包装纤维板箱(4G)中;

包装件 2:12 kg UN1712 Zinc arsenate 装于一个联合国规格包装钢桶(1A2)中;

包装件 3:20 kg UN0405 Cartridges,signal 装于一个联合国规格包装胶合板箱(4D)中,毛重 24 kg。

 任务评价

任务实施检测表如表 4.11 所示。

表 4.11　任务实施检测表

考核内容	分值	自评分	小组评分	教师评分	实得分
正确识别危险品包装标记	30				
包装代码信息识别	20				
正确粘贴危险性标签	20				
正确粘贴操作标签	20				
正确包装合成包装件	10				
总分	100				

任务四　检查民航危险品运输的包装、标记和标签

■ 导入案例

2017 年 12 月,加拿大航空客机航班所载的一票危险品货物在温哥华中转时被发现包装破损,且实际载运货物与申报品名不符。始发航站地面代理人接到国外反馈信息后,对事件进行了上报。接报后,华北民航地区管理局会同北京局危险品监察员成立联合调查

组,对经营人、地面服务代理人、销售代理人、托运人等相关方进行了约见,调取了相关运输文件,审查了货物在境外有关证据,并针对事件经过、关键节点、关联证据等对相关单位代表进行了详细的调查问询和关联质询。最终发现,实际订舱销售代理人青岛德玛未尽到对货物及文件进行查验的义务和责任。该典型案例的调查,对促进危险品航空运输安全工作和规范危险品监察员行政执法具有十分积极的作用。

资料来源:中国民航局,有改动

知识讲解

一、相同内包装装入同一外包装的包装检查

1 检查步骤

第一步:查阅危险品品名表,如表 4.12 所示。

(1) 查找运输专用名称和 UN/ID 编号,危险品品名表中的 A、B 栏;
(2) 查看包装等级,危险品品名表中的 F 栏;
(3) 确定此物质或物品是允许在客/货机上运输还是仅限由货机运输,危险品品名表中的 I、J、K、L 栏;
(4) 查看包装说明号,危险品品名表中的 G、I、K 栏;
(5) 查看每一包装件的最大净数量或最大毛重,危险品品名表中的 H、J、L 栏;
(6) 查阅可以应用于此项包装的任何特殊规定,危险品品名表中的 M 栏。

表 4.12 危险品品名表示例(UN2356)

UN/ID no	Proper Shipping Name/ Description	Class Or Div. (sub risk)	Hazard Label (s)	PG	EQ See 2.6	Passenger and Cargo Aircraft				Cargo aircraft only		S.P See 4.4	ERG Code
						Ltd Qty							
						Pkg Inst	Max NetQty /Pkg	Pkg Inst	Max NetQty /Pkg	Pkg Inst	Max NetQty /Pkg		
A	B	C	D	E	F	G	H	I	J	K	L	M	N
2356	2-Chloropropane	3	Flamm. liquid	I	E0			Forbidden	351	1 L	361	30 L	3H

第二步:确定包装说明号并查阅相应的包装说明。

查看包装说明号中对内包装的种类和限量的要求及对外包装种类的要求。在查找包装说明表时,应注意查看包装说明号的第 1 个数字是否与所装物品危险性类别号一致,如包装说明 Y819 是第 8 类——腐蚀性物质的包装说明之一。表 4.12 所示物质的 351(客货机混装)、361(全货机运输)包装说明,可以查 DGR 包装说明,具体见图 4.18、图 4.19。

国家差异:BEG-03
经营人差异:A1-02,AM-03,BR-02,CX-02,CX-05,FX-02,KA-02/05,KZ-07,LD-02,OM-12,OZ-04,TU-05,VN-04

本说明适用于客机运输的包装等级为Ⅰ级的易燃液体。

必须满足5.0.2的一般包装要求。

相容性要求

- 物质必须按5.0.2.6的要求与它们的包装相容;

封口要求

- 封口必须满足5.0.2.7的要求;

附加包装要求

- 内包装在包装于外包装内以前必须与足够的吸附材料包装在一起以吸附全部内装物,而且置于刚性防漏容器内。

不允许单一包装。

组合包装		
内包装(见6.1)	每个内包装的净数量	每个包装件的总净数量
玻璃	0.5 L	1.0 L
金属	1.0 L	
塑料	禁止	

外包装														
类型	桶					方形桶			箱					
名称	钢	铝	胶合板	纤维	塑料	其他金属	钢	铝	塑料	钢	铝	木材	胶合木材	再生板	纤维板	塑料	其他金属
规格	1A1 1A2	1B1 1B2	1D	1G	1H1 1H2	1N1 1N2	3A1 3A2	3B1 3B2	3H1 3H2	4A	4B	4C1 4C2	4D	4F	4G	4H1 4H2	4N

图4.18 包装说明351

国家及经营人差异:查询运输始发国、经停国/中转国及到达国的国家差异,参见附录部分(DGR2.8.2);运输涉及相关经营人差异,参见DGR2.8.4部分。

查看特殊条款要求:该部分包括此包装说明的适用性、相容性要求、封口要求、有限数量要求等。

组合包装:内包装部分列明了允许使用的各种内包装,最大允许净数量、单位以及每个包装件的最大允许净数量。外包装部分列明了允许使用的包装类型及规格。

符合包装:列明了允许使用的各种符合包装的类型及规格。

第三步:检查包装是否符合包装说明的所有要求。

根据代运货物的性质、数量、可利用的包装及经营人的限制等,货主自行决定采用哪种相应包装说明允许使用的包装。

①满足危险货物运输一般包装要求,如包装等级、包装质量、包装方法;

国家差异:BEG-03,USG-04
经营人差异:2K-10,3K-07,4C-11,4M-11,5X-01,7L-04,AV-10,AY-04,BR-02,CA-10,CX-02,CX-05,
FX-02,FX-04,GU-10,JJ-11,FX-17,JL-09,KE-07,KL-06,KZ-07,LD-02,LD-05,LA-17,LP-11,LU-11,
M3-11,MK-12,MP-06,NH-06,OZ-08,PZ-11,QT-09,SU-01,TA-10,TC-02,UC-11,WC-10,XL-11
本说明适用于仅限货机运输的包装等级为Ⅰ级具有6.1项次要危险性或无次要危险性的易燃液体。
必须满足5.0.2的一般包装要求。
相容性要求
- 物质必须按5.0.2.6的要求与它们的包装相容;

封口要求
- 封口必须满足5.0.2.7的要求;

附加包装要求
- 内包装在包装于外包装内以前必须与足够的吸附材料包装在一起以吸附全部内装物,而且置于刚性防漏容器内。

UN1308悬浮在易燃液体中的锆(Zirconium suspended in a flammable liquid)只允许组合包装。包装件毛重不得超过75 kg。

允许组合和单一包装。

组合包装		
内包装(见6.1)	每个内包装的净数量	每个包装件的总净数量
玻璃	1.0 L	30.0 L
金属	5.0 L	
塑料	禁止	

外包装														
类型	桶					方形桶			箱					
名称	钢	铝	胶合板	纤维	塑料	其他金属	钢	铝	塑料	钢	铝	木材	胶合板	再生木材	纤维板	塑料	其他金属
规格	1A1 1A2	1B1 1B2	1D	1G	1H1 1H2	1N1 1N2	3A1 3A2	3B1 3B2	3H1 3H2	4A	4B	4C1 4C2	4D	4F	4G	4H1 4H2	4N

单一包装					
类型	桶			方形桶		气瓶
名称	钢	铝	其他金属	钢	铝	
规格	1A1	1B1	1N1	3A1	3B1	如5.0.6.6允许的

复合包装										
类型	桶					箱				
名称	钢	铝	胶合板	纤维	塑料	钢	铝	木材	胶合板	纤维板	塑料
规格	6HA1	6HB1	6HD1	6HG1	6HH1	6HA2	6HB2	6HC	6HD2	6HG2	6HH2

图4.19 包装说明361

②符合任何特殊包装要求、特殊规定以及本次运输涉及的国家及经营人差异；

③符合危险品品名表中每个包装件最大数量限制和包装说明表中对组合包装中内包装的数量限制要求。

第四步：确保符合 UN 规格包装的相关限制要求。

确保标记符合 UN 规格包装要求。查看包装上的详细标记，确保包装等级和一些限制条件(如毛重、相对密度、压力等)都满足所装货物要求。

二、不同危险品装入同一外包装的包装检查

1 联合国规格包装的检查

(1) UN 和 IATA 对不同危险品装在同一外包装中的一般要求。

①几种危险品之间不得互相发生危险反应。

②除《危险品规则》另有规定外，几种危险品不需按包装件的隔离表(表 4.13)进行隔离。

表 4.13 包装件隔离示例

危险性标签	1 不含1.4S	1.4S	2	3	4.2	4.3	5.1
1 不含1.4S	注 1	注 2	×	×	×	×	×
1.4S	注 2	—	—	—	—	—	—
2	×	—					
3	×	—					×
4.2	×	—					×
4.3	×	—					
5.1	×	—		×	×	—	

注：1."×"表示需要隔离；

2."—"表示不需隔离；

3."注 1"表示爆炸品之间的隔离；

4."注 2"表示除 1.4 项中 S 配装组外，爆炸品不得与该类或项的物品一起码放；

5. 4.1项、第 6、7、9 类危险品无需与其他物品隔离。

③6.2 项物质(感染性物质)的内包装与无关类别物品的内包装不得装入同一外包装，包装说明 602 允许的情况除外。

④每一种危险品所使用的内包装及其所含的数量，均应符合各自包装说明中的有关规定。

⑤所使用的外包装是每一种危险品相应的包装说明都允许使用的包装。

⑥准备运输的包装件，必须符合其内装物品中最严格的包装等级所对应的性能测试技术标准。

⑦一个外包装所装入的不同危险品的数量，必须保证"Q"值不大于 1，"Q"值按下列公式计算：

$$Q = \frac{n_1}{M_1} + \frac{n_2}{M_2} + \cdots + \frac{n_i}{M_i}$$

其中，n_i 是每一包装件内第 i 种危险品的净数量（净重或净容积），M_i 是危险品品名表中对客机或货机规定的第 i 种危险品每一包装件最大允许净数量。

注意：下列危险物品不需要计算"Q"值：

(a) 固体二氧化碳（干冰），UN1845；

(b) 在危险品品名表 H、J 和 L 栏中注明"No Limit"（无限制）的那些物品；

(c) 包装件内仅含有具有相同 UN 编号和包装等级的危险品，而且净数量的总和不超过危险品品名表中的最大允许净数量。

例题：1 L UN 编号为 1203 的汽油，5 L UN 编号为 1223 的煤油及 0.2 L UN 编号为 1230 的甲醇要装于一个符合 UN 规格包装的外包装内，用一架客机运输。

查阅危险品品名表，货机运输每一包装件内最大净数量为：

UN1203——5 L；UN1223——60 L；UN1230——1 L。

$$Q = \frac{1}{5} + \frac{5}{60} + \frac{0.2}{1} = 0.48 < 1$$

因此，这些物品可以使用一个外包装。

(2) 不同危险品装在同一外包装内的包装件的检查步骤。

①查阅危险品品名表。

②确保不会发生反应且不需要隔离。

③检查每一种物品对应的包装说明。

- 允许使用所用的内包装；
- 符合内包装的最大允许数量限制；
- 外包装满足每一个包装说明的要求；
- 符合国家和经营人差异。

④计算 Q 值。

⑤确保不包含装有感染性物质的内包装。

2　限制数量危险货物包装检查

(1) 包装要求。

按照限制数量运输的危险品，在包装时必须符合相应的包装规定。当不同类别的限量危险品装入同一个外包装时，还要满足不同物质装入同一规格外包装的要求。它的数量限制要求如下：

①不包括第 2 类和第 9 类的其他类别危险品，每一包装件内所装的数量的"Q"值不超过 1。

$$Q = \frac{n_1}{M_1} + \frac{n_2}{M_2} + \cdots + \frac{n_i}{M_i} \leqslant 1$$

其中，n_i 是每一包装件内第 i 种危险品的净数量（净重或净容积），M_i 是危险品品名表中限量运输时对客机或货机规定的第 i 种危险品每一包装件最大允许净数量。

②对于第 2 类和第 9 类危险物品：

当未与其他类别危险物品混装时，每一包装件的毛重不得超过 30 kg；

当与其他危险物品混装时，每一包装件的毛重不得超过 30 kg，并且每一包装件内所装其他类别危险物品的总净数量,根据上述"Q"计算公式在 Q 值不大于 1 时才允许运输。

③若包装中危险品的 UN 编号及包装等级均相同,则不必计算 Q 值。但是包装件的总净数量不得超过危险品品名表中 H 栏所规定的每一包装件的最大允许净数量值。此外,限制数量危险品的包装必须按照相应的限制数量包装说明表(以前缀"Y"表示)进行包装。

(2) 限制数量危险货物包装检查步骤。

①查阅危险品品名表。

②确保不会发生反应且不需要隔离。

③检查每一种物品对应的以"Y"为前缀的包装说明。

- 允许使用所用的内包装;
- 符合内包装的最大允许数量限制;
- 符合国家和经营人差异。

④确保满足对限量危险货物的数量限制。

⑤确保外包装符合相关的构造和试验标准。

⑥确保包装件的毛重不超过 30 kg。

任务实施

(1) 某托运人托运一件 UN 规格包装件。

所装货物名称:Copper chlorate;

内包装:4 个玻璃瓶(IP1),每个净重 1 kg;

外包装:一个 UN 规格木箱(4C2);

其表面有如下标记: 4C2/Y10/S/06 DE/2201

该包装符合一般包装要求,包装件毛重 9 kg,由法航承运,从巴黎运至日本的东京,客机运输。请对该包装件进行检查。

(2) 下列货物装在一个外包装内:

内包装:Diethyl sulphate 1 个玻璃瓶(IP1) 1 L;

Paraldehyde 2 个塑料瓶(IP2) 每个 10 L。

外包装标记: 4D/Y35/S/06 NL/NNB344

该货物由国航承运,从北京运至美国旧金山,客机运输。货物之间不会发生危险反应。请进行包装件检查。

(3) 描述不同危险品装在同一外包装内的包装件检查步骤。

任务评价

任务实施检测表如表 4.14 所示。

表 4.14 任务实施检测表

考核内容	分值	自评分	小组评分	教师评分	实得分
正确查阅危险品品名表	10				
识别不同物品的包装说明	20				
正确计算 Q 值	30				
UN 编码信息识别	20				
掌握不同危险品特性	20				
总分	100				

■ 民航危险品运输思政

[案情介绍]

案例一

我国远洋轮"龙溪口"载货航行至印度洋时,第二舱突然爆炸起火,之后危及其他舱口。由于来势凶猛已经无法施救,船长不得已下令弃船,该轮于第二天沉没。事后展开调查,根据货运报表及积载图分析,事故最有可能是第二舱二层柜上装载的四十余桶铝银粉自燃所致。

案例二

1988 年 7 月 1 日 11 时 26 分,415 次旅客列车发生爆炸事故,造成 6 人死亡,19 人受伤,一列车厢完全损毁,两列车厢严重受损,直接经济损失达 50 余万元。经现场勘查、技术鉴定和事故调查发现,事故是由旅客贺某私自携带易爆物品铝粉造成的。贺某是广东省某市的一家饲料公司的采购员,6 月外出办公时,从某地化工商店购买了铝粉 300 g、铜粉 50 g,准备带回家自用。7 月 1 日,贺某从河北省高邑火车站乘上由北京开往平顶山的 415 次旅客列车,并将铝粉和铜粉与尼龙化纤面料的衣服混装在同一提包内。旅途中尼龙化纤织品摩擦产生静电火花,导致铝粉爆炸。

[事故原因分析]

铝银粉,又名银粉、铝粉,呈银白色,生产铝制品时少不了它。铝银粉还广泛应用于颜料、油漆、油墨、烟花等产品制造及冶金、化工之中,也可以作为加气剂,用作多孔混凝土制品的原料。一般来说成型的铝块,只有在明火点燃时才会燃烧。但铝粉就不同了,只要有一颗小小的火星就可以引起燃烧。当空气中悬浮着铝银粉时,危险性就更大,在每立方米的体积中如果有 40 g 铝银粉悬浮,就构成爆炸的条件。铝银粉还能与水发生反应,如果是大量的水与铝银粉接触,倒不会发生反应;怕就怕铝银粉处于潮湿的环境中,缓慢地吸收水分,这就会引发化学反应,放出氢气,并产生热量,其危险性就极大。

正因为铝银粉有这些特性,所以在投入运输前要经过涂层处理,通常在铝银粉颗粒外涂油脂或石蜡。经过涂层处理的铝银粉，属于第4类危险品——易燃固体，其有关特性和注意事项内特别注明："……如果用油或蜡进行处理，则在常温下不会发生这种情况。"即不具有与水反应放出氢气的危险性。但即便如此，涂层处理过的铝银粉，还是容易与酸类和苛性碱发生反应，与氧化剂也容易发生化学反应而引起爆炸，因而必须将这些物质严加隔离。

"龙溪口"轮载的铝银粉，是经过涂层处理后，用金属桶包装的。事后调查证实，这个包装的密封程度没有达到国际上认定的标准。由于容器密封不良，潮气侵入桶内，舱内的温度又比较高，致使桶内铝银粉所涂的油脂熔化。裸露的铝银粉吸入空气中的水分之后，产生化学反应，这时候的铝银粉就成了未经涂层处理的物品，属第4类中的"遇水放出易燃气体"的物品。在《国际海运危险货物规则》的"积载与隔离"栏内特别注明：铝银粉仅能在干燥气候下装载，舱内应搭配有机械通风且应避开生活居住处所放置。铝银粉在当时这种情况下不断地与空气中的水分发生化学反应，放出氢气，并积聚热量；热能又不断地加快这种化学反应的发生，致使越来越多的氢气聚集在船舱内。在船舱这种特定的条件下，猛烈爆炸更会引起一系列的更强烈的反应，足够使一艘万吨巨轮覆灭。

资料来源：百度文库，有改动

职业启示：以上案例说明了规范的危险品包装在储存与运输过程中可以防止危险品因接触雨、雪、阳光、潮湿空气或杂质，发生剧烈的化学变化而造成事故；因受到撞击、摩擦和挤压而产生事故；因泄露威胁装卸、搬运和储存安全，从而保证安全运输危险品。标记意在为包装制造商、修理厂、包装用户、经营人和有关当局提供帮助。能够正确书写包装标记、粘贴危险性标签及操作标签，以及识别错误的危险品包装标记和标签并对其进行纠正对于危险品安全运输具有重大意义。作为民航危险品的一线工作人员，必须要做到爱岗敬业，掌握民航危险品包装知识和技能，牢记专业工作差之毫厘，谬以千里，用自己的专业技能把好危险品包装的检查这一关，才能保卫人民的生命财产安全。

项目学习效果综合测试

一、选择题

1. 危险品包装件的标记和标签的责任人是（　　）。
   A. 托运人　　　B. 收货人　　　C. 承运人　　　D. 代理人
2. 每一种危险品的标记的基本信息内容包括（　　）。
   A. 物品的运输专用名称　　　B. 物品的UN或ID编号
   C. 发货人及收货人详细姓名、地址　　　D. 危险品的净数量和包装件的毛重
3. 危险品标签的符号为气瓶，黑色或白色；底色为绿色的物质为（　　）。
   A. 易燃气体　　　B. 有毒气体
   C. 无毒非易燃气体　　　D. 腐蚀品
4. 危险品标签的符号为三个新月形重叠在一个圆圈上，黑色；底色为白色的危险物品标签表示的危险品是（　　）。
   A. 有毒物品　　　B. 放射性物品　　　C. 感染性物品　　　D. 腐蚀性物品

5. 危险品标签显示三叶形,表示的危险品为( )。
A. 有毒物品　　　B. 放射性物品　　C. 感染性物品　　D. 腐蚀性物品
6. 贴有如下标签的物品是哪一类别的危险品?( )

A. 2.1　　　　　B. 2.2　　　　　C. 2.3　　　　　D. 2.4
7. 如下标签表示内装物为( )。

A. 毒性物质　　　B. 毒性气体　　　C. 感染性物质　　D. 易燃气体
8. 如下标签表示内装物为( )。

A. 毒性物质　　　B. 毒性气体　　　C. 感染性物质　　D. 易燃气体
9. 如下标签为( )。

A. "燃料电池"操作标签　　　　　　B. "易燃固体"操作标签
C. "锂电池"操作标签　　　　　　　D. "轻拿轻放"操作标签

二、判断题

1. 危险品包装必须使用联合国规格包装。（　　）
2. 吸附材料 A 表示吸附材料能吸收全部内包装中的液体。（　　）
3. 危险品运输时包装质量出现问题，应由经营人负全部责任。（　　）
4. 不需要任何内包装即能在运输中发挥包装作用的包装叫作外包装。（　　）
5. 复合包装由内外两层材料组成一个不可分割的整体包装，属于组合包装。（　　）
6. 联合国规格包装是经过联合国包装的试验，并保证安全，达到联合国标准的包装，包装上有联合国试验合格标志。（　　）
7. 合成包装件可分为封闭性和敞开性两种，其中飞机集装器属于封闭性合成包装件。（　　）
8. 氢氟酸可以用玻璃容器装载。（　　）
9. 限量包装是指用于危险品数量在一定限量内的包装，但也需要经过联合国性能测试，其外表上需有 UN 标志。（　　）
10. 所有的危险品航空运输都要在外包装上标记毛重和净重。（　　）
11. 危险货物标记上的文字必须使用英文，如始发国需要，亦可使用其他文字。（　　）
12. 托运人应在每一包装件上标注该包装件内固体二氧化碳（干冰）的净重。（　　）
13. 因为包装件尺寸太小，允许将一标签贴在包装件的不同侧面。（　　）

三、填空题

1. 合成包装件上面的标记文字常为_____。
2. 盛装液体危险品的组合包装件及合成包装件必须使用_____标签。危险品包装件的标记和标签的责任人是_____。

四、应用题

1. 请判断下列包装是否可由客机装载。

内包装：Isobutyl isobutyrate，1 个金属罐，0.5 L；Ethyl chloroacetate，3 个金属罐，每个 0.1 L。外包装标记：一只标有"Ltd. Qty."结实的纤维板箱，无其他标记。包装件总重量：15 kg。

2. 某托运人托运一批货物：

危险品：Sodium dithionite；净数量：45 kg；内包装：铝瓶 IP3A，每瓶中净数量 2.5 kg。外包装：钢桶。外包装表面有如下标记：

。该包装符合一般包装要求，每包装件毛重为 25 kg，共 3 件，每件内装 6 瓶货物。由东航承运，从上海运往美国纽约，客机运输。

请对该包装件进行检查。

五、完成任务

任务标题	项目四　对民航危险品进行包装、加标记、贴标签		
工种	危险品运输专员	工作区域	
工时	_____分钟		
任务描述	包装检查工作是危险品收运检查员及其他需要检查危险品包装的员工所必须掌握的一项技能,这项技能的熟练程度直接关系到危险品在后续运输过程中的安全水平。 同学们应能对危险品进行正确包装、加标记、贴标签操作,从而达到能对不同情况下的危险品包装进行检查的目的。		
任务要求	1. 能复盘相同危险品在同一外包装内的包装件的包装、加标记、贴标签过程,并能纠正其他组的包装、标记、标签错误; 2. 能复盘不同危险品在同一外包装内的包装件的包装、加标记、贴标签过程,并能纠正其他组的包装、标记、标签错误。		
实训室"6S"管理要求	1. 实训桌台面整洁,不放置与本实训任务无关的物品; 2. 工具、配件摆放整齐; 3. 保证工具、物料、设备齐全,数量足够; 4. 安全用电,规范操作。		

所用物料：　　　　　　　　　　　　　　　　　　　　　　　清点者签字　　　　组长签字

类别	名称	规格型号	单位	数量
第1—9类危险品危险性标签				
民航危险品操作性标签				
UN规格包装箱				
限量包装箱				

续表

DGR 手册						

危险品进行包装、加标记、贴标签过程
1. 一件从英国运往德国的危险品,运输专用名称为 Acetyl iodide,货物净数量 10 L。UN 规格包装。 Shipper:chemiflux Ltd. 19 Consignee:Farell Gmbh 2. 内包装物品 A:Dipentene,14 L,2 个 IP2;物品 B:Ammonium hydrogen sulphate,11 kg,5 个 IP2;装入同一个 UN 规格外包装。 Shipper:chemiflux Ltd. 19 Consignee:Farell Gmbh

操作过程中遇到的困难及解决方法

实训心得体会

本次实训任务组内分工情况						
姓名						
分工						

考核评价意见及得分(满分 100 分)		
组内自评	组间互评(注明执行评价工作的小组班级和组号)	教师评价
合计		

班级:＿＿＿＿＿＿＿＿＿＿　　组号:＿＿＿＿＿＿＿＿　　小组成员签字:＿＿＿＿＿＿＿＿

项目五　填写民航危险品运输文件

1. 熟悉各种危险品运输文件的样式。
2. 掌握四种常见危险品运输文件的内容。
3. 熟悉四种常见危险品运输文件的填写原则和要求。

技能目标

1. 能够看懂、解读民航危险品运输文件中的各项信息。
2. 能够根据特定危险品的具体信息填写相关运输文件。
3. 能够根据危险品运输文件填写的原则和要求判断文件的填写是否合规。

思政目标

1. 树立和践行社会主义核心价值观，弘扬爱国、敬业、诚信的价值观。
2. 树立安全意识，培养"安全第一、预防为主"的信念。
3. 努力成为掌握民航危险品运输文件相关理论知识和能力的遵纪守法、遵守规范的高素质技术技能人才。

　　任务一　填写托运人危险品申报单

■ 导入案例

　　2012年底，A销售代理公司经某外航航班（中国—B国）运输了一票普通快件货物。飞机在B国降落时，经B国民航局抽查发现，该票普货含疑似危险品。B国民航局遂将该信息通报至中国民航局。C民航地区管理局按照中国民航局的指示对该案进行了调查取证，最终认定托运人A销售代理公司行为构成在普货中夹带危险品，并依据当时的《中国民用航空危险品运输管理规定》(CCAR-276-R1)对其给予警告和罚款人民币2万元的行政处罚。

资料来源：找法网，有改动

> 知识讲解

正确填制危险品运输文件是安全运输的基本要求和必要保证。它的准确性和完整性是运输工作安全、及时、准确、高效完成的基础。

危险品运输所涉及的主要文件包括：

(1) 托运人危险品申报单(Shipper's declaration for dangerous goods, DGD)(以下简称申报单)；

(2) 航空货运单(Air waybill, AWB)(以下简称货运单)；

(3) 收运检查单；

(4) 特种货物机长通知单(Special load notification to captain)(以下简称机长通知单)；

(5) 其他文件。

申报单在通常情况下是托运人在托运每件危险品时都必须填写的运输文件。

在交运含有危险品货物时，托运人必须做到：

① 用正确的方法、格式填写申报单；

② 填写的内容准确、清楚；

③ 确保在向经营人交运货物时申报单已签署；

④ 确保危险品的交运完全符合有关规则规定。

一、申报单填写的一般原则

(1) 申报单必须用英文填写。在英文后可附加另一种文字的准确译文。

(2) 申报单至少一式三份并签字随货一同交给经营人，可以采用复写纸。

(3) 经营人不接收已经有变更或修改过内容的申报单，除非在修改处有托运人的签名。

(4) 申报单的货运单号码栏、始发站机场栏和目的站机场栏可以由托运人或其代理填写或修改，也可以由收货人员填写或修改，但是其他栏目必须由托运人或其所雇的代表其承担托运人的责任的人或组织填写。

(5) 申报单只有经托运人签字后才具有法律效力。签字时必须使用全称，可以手写，也可以使用印章，但不准使用打字机。

(6) 申报单所填写的内容必须与所托危险品相一致，必须遵守 UN、IATA、国家以及经营人的有关规定。

(7) 混载运输时，托运人除填写一份总的申报单外，每一不同托运人交运的物品还必须单独填制一份申报单。

(8) 申报单中不得填入与交运的危险品或交运货物中包含的危险品无关的信息。若申报单中同时列出了危险品和非危险品，必须先列出危险品，或者用其他的方式对其中的危险品加以强调。

(9) 对于需要一架以上飞机运输的多批货物，第一经营人必须从托运人处取得每架飞机运送的每批货物的申报单副本。

(10) 经营人不得接受更改或修正过的申报单，除非某项更改或修正由托运人签字，且

该签字与文件上的签字一致。但"Air waybill number"(货运单号码)、"Airport of departure"(始发机场)和"Airport of destination"(目的地机场)的更改则不属此列。一个项目中有不同的手写或不同的印刷文字,或是手写与印刷字相混用,不属于更改或修正。

(11)交运的每件物品或物质必须使用"运输专用名称"申报。对于带★符号的必须附加技术或化学名称。以下物质或物品不需要托运人危险品申报单:

① 例外数量的危险品;
② UN3373,B级生物物质;
③ UN2807,磁性物质;
④ UN1845,固体二氧化碳(干冰),用作非危险品的制冷剂;
⑤ UN3245,转基因生物,转基因微生物;
⑥ 符合包装说明965—970的第Ⅱ部分的锂离子或锂金属电池;
⑦ 放射性物质,例外包装件(RRE)。

二、申报单填写说明

托运人危险品申报单有手工填制与机器填制两种。

手工填制申报单可按照每一栏目所要求的内容填写,不易出错,但是要受到栏目固定大小的限制,如图5.1所示。

机器填制申报单虽然在每一项内容方面没有手工填制申报单那样轻易可见,但它不受栏目大小的限制,可以连续书写,并可分成几部分折行书写如图5.2所示。

以手工填制申报单(见图5.3至图5.7)为例,讲解如下:

(1)5.2.1 托运人栏,填写托运人姓名的全称及地址。出现在申报单上的托运人姓名可以不同于航空货运单上的托运人姓名。

(2)5.2.2 收货人栏,填写收货人姓名的全称及地址。若属感染性物质,还应填写负责人的姓名和电话号码,以便出现紧急情况时联系。出现在申报单上的收货人姓名可以不同于航空货运单上的收货人姓名。

(3)5.2.3 航空货运单号码。如果是集运货物,应在货运单号码后填写分运单号码,中间用"/"隔开。

(4)5.2.4 页数与总页数(Page...of...Pages):填写第……页共……页。如无续表,应填写"第1页共1页"(Page 1 of 1 Page)。

(5)5.2.5 运输详情栏,根据货物的包装类型是否符合客机运输条件,将"客机、货机均可"或"仅限货机"两项中的一项划掉,另一项保留。

(6)5.2.6 始发站机场栏,填写始发站机场或城市全称,不允许使用机场或城市的三字代码。

(7)5.2.7 目的站机场栏,填写目的站机场或城市全称,不允许使用机场或城市的三字代码。

(8)5.2.8 危险品类型栏,划掉"放射性"(Radioactive)字样表明该货物不含放射性物质。

(9)5.2.9 危险品的性质和数量栏,在本栏中,放射性物质和非放射性物质要求填写的内容不同。

Shipper	Air Waybill No.
	Page of Pages
	Shipper's Reference No. (optional)
Consignee	

Two completed and signed copies of this Declaration must be handed to the operator.	WARNING
TRANSPORT DETAILS	Failure to comply in all respects with the applicable Dangerous Goods Regulations may be in breach of the applicable law, subject to legal penalties.
This shipment is within the limitations prescribed for: (delete non-applicable) · Airport of Departure (optional):	
PASSENGER AND CARGO AIRCRAFT / CARGO AIRCRAFT ONLY	
Airport of Destination (optional):	Shipment type: (delete non-applicable) NON-RADIOACTIVE RADIOACTIVE

NATURE AND QUANTITY OF DANGEROUS GOODS

UN Number or Identification Number, Proper Shipping Name, Class or Division (subsidiary hazard), Packing Group (if required) and all other required information.

Additional Handling Information

I hereby declare that the contents of this consignment are fully and accurately described above by the proper shipping name, and are classified, packaged, marked and labelled/placarded, and are in all respects in proper condition for transport according to applicable international and national governmental regulations. I declare that all of the applicable air transport requirements have been met.	Name of Signatory Date Signature (See warning above)

图 5.1　手工填制申报单

Shipper		Air Waybill No.
		Page of Pages
		Shipper's Reference No. (optional)
Consignee		

Two completed and signed copies of this Declaration must be handed to the operator.

WARNING

Failure to comply in all respects with the applicable Dangerous Goods Regulations may be in breach of the applicable law, subject to legal penalties.

TRANSPORT DETAILS

This shipment is within the limitations prescribed for:
(delete non-applicable)

PASSENGER AND CARGO AIRCRAFT	CARGO AIRCRAFT ONLY

Airport of Departure (optional):

Airport of Destination (optional):

Shipment type: (delete non-applicable)

NON-RADIOACTIVE	RADIOACTIVE

NATURE AND QUANTITY OF DANGEROUS GOODS

Dangerous Goods Identification				Quantity and Type of Packing	Packing Inst.	Authorization
UN or ID No.	Proper Shipping Name	Class or Division (subsidiary hazard)	Packing Group			

Additional Handling Information

I hereby declare that the contents of this consignment are fully and accurately described above by the proper shipping name, and are classified, packaged, marked and labelled/placarded, and are in all respects in proper condition for transport according to applicable international and national governmental regulations. I declare that all of the applicable air transport requirements have been met.

Name of Signatory

Date

Signature
(See warning above)

图 5.2　机器填制申报单

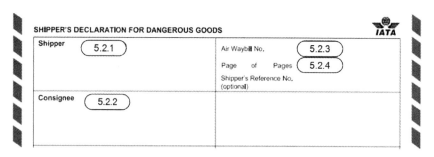

图 5.3　手工填制申报单细节图 1

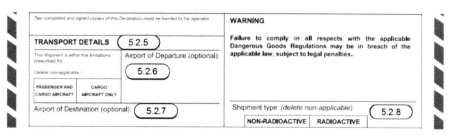

图 5.4　手工填制申报单细节图 2

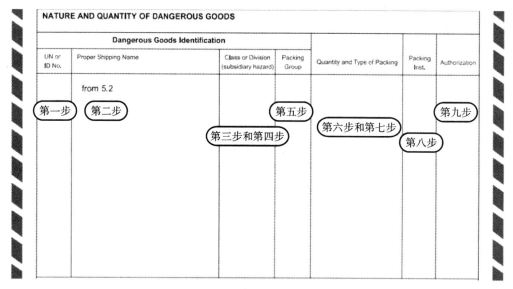

图 5.5　手工填制申报单细节图 3

第一步,联合国编号或识别编号(UN or ID No.):填写危险品的 UN 编号或 ID 编号,数字前冠以"UN"或"ID"字样。

第二步,填写运输专用名称(Proper shipping name):必要时补加技术名称。

第三和第四步,填写危险品的类别及项别号码(Class or division):对于第 1 类爆炸品还应注明配装组号码。如有次要危险性,则在主要危险性后用括号把次要危险性表示出来。

第五步,填写适用的包装等级(Packing group):前面可以冠以"PG"代号。

第六步和第七步,填写包装件数量、包装类型和每一包装件所装危险品的净数量(Quantity and type of packing)。

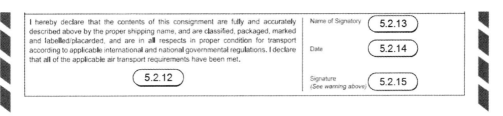

图 5.6　手工填制申报单细节图 4

图 5.7　手工填制申报单细节图 5

①当包装件内只有一种危险品时,当危险品品名表中 H、J 或 L 栏有最大允许毛重"G"时,以毛重代替净重。包装类型的信息和紧跟着填写的数量信息间可用"×"连接。

填写举例:2 Plastic jerrican×2 L(2 个塑料方形桶,每个 2 L)
　　　　　1 Wooden box 50 kg G(1 个木桶,毛重 50 kg)

②当两种或两种以上危险品放入同一外包装时,首先填写不同危险品各自的净数量和单位:

只有一个包装件时:

All packed in one...(填入包装件的类型);

含有一件以上的包装件时:

All packed in one...(填入包装件的类型)×...(填入实际包装件数)

最后在下面填写 Q 值(精确到小数点后一位,第二位向前进位而不可舍去,如 0.82 应进位为 0.9),干冰作为冷冻剂时无须填写 Q 值。

③当组成合成包装件时,应紧跟着包装件描述之后注明"组成合成包装件(Overpack used)"字样。

第八步,填入包装说明和限量包装说明的序号(及其前缀"Y")(Packing instruction)。

第九步,填写主管部门的批准和认可(Authorizations)。

①当使用限量包装时,应填入"Limited quantity"或"Ltd. Qty"字样。

②当特殊规定为 A1、A2、A4、A5、A51、A81、A88、A99、A130、A190、A191、A201、A202、A211、A212 或 A331 时,应填入特殊规定序号。

③当危险品是经政府当局按 A1 或 A2 批准运输时,则必须在本栏内填写与本次运输

有关的批准或豁免证明。

(10) 附加操作信息(Additional handling information)。

①对于4.1项自反应物质及5.2项有机过氧化物以及它们的相似物品填写：必须避免阳光直射和远离热源，放置于充分通风的地方；

②对于按照特殊规定A144运输的含有呼吸保护装置的化学氧气发生器，须填写：飞行机组用呼吸保护装置(防烟罩)，符合特殊规定A144；

③对于A级6.2项(UN2814、UN2900)感染性物质，以及根据国家法律或公约禁止公布其技术名称的感染性物质，填写责任人的名称及联系电话；

④若运输的始发、中转或到达有一地在美国时，须在本栏中填写24小时紧急救援电话。

(11) 5.2.10 证明声明栏，保证货物按照相关的规则进行准备并符合运输条件。

(12) 5.2.11 签字人的姓名(Name of signatory)：填写签字人的姓名，既可打印，也可盖章，选填职务。

(13) 5.2.12 地点和日期(Place and date)：填写签字的地点和日期。

(14) 5.2.13 签字(Signature)：由填写申报单的托运人或托运人的委托代理人签字，签字必须使用全称，可手写或盖章，但不得打印。

三、危险品申报单的填写实例

例1 4.1项自反应物质在附加操作栏中有强制性文字要求，如图5.8所示。

UN or ID No.	Proper Shipping Name	Class or Division (subsidiary hazard)	Packing Group	Quantity and Type of Packing	Packing Inst.	Authorization
UN1816	Propyltrichlorosilane	8 (3)	II	3 Plastic Drums × 30 L	876	
UN3226	Self-reactive solid type D (Benzenesulphonyl hydrazide)	Div. 4.1		1 Fibreboard box × 10 kg	459	
UN1263	Paint	3	II	2 Fibreboard boxes × 4 L	353	
UN1263	Paints	3	III	1 Fibreboard box × 30 L	366	
UN3166	Vehicle, flammable liquid powered	9		1 automobile 1350 kg	950	
UN3316	Chemical kits	9	II	1 Fibreboard box × 3 kg	960	
UN2794	Batteries, wet, filled with acid	8		1 Wooden box 50 kg	870	
UN1066	Nitrogen, compressed	2.2		1 Steel cylinder × 16 kg	200	
UN0255	Detonators, electric	1.4B		5 Fibreboard boxes × 2kg (NEQ 0.11 kg)	131	

Additional Handling Information
The packages containing UN3226 must be protected from direct sunlight and all sources of heat and be placed in adequately ventilated areas.
24-hour Number: +1 905 123 4567

图5.8 危险品申报单实例1

例2 2个或2个以上有限数量的危险品放在一个外包装内,必须计算 Q 值,如图5.9所示。

UN1950	Aerosols, non-flammable	2.2		5 kg	Y203
UN2653	Benzyl iodide	6.1	II	0.3 L	Y641
UN2049	Diethylbenzene	3	III	0.5 L	Y344

All packed in one wooden box.
Q=0.4
Total Gross Weight: 10 kg G

图 5.9 危险品申报单实例 2

例3 干冰与 6.2 项感染性物质使用同一 UN 规格包装,不须计算 Q 值,如图 5.10 所示。

| UN2814 | Infectious substance, affecting humans (Dengue virus culture) | 6.2 | | 25 g | 620 |
| UN1845 | Dry Ice | | 9 | 20 kg | 954 |

All packed in one Fibreboard box.

图 5.10 危险品申报单实例 3

例4 6.2 项感染性物质使用 UN 规格感染性物质包装,外部由干冰包好再放入一个合成包装件中,且满足包装代号 954 的要求,如图 5.11 所示。

NATURE AND QUANTITY OF DANGEROUS GOODS					
Dangerous Goods Identification					
UN or ID No.	Proper Shipping Name	Class or Division (Subsidiary Hazard)	Packing Group	Quantity and type of packing	Packing Inst.	Authorization
UN2814	Infectious substance, affecting humans (Dengue virus)	6.2		1 Fibreboard box × 25 g	620	
UN1845	Dry Ice	9		20 kg Overpack used	954	

图 5.11 危险品申报单实例 4

例5 3种危险品,其中2种危险品的包装件组成一个合成包装件,另一种危险品的包装件不在合成包装件中。此时,合成包装件的危险品应列于前,后跟文字"组合合成包装件",如图5.12所示。

UN or ID No.	Proper Shipping Name	Class or Division (Subsidiary Hazard)	Packing Group	Quantity and type of packing	Packing Inst.	Authorization
UN1203	Motor Spirit	3	PGII	1 Steel drum × 4 L 2 Plastic Jerricans × 2 L	353	
UN1950	Aerosols, flammable	2.1		1 Fibreboard box × 5 kg Overpack used	203	
UN1992	Flammable liquid, toxic, n.o.s. (Petrol, Carbon tetrachloride mixture)	3 (6.1)	III	1 Fibreboard box × 1 L	Y343	

图5.12 危险品申报单实例5

例6 含有同一种物质同一种规格的多个合成包装件。注意该批货物含有600个纤维板箱气溶胶,并组成三个同样规格的合成包装件。为便于识别、装载和通知,经营人要求每一合成包装件都标有识别标记(可按字母顺序号)和危险品的总量,如图5.13所示。

UN or ID No.	Proper Shipping Name	Class or Division (Subsidiary Hazard)	Packing Group	Quantity and type of packing	Packing Inst.	Authorization
UN1950	Aerosols, flammable	2.1		200 Fibreboard boxes × 0.2 kg Overpack used × 3 #1234 #2345 #1841 Total quantity per overpack 40 kg	203	

图5.13 危险品申报单实例6

例7 含有同一种物质不同规格的多个合成包装件。注意该批货物含有600个纤维板箱气溶胶,其中有两个不相同和三个相同的合成包装件。为便于识别、装载和通知,经营人要求每一合成包装件都标有识别标记(可按字母顺序号)和危险品的总量,如图5.14所示。

NATURE AND QUANTITY OF DANGEROUS GOODS						
Dangerous Goods Identification						
UN or ID No.	Proper Shipping Name	Class or Division (Subsidiary Hazard)	Packing Group	Quantity and type of packing	Packing Inst.	Authorization
UN1950	Aerosols, flammable	2.1		200 Fibreboard boxes x 0.2 kg Overpack used #AA44 Total net quantity 40 kg 100 Fibreboard boxes x 0.1 kg Overpack used #AB62 Total net quantity 10 kg 100 Fibreboard boxes x 0.3 kg Overpack used x 3 #AA60 #AA72 #AA84 Total quantity per overpack 30 kg	203	

图 5.14　危险品申报单实例 7

任务实施

结合所学内容，分小组完成任务。任选一种含危险品的货物，填写托运人危险品申报单。

任务评价

任务实施检测表如表 5.1 所示。

表 5.1　任务实施检测表

考核内容	分值	自评分	小组评分	教师评分	实得分
分析货物所含的危险品类别、性质	10				
手工填写托运人危险品申报单	40				
机器填写托运人危险品申报单	40				
清晰讲解填制过程	10				
总分	100				

任务二 填写航空货运单

一、货物托运书

货物托运书(见图5.15)是托运人办理货物托运时填写的书面文件,是填开航空货运单的凭据。托运人及代理人在经营人或其地面操作代理人的货物收运处托运危险品时,应填写货物托运书,在货物托运书上,应声明所托运的货物是否是危险品。货物托运书上如有修改,应由托运人或其代理人在修改处签字确认。

"是否属于危险品"一栏不能修改,如有修改,则此货物托运书视为无效。货物托运书的保存期限应不短于12个月。

二、航空货运单

本任务所述货运单的填写内容,只针对有关的危险品。

例1 货运单上"操作说明"栏的填写。

对于客机与货机均可运输的危险品,应在"操作说明"栏内注明"危险品见随附的托运人申报单"(Dangerous goods as per associated Shipper's declaration or Dangerous goods as per attached DGD),如图5.16所示。

例2 对仅限货机运输的危险品,应在"操作说明"栏内注明"仅限货机运输"(Cargo aircraft only or CAO),如图5.17所示。

例3 若一票货物同时含有危险品和非危险品,还应在"操作说明"栏内注明危险品货物的件数,如图5.18所示。

例4 若一批混载货物中含有几件需要附危险品申报单的货物,应在货运单中注明危险品的件数及"危险品见所附托运人申报单"(Dangerous goods as per associated shipper's declaration),如图5.19所示。

例5 固体二氧化碳(干冰)与非危险品一起运输时不需要单独填写申报单,但必须将干冰的信息按顺序在货运单的"货运品名和数量"(Nature and quantity of goods)一栏中依次填写:运输专业名称、类别或项别的编号、UN或ID编号、包装等级、次要危险性(如有)、包装件数、每一包装件的净数量及包装代码,如图5.20所示。

例6 对于满足规定要求的例外包装危险品,只需在货运单的"货物品名及数量"(Nature and quantity goods)栏内注明"例外数量危险品"(Dangerous goods in excepted quantities),如图5.21所示。

例7 符合包装说明965—970第Ⅱ部分的锂电池,在货运单的"货物品名和数量"(Nature and quantity of goods)栏内注明相应的信息。满足包装说明965第Ⅱ部分的锂离子电池(Lithium ion batteries in compliance with Section Ⅱ of PI965)注明的信息如图5.22所示。

托运人姓名、地址 Shipper's Name and Address	托运人账号 Shipper's Account Number	航空货运单号码 Air Waybill Number	
收货人姓名、地址 Consignee's Name and Address	收货人账号 Consignee' Account Number	本人保证所托运货物已经完全正确地命名。所托运货物中的危险品，根据使用的《危险品规则》中的规定，处于完好状态且适于航空运输，并完全符合航空运输条件。 I certify that the content of consignment are properly identified by name. In so far as any part of the consignment contain dangerous goods, such part is in proper condition for carriage by air according to the applicable *Dangerous Goods Regulations*.	
		是否属于危险品　　　　□是　　□否 Dangerous Goods or Not　□Yes　□No	
始发站 Airport of Departure	目的站 Airport of Destination	随附文件 Document to Accompany	
航班/日期 Flight/Date	航班/日期 Flight/Date		
件数 No. of Pieces	毛重/千克 Gross Weight/kg	货物品名和数量 Nature and Quantity of Goods	包装尺寸和体积 Measurement
航空运费和声明价值附加费 WT/VAL Charges □预付 Prepaid □到付 Collect		其他费用 Other Charges □预付 Prepaid □到付 Collect	供运输用声明价值 Declared Value for Carriage	供海关用声明价值 Declared Value for Customs
储运注意事项和条件 Handling Information and Remarks		托运人签字 Signature 日期 Date	

图 5.15　货物托运书

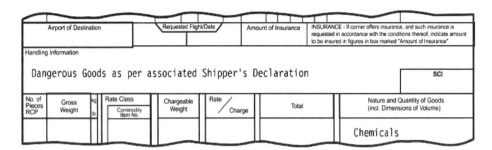

图 5.16　需要托运人申报单的客机运输的危险品

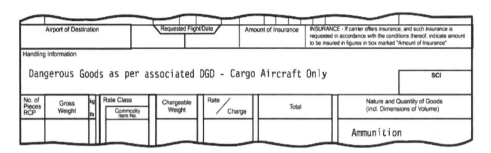

图 5.17　仅限货机的危险品货运单

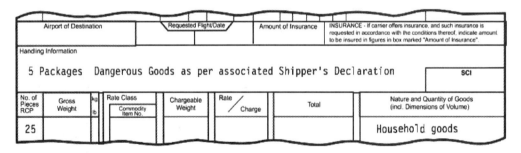

图 5.18　含有危险品和非危险品的危险品货运单

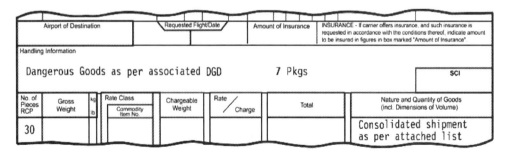

图 5.19　混载货物中含有危险品的危险品货运单

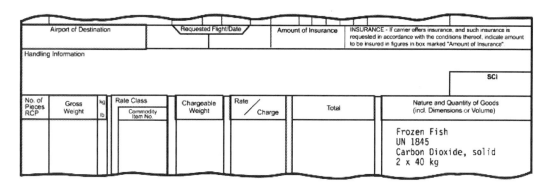

图 5.20 干冰与非危险品一起运输的危险品货运单

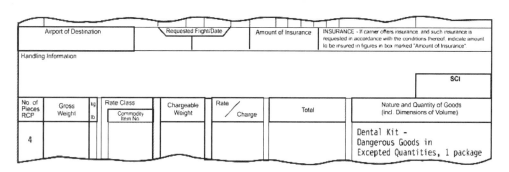

图 5.21 例外数量危险品的危险品货运单

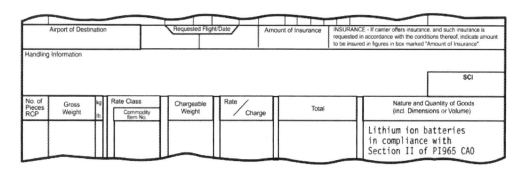

图 5.22 锂电池的危险品货运单

任务实施

结合所学内容,分小组完成任务。任选一种含危险品的货物,填写航空货运单。

任务评价

任务实施检测表如表 5.2 所示。

表 5.2　任务实施检测表

考核内容	分值	自评分	小组评分	教师评分	实得分
分析货物所含危险品的类别、性质	20				
填写航空货运单	60				
清晰讲解填制过程	20				
总分	100				

任务三　填写危险品收运检查单及特种货物机长通知单

在收运危险品时,为了检查托运人危险品申报单、货运单及危险品包装件是否完全符合要求,负责经营人危险品收运的人员必须使用危险品收运检查单。检查单必须符合现行有效的 IATA 危险品检查单的最低要求。

危险品收运检查单主要是供运营人收运危险品时使用,同时也可以给货主、货运代理人提供一个准备货件的良好依据。

一、货物托运书

1　使用说明

危险品收运
检查单

(1) 危险品收运检查单由经营人收货人员填写,一式两份,经复核签字后生效。如果收货人员未填写危险品收运检查单或者危险品收运检查单未经复核签字,则不得收运该危险品;

(2) 在危险品收运检查单上的各个项目全部检查完毕后方能确定该危险品是否可以收运;

(3) 经检查,危险品收运检查单上的各个项目均无问题,该危险品可以收运;

(4) 经检查,若危险品收运检查单上有任意一项或几项结果为否定,则该危险品不得收运;

(5) 危险品收运检查单的正本和托运人危险品申报单与货运单附在一起随同货物运输,其副本由始发站留存;

(6) 对例外数量的危险品不需要做检查单。

2　对检查出的问题的处理方法

(1) 如果问题出在托运人危险品申报单上,除货运单号码栏、始发站机场栏和目的站机场栏以外,其他的栏目必须由托运人予以更正,并在更正处签名或盖章;

(2) 如果危险品包装件有损坏或包装方法不正确,航空公司收货人员应该拒绝收运该危险品。

3 危险品收运检查单类型

危险品收运检查单分为3种:第一种用来检查非放射性物质;第二种用来检查放射性物质;第三种用来检查不要求托运人危险品申报单的固体二氧化碳(干冰)。

二、特种货物机长通知单

1 特种货物机长通知单通用栏的填写

(1) Station of Loading:装机站名称,使用 IATA 规定的机场三字代码;

(2) Flight Number:航班号;

(3) Date:航班离港日期;

(4) Aircraft Registration:飞机机号;

(5) Prepared By:货物配载人员签字;

(6) ULD Built-Up By:集装器监装员签字;

(7) Loaded By:飞机货物监装员签字;

(8) Captain's Signature:执行该航班的机长签字;

(9) Next Captain's Signature:接班机长签字;

(10) Received By:目的站接机人签字。

2 特种货物机长通知单危险品栏目的填写

(1) Station of Unloading:卸机站名称,使用 IATA 规定的机场三字代码;

(2) Air Waybill Number:货运单号码;

(3) Proper Shipping Name:危险品运输专用名称;

(4) Class or Division(for class 1,Compatibility group):危险品类别或项别(如果是第1类爆炸品,还要求注明配装组代码);

(5) UN or ID Number:危险品联合国编号或国际航协编号;

(6) Subsidiary Risk:次要危险性所属的类别或项别;

(7) Number of Packages:危险品的包装件数量;

(8) Net Quantity or Transport Index Per Package:填写每一包装件内危险品的净重,如果运输放射性物质则此栏填写包装件的运输指数;

(9) Radioactive Category:放射性物质包装等级和标签颜色;

(10) Packing Group:危险品运输包装等级;

(11) Code(See reverse):危险品的三字代码(见背面);

(12) CAO:如果该危险品包装件仅限货机运输,在此栏标注"×";

(13) Loaded ULD Number:装有危险品的集装器编号;

(14) Loaded Position:危险品的装机位置;

(15) ERG Code:由当班机长填写机上应急响应编码。

3 签收与存档

特种货物机长通知单一式 4 份，中英文对照，背面附有危险品代码（IMP 代码）表和装载隔离表。

（1）随航空货运单带往目的站 1 份；

（2）交配载部门 1 份；

（3）交机长 1 份；

（4）始发站留存 1 份。

任务实施

结合所学内容，分小组完成任务。任选一种含危险品的货物，填写危险品收运检查单及特种货物机长通知单。

任务评价

任务实施检测表如表 5.3 所示。

表 5.3 任务实施检测表

考核内容	分值	自评分	小组评分	教师评分	实得分
分析货物所含危险品的类别、性质	10				
填写危险品收运单	40				
填写特种货物机长通知单	40				
清晰讲解填制过程	10				
总分	100				

■ 民航危险品运输思政

正确填制危险品运输文件是安全运输的基本要求和必要保证。危险品运输文件的准确性和完整性是保证安全、及时、准确、高效地完成运输工作的前提。正确填写航班危险品申报单、航空货运单，并能够正确使用危险品检查单，对危险品申报单、货运单和包装件进行检查并进行特种货物机长通知单的填写，是保障安全运输危险品的必要步骤。这个环节如果疏漏了，那么安全链就断了。我们必须牢固树立"强三基"的意识，从基础点滴来保障危险品运输安全。

职业启示：随着科技的飞速发展，社会对危险品的民航运输需求也持续增长，安全运输危险品是民航人的使命，而正确填制危险品运输文件是安全运输的基本要求和必要保证，它的准确性和完整性是保证安全、及时、准确、高效地完成运输工作的基础。作为民航危险品运输一线工作人员必须要有安全第一、预防为主的安全意识，能够看懂、解读民航危险品运输文件中的各项信息,并根据特定危险品的具体信息填写相关运输文件,并判断所有文件的填写是否合规,严格按照规范执行,所有文件必须符合现行有效的IATA的最低要求。一个货物名称,一个包装等级,一个次要危险性的错误填写都可能导致人民生命财产的损失,敬畏生命、敬畏职责、敬畏规章方能成就我们的民航事业。

项目学习效果综合测试

任务标题	项目五 填写民航危险品运输文件		
工种	危险品运输专员	工作区域	
工时	_____分钟		
任务描述	民航危险品运输文件是危险品在货运流程中必不可少的重要文件,这些文件可对危险品的危险特性、数量、包装、目的地等信息进行有效传达,能大幅减少危险品货运流程中的重复工作,提高运输效率。因此,对危险品的运输文件进行有效填写,并对所填写内容进行检查是相关岗位人员的重要任务。		
任务要求	根据所学,分小组自行制作并填写危险品申报单、危险品航空货运单、收运检查单、机长通知单等文件,完成之后进行交叉检查。		
实训室"6S"管理要求	1. 实训桌台面整洁,不放置与本实训任务无关的物品; 2. 工具、配件摆放整齐; 3. 保证工具、散件、设备齐全,数量足够; 4. 安全用电,规范操作。		

物料:					清点者签字	组长签字
类别	名称	规格型号	单位	数量		
危险品运输文件						

填写危险品运输文件操作过程

续表

操作过程中遇到的困难及解决方法					
实训心得体会					
本次实训任务组内分工情况					
姓名					
分工					
考核评价意见及得分(满分100分)					
组内自评	组间互评(注明执行评价工作的小组班级和组号)			教师评价	
合计					

班级：_____　　组号：_____　　小组成员签字：_____

项目六 限制特定危险品的航空运输

1. 掌握民航禁运危险品的危险特性。
2. 熟悉可能隐含危险品的货物种类。
3. 掌握旅客或机组人员携带危险品的限制。
4. 了解在航空邮件中运输危险品的限制。
5. 熟悉经营人物资中的危险品种类。
6. 了解例外数量和有限数量的危险品在航空运输时的规范和要求。
7. 了解国家和经营人在危险品航空运输中的差异。

技能目标

1. 能够说出某种禁运危险品的危险特性。
2. 能够判断可能隐含危险品的货物种类。
3. 能够判断某种特定危险物品能否由旅客或机组人员携带。
4. 能够说出经营人物资中危险品的种类、危险性类别、危险特性。

思政目标

1. 树立和践行社会主义核心价值观,弘扬爱国、敬业、诚信的价值观。
2. 树立安全意识,培养"安全第一、预防为主"的信念。
3. 培养"敬畏规章、敬畏职责、敬畏生命"的民航精神。
4. 努力成为具有严谨的工作作风、踏实的工作态度的民航人。
5. 努力成为具备民航危险品运输限制相关知识和能力的高素质技术技能人才。

任务一 掌握民航禁运危险品的危险特性

■ 导入案例

1973年,加利福尼亚一家电子厂将一批由零件、设备和化工产品组成的货物运往苏格兰的工厂。一部分货物从加利福尼亚运出，另一部分货物包括160只装有硝酸的木箱从新泽西运出。这两部分货物在纽约组成一票货物申报为"电子设备"。在拼板时工人将一些包装件倒置过来，拼板完成5小时后装上了飞机，飞机到达巡航高度不久后机组人员闻到了烟味。由于烟雾越来越大机组决定在波士顿机场紧急迫降。在降落的过程中飞机撞到地面，3名机组人员全部罹难，飞机坠毁，货物抛洒在波士顿湾。

资料来源：百度文库，有改动

知识讲解

一、任何情况下都禁止航空运输的危险品

在正常运输条件下容易发生爆炸、危险性反应、起火或产生导致危险的热量、散发导致危险的毒性、腐蚀性或易燃性气体或蒸气的任何物品或物质，在任何情况下都禁止航空运输。

注意：①部分已知符合以上描述的危险品已包含在危险品品名表中，在I，J，K和L栏中用"Forbidden"（禁运）字样标明。但是，必须指出，危险品品名表不可能将所有在任何情况下均禁止航空运输的危险品全部列出。因此，为保证如上所述的危险性物品不交付运输，适当谨慎注意是十分必要的。②在运输中由于安全原因被退回给制造商的物品，如有缺陷的电池等，需参考特殊规定。

二、经豁免可以运输的危险品

下列危险品不得以航空载运，除非由国家予以豁免。
（1）下列放射性物品：
①带通气设施的B(M)型包装件；
②需要辅助冷却系统进行外部冷却的包装件；
③在运输过程中需要操作控制的包装件；
④爆炸品；
⑤自发火的液体。
（2）除非另有规定，在危险品品名表中标明禁止运输的，带联合国编号的物品和物质（包括被标注"n.o.s."（未另行规定）的物品）。
（3）被感染的活体动物。
（4）需要Ⅰ级包装的具有蒸气吸入毒性的液体。
（5）交运温度等于或高于100 ℃的液态物质或温度等于或高于240 ℃的固态物质。
（6）国家有关当局规定的任何其他物品或物质。

任务实施

分小组在网上搜集10种航空禁运的危险品,找出其中经豁免可以运输的危险品,并讲解每种危险品的用途。

任务评价

任务实施检测表如表6.1所示。

表6.1 任务实施检测表

考核内容	分值	自评分	小组评分	教师评分	实得分
网上搜集10种航空禁运危险品	20				
10种禁运中豁免可以运输的危险品	20				
每种危险品的特性、分类、用途	30				
讲解条理清晰,观点表达明确	30				
总分	100				

任务二 熟悉可能隐含危险品的货物种类

■ 导入案例

2015年8月22日晚,首都机场公安分局接到安检报警称,飞往埃塞俄比亚的某航班上,有一件托运行李内有多个打火机,民警立即前往调查。行李的主人韩某称,自己要去非洲旅游,乘机之前领队曾告知不能携带打火机。但因为在非洲购买打火机比较困难,为了抽烟方便,他便在托运行李内携带了13个一次性塑料打火机。根据相关规定,韩某的行为构成托运人在托运货物中夹带危险品,首都机场公安分局依法对其处以行政罚款1500元的处罚并没收其所托运的打火机。

资料来源:新闻中心,有改动

■ 知识讲解

经营人的收运人员必须进行适当培训,以帮助他们确认和发现作为普通货物交运的危险品。

按一般情况申报的货物可能含有不明显的危险品。这样的物品也可能在行李中被发现。为了避免未经申报的危险品被装上航空器，同时防止旅客在其行李中携带不可携带的危险品登机，在怀疑货物或行李中可能含有危险品时，货物收运人员和办理乘机手续人员应从托运人和旅客那里证实每件货物或行李中所装运的物品。

注意：包装件上的GHS象形图标表示包装件内可能含有危险品。有些象形图标表明物质仅在供应和使用中存在危险；另一些GHS象形图标含有的符号与运输使用的危险性标签中的符号大致相似，可依此分类为危险品。

此外，除了对货物收运和办理旅客登机手续的人员进行危险品培训外，还必须向上述人员和货运订舱、销售以及旅客订座和销售人员提供信息。

在适当时候以下信息必须能随时为上述人员所获得：

①货物和乘客行李中可能含有危险品的常用物品的一般说明；

②可能含有危险品的其他迹象（如标签、标记）；

③旅客随身携带的行李物品中可能夹带的危险品。

经验证明，托运人在交运含有下列物品的包装件时，需要查验他们的托运物品，并要求他们在"航空货运单"上注明其包装件内物品不具危险性。例如："Not Restricted（不受限制）"。典型的例子如下：

"紧急航材（Aircraft on ground（AOG）spares）"参见"航空器零备件/航空器设备（Aircraft spareparts/aircraft equipment）"。

"航空器零备件/航空器设备（Aircraft spareparts/aircraft equipment）"——可能含爆炸品（照明弹或其他烟火信号弹）、化学氧气发生器、不能使用的轮胎组件、压缩气瓶（氧气、二氧化碳、氮气或灭火器）、油漆、黏合剂、气溶胶、救生用品、急救包、设备中的燃料、湿电池或锂电池、火柴等。

"汽车、汽车零部件/用品（Automobiles, automobile parts/supplies（car, motor, motocycle））"——（轿车、汽车、摩托车）可能含有虽不符合磁性物质的定义，但由于可能影响航空器仪器而需符合特殊装载要求的铁磁性材料。也可能含发动机、燃料电池发动机、化油器或含有装过燃料的燃料箱、湿电池或锂电池、轮胎充气装置中的压缩气体、灭火器、含氮震台架/支柱、气袋充气机/气袋模块、易燃黏合剂、油漆、密封剂和溶剂等。

"电池驱动的装置/设备（Battery-powered devices/equipment）"——可能含湿电池或锂电池。

"呼吸器（Breathing apparatus）"——可能有压缩空气或氧气瓶、化学氧气发生器或深冷液化氧气。

"野营用具（Camping equipment）"——可能含有易燃气体（丁烷、丙烷等），易燃液体（煤油、汽油等），易燃固体（乌洛托品、火柴等），或其他危险品。

"轿车、轿车部件（Cars, car parts）"——见"汽车"等。

"化学品（Chemicals）"——可能含符合危险品任何标准的物品，尤其是易燃液体、易燃固体、氧化剂、有机过氧化物、毒性或腐蚀性物质。

"经营人物资（Company materials（COMAT））"——如航空器零件，可能含有不可或缺的危险品，如：旅客服务设备（PSU）中的化学氧气发生器，各种压缩气体，如氧气、二氧化碳和氮气；气体打火机、气溶胶、灭火器；易燃液体，如燃油、油漆和黏合剂；腐蚀性材料，如电池。其他物品，如照明弹、急救包、救生设备、火柴、磁性材料等。

"集运货物(零货集合)(Consolidated consignments(Groupages))"——可能含任何类别的危险品。

"低温(液体)(Cryogenic(Liquid))"——表示有低温液化气体,如氩气、氦气、氖气、氮气等。

"气瓶(Cylinders)"——可能含有压缩或液化气体。

"牙科器械(Dental apparatus)"——可能包含易燃树脂或溶剂、压缩或液化气体、汞和放射性物品。

"诊断标本(Diagnostic specimens)"——可能含有感染性物质。

"潜水设备(Diving equipment)"——可能含压缩气瓶(空气、氧气等),如自携式潜水呼吸氧气桶、背心气瓶等。也可能含强光潜水灯,当在空气中启动时可能产生极高的热量。为安全载运,灯泡或电池必须保持断路。

"钻探及采掘设备(Drilling and mining equipment)"——可能含爆炸品和/或其他危险品。

"液氮干装(Dry shipper(Vapour shipper))"——可能含有游离液氮。只有在包装以任何朝向放置液氮都不会流出的情况下,才不受《危险品规则》限制。

"电气设备/电子设备(Electrical equipment/electronic equipment)"——可能含磁性材料或开关装置和电子管中的汞、湿电池、锂电池或燃料电池或装过燃料的燃料电池盒。

"电动器械(Electrically powered apparatus)"——(轮椅、割草机、高尔夫球车等)可能装有湿电池、锂电池或燃料电池或盛有或曾经盛装燃料的燃料电池盒。

"探险设备(Expeditionary equipment)"——可能含爆炸品(照明弹)、易燃液体(汽油)、易燃气体(丙烷、野营燃气),或其他危险品。

"摄影或媒体设备(Film crew or media equipment)"——可能含爆炸性烟火设置、内燃机发电机、湿电池、锂电池、燃料、发热物品等。

"冷冻胚胎(Frozen embryos)"——可能用制冷液化气体或固体二氧化碳(干冰)包装。

"冷冻水果、蔬菜等(Frozen fruit,vegetables,etc.)"——可能用固体二氧化碳(干冰)包装。

"燃料(Fuels)"——可能含有易燃液体、易燃固体或易燃气体。

"燃料控制器(Fuel control units)"——可能含有易燃液体。

"热气球(Hot air balloon)"——可能含有易燃气体的气瓶、灭火器、内燃机、电池等。

"家居用品(Household goods)"——可能含符合危险品任何标准的物品,包括易燃液体,如溶剂性油漆、黏合剂、上光剂、气溶胶(旅客禁止携带)、漂白剂、腐蚀剂罐、下水道清洗剂、弹药、火柴等。

"仪器(Instruments)"——可能藏有气压计、血压计、汞开关、整流管、温度计等含有汞的物品。

"实验室/试验设备(Laboratory/testing equipment)"——可能含符合危险品任何标准的物品,特别是易燃液体、易燃固体、氧化剂、有机过氧化物、毒性物质、腐蚀性物质、锂电池、压缩气瓶等。

"机械部件(Machinery parts)"——可能含黏合剂、油漆、密封胶、溶剂、湿电池、锂电池、汞及含压缩或液化气体的气瓶等。

"磁铁或其他类似物(Magnets and other items of similar material)"——其单独或累积

指标可能符合磁性物质的定义。

"医疗用品/设备(Medical supplies/equipment)"——可能含符合危险品任何标准的物品，特别是易燃液体、易燃固体、氧化剂、有机过氧化物、毒性物质、腐蚀性物质或锂电池。

"金属建筑材料，金属栅栏，金属管材(Metal construction material, metal fencing, metal piping)"——可能含由于可能影响航空器仪器而需符合特殊装载要求的铁磁性物质。

"汽车部件(轿车、机动车、摩托车)(Parts of automobile(car, motor, motorcycle))"——可能装有湿电池等。

"旅客行李(Passengers baggage)"——可能含符合危险品任何标准的物品。例如，爆竹、家庭用的易燃液体、腐蚀剂罐、下水道清洗剂、易燃气体、易燃液体、打火机、燃料储罐、野营炉的气瓶、火柴、弹药、漂白粉、不允许携带的气溶胶等。

"药品(Pharmaceuticals)"——可能含符合危险品任何标准的物品，尤其是放射性物质、易燃液体、易燃固体、氧化剂、有机过氧化物、毒性或腐蚀性物质。

"摄影器材/设备(Photographic supplies/equipment)"——可能含符合危险品任何标准的物品，尤其是发热装置、易燃液体、易燃固体、氧化剂、有机过氧化物、毒性物质、腐蚀性物质或锂电池。

"促销材料(Promotional material)"——见"旅客行李"。

"赛车或摩托车队设备(Racingcar or motorcycle team equipment)"——可能装有发动机，包括燃料电池发动机、化油器或含燃料或残余燃料的油箱、易燃气溶胶、压缩气瓶、硝基甲烷、其他燃油添加剂、湿电池、锂电池等。

"电冰箱(Refrigerators)"——可能含液化气体或氨溶液。

"修理箱(Repairkits)"——可能含有机过氧化物、易燃黏合剂、溶剂型油漆、树脂等。

"试验样品(Samples for testing)"——可能含符合危险品任何标准的物品，特别是感染性物质、易燃液体、易燃固体、氧化剂、有机过氧化物、毒性或腐蚀性物质。

"精液(Semen)"——可能用固体二氧化碳(干冰)或制冷液化气体包装。又见"液氮干装"。

"船舶零备件(Ships'spares)"——可能含有爆炸品(照明弹)、含压缩气体的气瓶(救生筏)、油漆、锂电池(应急定位发射器)等。

"演出、电影、舞台与特殊效果设备(Show, motionpicture, stage and special effects equipment)"——可能含易燃物质、爆炸品或其他危险品。

"体育运动用品/体育团队设备(Sporting goods/sports team equipment)"——可能含压缩或液化气(空气、二氧化碳等)气瓶、锂电池、丙烷喷灯、急救箱、易燃黏合剂、气溶胶等。

"游泳池化学品(Swimming pool chemicals)"——可能含氧化或腐蚀性物质。

"电子设备或仪器开关(Switchesin electrical equipment or instruments)"——可能含汞。

"工具箱(Tool boxes)"——可能含爆炸品(射钉枪)、压缩气体、气溶胶，易燃气体(丁烷气瓶或焊枪)、易燃黏合剂、油漆、腐蚀性液体、锂电池等。

"火炬(Torches)"——小型火炬和通用点火器，可能含易燃气体，并配有电子打火器。大型火炬可能包含安装在易燃气体容器或气瓶上的火炬头(通常有自动点火开关)。

"无人伴随行李/私人物品(Unaccompanied passengers baggage/personal effects)"——可能含符合危险品任何标准的物品,如爆竹、家庭用的易燃液体、腐蚀剂罐或下水道清洗剂、易燃气体或液体打火机燃料储罐或野营炉的气瓶、火柴、漂白剂、气溶胶等(这些在 DGR 2.3 中不被允许)。

"疫苗(Vaccines)"——可能包装在固体二氧化碳(干冰)中。

★疫情防控小贴士:受全球疫情影响,不少旅客在出行时会随身携带一些防疫物品,如口罩、免洗洗手液、消毒湿巾等。而这些防疫物资如果包含高浓度酒精、双氧水、含氯溶液等,也会受到航空公司或者机场安检的限制。因此,在乘坐飞机之前,乘客应先向航空公司和机场咨询相关政策。

注意:对于未包含在《危险品规则》危险品定义中的物品或物质,如果在出现泄漏时可能会导致严重的清理问题,或在长期情况下会对铝造成腐蚀,托运人必须对其进行检查,至少应确保包装是恰当的,能够防止在运输过程中出现危险。它们包括盐水、粉末或液态燃料、腌制食品等。

任务实施

分小组找出 10 种可能隐含危险品的普通货物,并讲解每种货物可能隐含危险品的特性、分类和用途。

任务评价

任务实施检测表如表 6.2 所示。

表 6.2 任务实施检测表

考核内容	分值	自评分	小组评分	教师评分	实得分
找出 10 种可能隐含危险品的普通货物	20				
这些货物可能携带或者运输的人群	20				
每种危险品的特性、分类、用途	30				
讲解条理清晰,观点表达明确	30				
总分	100				

任务三 清楚旅客和机组人员携带危险品的限制

■ 导入案例

2014 年 1 月 28 日 17 点 30 分,安徽省立医院血液科严医生携带造血干细胞,计划乘坐当日幸福航空JR1532航班由郑州飞往合肥,为躺在手术台上等待手术的白血病患者提供急需的造血干细胞,但是医务人员在准备上飞机的时候,却遭到了幸福航空公司的拒绝。

严医生:领取登机牌后就是安检,因为我携带的造血干细胞不能通过X射线照射,于是我就直接去联系了当时机场的工作人员,给他出示了免除安检的证明信。值机柜台的工作人员说,还需要跟航空公司进行沟通,于是我拨打了幸福航空的客服电话,但是幸福航空最终拒绝造血干细胞上飞机。

直到19点40分,眼看着飞机在轰鸣声中离开,在与医院联系并告知患者家属实情后,严医生作出一个决定:包车回合肥,终于在第二天凌晨2点多达到合肥。在延迟了5个多小时后,手术终于顺利进行。

资料来源:中国民用航空网,有改动

一、总则

旅客或机组人员禁止携带危险品包括放射性物品例外包装件:
(1) 作为交运行李或放于交运行李中;
(2) 作为手提行李或放于手提行李中;
(3) 随身携带。
但经经营人批准,仅作为交运行李接收的物品及无须经营人批准的可接收物品除外。

供个人使用的在不妨碍各国为了航空保安所实行的其他限制的情况下,除了危险品事故和事故征候以及出现未申报或误申报的事件报告规定以外,《危险品规则》的规定不适用于由旅客或机组成员携带的、或在转运过程中已与物主分离的行李(如丢失行李或错运行李),或允许作为货物运输的超重行李。

注意:
(1) 有关旅客与机组人员不清楚但可能不小心放置于行李中的隐含的危险品清单见本教材项目六任务二。
(2) 下述规定列于表6.3中。
①必须选用本任务中最适合描述该用品或物品的条目。例如,电子香烟必须满足DGR中关于"内含电池的便携式电子设备(PED)(包括医疗设备)及备用电池"的要求。
②包含了多于一种危险品的用品或物品必须满足所有适用条目的规定。例如,一个雪崩救援包中包含了锂电池和气罐,则它必须满足DGR中关于雪崩救援背包和内含电池的便携式电子设备(PED)(包括医疗设备)及备用电池的规定。
③当把拟带入客舱的行李放置到货舱时,行李中必须仅包含允许在交运行李中携带的危险品。当经营人将这些手提行李取走放入货舱运输时,经营人必须与旅客确认行李中的仅允许手提的危险品已经被拿出。
④只有当经营人批准时,本任务中所述危险品才允许作为旅客和机组行李运输。建议

经营人实施文件化管理程序以确认批准过程及适用于批准下可运输物品的所有公司的特定要求。

⑤当运输装有密封型湿电池或镍氢电池或干电池的轮椅/助行器,装有非密封型电池的轮椅/助行器,装有锂电池的轮椅/助行器,水银气压计和医用氧气装置中允许的要求经经营人通知机长的危险品时,经营人应该通知机长。

⑥下列危险品不受本限制:

a. 因医用治疗植入人体的放射性药物;

b. 供个人或家庭使用的,包装在零售包装中的节能灯,参考《危险品规则》中对于含危险品的灯具的相关规定。

二、禁运物品

❶ 公文箱、现金箱/袋

除保安型设备以外,内装锂电池和/或烟火材料等危险品的公文箱、现金箱现金袋等保密型设备绝对禁止携带。具体参见危险品品名表中的条目。

❷ 使人丧失能力的装置

禁止随身、在交运的行李中或在手提行李中携带诸如催泪瓦斯、胡椒喷雾器等带刺激性或使人丧失行为能力的装置。

❸ 液氧装置

禁止随身、在交运行李中或在手提行李中携带使用液氧的个人医用氧气装置。

❹ 电击武器

禁止在手提行李或交运行李中或随身携带含有诸如爆炸品、压缩气体、锂电池等危险品的电击武器(如泰瑟枪,Tasers)。

❺ 锂电池驱动的打火机

无安全帽或无防止意外启动的保护措施的锂离子电池或锂金属电池驱动的打火机(如激光等离子打火机,特斯拉线圈打火机,电流打火机,电弧打火机和双电弧打火机)。

三、经经营人批准,仅作为交运行李接收的物品

下列危险品,在获得经营人的批准后,仅可作为交运行李用航空器装运。

❶ 弹药

国家差异:AEG-08,SGG-02。

经营人差异:AH-02,GA-12,GF-02,FJ-02,HM-02,IG-01,KC-02,KL-01,MN-02,OZ-03,WY-09。

包装牢固的 1.4S 的弹药(仅 UN0012 或 UN0014),在仅供自用条件下,每人携带毛重不超过 5 kg(11 lb),不包括爆炸性或燃烧性的射弹。两人以上所携带的弹药不得合并成一个或数个包装件。

❷ 装有密封型湿电池或镍氢电池或干电池的轮椅/助行器

经营人差异:2K-01,AV-01,GU-01,LR-01,TA-01,WC-01。

由于残疾、健康、年龄、临时行动问题(如腿部骨折)而活动受限的旅客使用的装有符合特殊规定的密封型湿电池或符合特殊规定的镍氢电池或符合特殊规定的干电池的轮椅或其他类似的助行器受到以下限制:

(1) 助行器必须进行运输准备以防止:
①意外启动;
②其密封型电池包含任何游离的或未被吸附的液体。
(2) 经营人必须用绑扎带、捆绳或其他固定装置对安装了电池的助行器进行固定。助行器、电池、电气布线与控制器必须加以保护以防止行李、邮件或货物的移动带来损坏。
(3) 经营人必须核实:
①旅客确认电池为密封型湿电池并符合特殊规定,见第(1)条,或为镍氢电池并符合特殊规定或干电池并符合特殊规定;
②电池两极已做防止短路保护,例如装在电池容器内;
③电池为以下二者之一:
a. 牢固地固定在轮椅或助行器上并且并按照制造商的说明书断开电路;
b. 由使用人按照制造商的说明书卸下,如果该助行器的设计允许拆卸电池。
(4) 旅客可以携带最多:
①一块符合特殊规定的密封型湿电池;
②两块符合特殊规定的镍氢电池或干电池。
(5) 经营人必须确认从轮椅/助行器上卸下的任何电池和备用电池已装入坚固、硬质包装容器,而后才能令其经货舱运输。
(6) 必须通知机长装有电池的助行器的位置,以及已卸下的电池和备用电池的位置。
(7) 建议旅客事先与每一经营人做好安排。

❸ 装有非密封型电池的轮椅/助行器

经营人差异:2K-01, AR-02, AV-01, BT-05, GF-13, GS-08, GU-01, IP-05, JP-04, JU-10, LR-01, RO-07, SV-10, TA-01, TS-04, UU-04, WC-01。

由于残疾、健康、年龄或临时行动问题(如腿部骨折)而活动受限的旅客使用的装有非密封型电池的轮椅或其他类似的助行器受到以下限制:

(1) 经营人必须用绑扎带、捆绳或其他固定装置对安装了电池的助行器进行固定。助行器、电池、电气布线与控制器必须加以保护以防止行李、邮件或货物移动带来损坏。
(2) 经营人必须核实:
①电池两极已做防止短路保护,如装入电池容器;
②如可行,在电池上装上防漏盖;
③电池为以下二者之一:

a. 牢固地固定在轮椅或助行器上,并且并按照制造商的说明书断开电路;

b. 按照制造商的说明书,如果该助行器不能保持直立方向放置,可参考第(3)条及《危险品规则》中的相关要求放置。

(3) 经营人必须以直立的方式装载、放置、固定和从飞机上卸下这种助行器及非密封型电池。如果此种轮椅或助行器不能总以直立方式装载、放置、固定或卸机,或助行器并未被足够的保护,则经营人必须卸下电池。轮椅或助行器可以作为交运行李运输而不受限制,拆下的电池必须装入坚固的硬质包装按如下要求运输:

①包装必须是严密不漏、能阻止电池液渗漏的,并用适当固定方式,如使用绑扎带、固定夹或支架,将其固定在货板上或货舱内(不得用货物或行李支撑)以防翻倒;

②电池必须能防止短路,并直立固定于包装内,周围用合适的吸附材料填满,使之能全部吸收电池所含液体;

③包装须标有"BATTERY,WET,WTTH WHEELRCHAIR"(轮椅用电池,湿的)或"BATTERY,WET,WITH MOBILITY AID"(助行器用电池,湿的)字样,并加贴"腐蚀性"标签和"包装件方向"标签。

(4) 经营人必须通知机长装有电池的助行器的位置和已卸下的电池的位置。

(5) 建议旅客事先同每一经营人做好安排。

4 装有锂电池的轮椅/助行器

经营人差异:2K-01,AR-02,AU-02,AV-01,G3-08,GU-01,LR-01,TA-01,WC-01。

由于残疾、健康、年龄或临时行动问题(如腿部骨折)而活动受限的旅客使用的装有锂离子电池的轮椅或其他类似的助行器受以下条件限制:

(1) 电池必须是符合联合国《关于危险货物运输的建议书——试验和标准手册》(以下简称《试验和标准手册》)第Ⅱ部分38.3节试验要求的类型。

(2) 经营人必须用绑扎带、捆绳或其他固定装置对安装了电池的助行器进行固定。助行器、电池、电气布线与控制器必须加以保护以防止行李、邮件或货物的移动带来损坏。

(3) 经营人必须核实:

①电池两极已作防短路保护,如封入电池容器;

②电池为以下二者之一:

a. 牢固地装在轮椅或助行器上并且电流已经按照生产商的指引断开;

b. 如果该助行器的设计允许拆卸电池,由使用人按照生产商的指引卸下。从助行器上卸下的电池禁止超过300 W·h,或者对于安装两块电池的助行器,每块电池禁止超过160 W·h。

(4) 旅客可以携带一块备用电池但最大不得超过300 W·h或两块备用电池每块不超过160 W·h。

(5) 经营人必须确保从助行器上卸下的电池和其他备用电池始终在客舱内携带。卸下或备用电池必须做防止损坏的保护(如每块电池放入一个保护袋中)。

(6) 经营人必须通知机长装有电池的助行器的位置,已卸下的电池和备用电池的位置。

(7) 建议旅客与每个经营人作出事先安排。

5 野营炉以及装有易燃液体燃料的燃料容器

经营人差异：AR-02，AU-02，BT-06，G3-08，LX-04，MN-02，OU-03，PR-02，RO-06，SV-11，SX-05，WN-04。

野营炉以及用于野营炉的装有易燃液体燃料的燃料容器仅能作为交运行李托运，但前提是，野营炉的燃料罐和/或燃料容器必须完全排空所有液体燃料，并采取相应措施消除了危险。为了消除危险，空燃料罐和/或燃料容器必须清空至少1小时，然后在开口的情况下将空燃料罐和/或燃料容器放置至少6小时，使得残余燃料彻底挥发。也可采取替代方式，如将烹调油加到燃料罐和/或燃料容器中，将残余液体的闪点提升到易燃液体闪点之上，然后清空燃料罐和/或燃料容器，这类方式也可接受。随后，必须将燃料罐和/或燃料容器的盖子上紧，用诸如纸巾等吸附材料包裹，并将其放到聚乙烯袋或等效袋中。随后，必须密封袋的顶部，或用松紧带或细绳扎紧。

注意：如果遵照《危险品规则》采取了上述清洁方法，可将燃料炉或容器分类为非危险品。但是，为了控制这类物品的运输，它们也列在表6.3旅客或机组人员携带的危险品的规定中。

6 保安型设备

经营人差异：MN-02，PO-11。

诸如公文箱、现金箱、现金袋等将危险品作为设备的一部分，如内装锂电池和/或烟火材料等的保安型设备只可以作为交运行李运输，设备须符合下列要求。

（1）设备必须安装有效避免意外启动的装置。

（2）如果设备中含有爆炸性或发火物质或物品，此物质或物品必须被生产国有关当局依照DGR 3.1.7.1节排除在第1类之外。

（3）如果设备含有锂电芯或锂电池，这些电芯或电池必须遵守下列限制：

①对于锂金属电芯，锂含量不超过1 g；

②对于锂金属电池，合计锂含量不超过2 g；

③对于锂离子电芯，其额定瓦特小时不超过20 W·h；

④对于锂离子电池，其额定瓦特小时不超过100 W·h；

⑤每个电芯或电池的型号证明符合联合国《试验和标准手册》第Ⅱ部分38.3节的试验要求。

（4）如果设备含有去除颜料或墨水的气体，只有盛装气体容量不超过50 mL的不装有2.2项以外受《危险品规则》限制的成分的气盒和小型气罐是允许的。放出的气体必须不会造成机组成员的极端烦躁或不舒适而妨碍其正确履行职责。在意外发生时所有危险的影响必须限制在设备之内且不得产生极端的噪声。

（5）有缺陷的或损坏的保安型设备禁止运输。

四、经经营人批准，仅可作为手提行李接收的物品

1 水银气压计或水银温度计

经营人差异：AA-03，AR-02，G3-08，LX-03，XW-03，MN-02，SX-04。

政府气象局或类似官方机构的代表每人只能携带一支水银气压计或水银温度计。水银气压计或水银温度计必须装进坚固的外包装中，且内有密封内衬或坚固的防漏和防刺透材料制成的袋子。此种包装能防止水银从包装件中渗漏（不论该包装件的方向如何）。水银气压计或水银温度计的装载位置必须通知机长。

2 备用锂电池

经营人差异：AR-02，AU-02，BA-05，BI-04，CA-14，EI-05，G3-08，I2-05，IB-05，RO-12。

备用锂电池，包括主要功能是给其他设备提供动力的包含锂金属或锂离子电池芯或电池的制品，如移动电源，允许放入手提行李中，具体如下：

（1）允许携带2块超过100 W·h但不超过160 W·h的锂离子电池或2块锂含量超过2 g但不超过8 g的锂金属电池。锂金属电池仅可用于便携医疗电子设备（PMED），例如自动体外除颤器（AED）、便携式集氧器（POC）和持续气道正压呼吸（CPAP）。

（2）备用电池必须单个做防短路保护（放入原零售包装或将电极分别进行绝缘保护，如用胶带缠住暴露的电极或将每个电池分别放入塑料袋或保护袋）；

（3）电池必须是符合联合国《试验和标准手册》第Ⅲ部分38.3节要求的型号。每人可以携带不超过2块单独保护的备用电池。

五、经经营人批准，可作为行李接收的物品

1 医用氧气

旅客与机组人员携带危险品的规定

经营人差异：3K-04，AD-01，AR-02，AU-02，BT-04，CA-12，FJ-03，G3-08，GA-13，GK-04，JP-04，JQ-04，KM-01，MK-15，MU-05，OK-05，OU-02，QF-04，RO-08，SQ-11，TG-11，TN-03，UL-07，VA-04。

医用氧气或空气气瓶的单个毛重不能超过5 kg（见表6.3）。充装的气瓶、阀门和调节器必须加以保护，以防止损坏，防止由此造成的内容物的泄漏。此规定也适用于由受过专业医疗训练人员携带的气瓶。必须将氧气或空气气瓶的装载数量和装载位置通知机长。

注意：禁止随身携带或在交运行李和手提行李中放入含液态氧的个人医疗用氧气装置。

2 安装在设备上的小型非易燃气罐

经营人差异：AR-02，AU-02，G3-08。

（1）自动充气个人安全设备如供个人穿着的救生衣或救生背心配备的小型气罐须遵守下列限制：

①每人不超过两件安全设备；
②个人安全设备的包装必须防止意外启动；
③限定为二氧化碳或其他无次要危险性的2.2项气体；
④气罐必须是用于充气目的；
⑤每件设备装配不超过2个小型气罐；
⑥每件设备装配不超过2个备用气罐。

(2) 其他设备的受限：

①每人携带不超过 4 个装有二氧化碳或其他 2.2 项无次要危险性气体的小型气罐。

②每个气罐的水容量不超过 50 mL。

注：水容量 50 mL 的二氧化碳气罐相当于 28 g 的气罐。

3 雪崩救援背包

国家差异：USG-02。

经营人差异：AD-01，AR-02，AU-02，G3-08，WN-04。

每人可携带一件内装无次要危险性 2.2 项压缩气体气罐的雪崩救援背包。雪崩救援背包也可内装含有净重不超过 200 mg1.4S 项爆炸品的烟火引发装置。这种雪崩救援背包的包装方式必须保证不会意外启动，背包内的空气袋必须安装减压阀。

4 化学品监视设备

经营人差异：AR-02，AU-02，G3-08，MN-02，RO-05，UU-07，WN-04。

含有放射性物品的仪器，不超过规定的放射性活度限制，即化学品监视器(CAM)和/或者迅速报警和识别装置监视器(RAID-M)，包装牢固，不带锂电池，由禁止化学武器扩散组织(OPCW)人员在公务旅行时携带。

5 固体二氧化碳(干冰)

经营人差异：AR-02，AU-02，G3-08。

用于包装不受《危险品规则》限制的易腐物品的干冰，每人携带数量不超过 2.5 kg，并且包装件可以释放二氧化碳气体。每件含有干冰的交运行李必须有以下标记：

(1) "固体二氧化碳"或"干冰"；

(2) 干冰的净重，或注明净重为 2.5 kg 或少于 2.5 kg，如表 6.3 所示。

表 6.3 旅客与机组人员携带危险品的规定[①]

	需由经营人批准	允许在交运行李中或作为交运行李	允许在手提行李中或作为手提行李	必须通知机长装载位置
酒精饮料 Alcoholic beverages 在零售包装内体积浓度在 24% 以上但不超过 70% 的酒精饮料，装于不超过 5 L 的容器内，每个人携带的总净数量不超过 5 L。	否	是	是	否
安全包装的弹药 Ammunition, securely packaged （只限 1.4S UN0012 和 UN0014）仅限本人自用，每人携带毛重不超过 5 kg。一人以上所携带的弹药不得合并成一个或数个包装件。	是	是	否	否

---

① 危险品不得由旅客或机组人员放入或作为交运行李或手提行李携带，以上情况除外。除另有规定外，允许放入手提行李中的危险品也允许带在身上。

	需由经营人批准	允许在交运行李中或作为交运行李	允许在手提行李中或作为手提行李	必须通知机长装载位置
雪崩救援背包 Avalanche rescue backpack 每人允许携带一个。含有2.2项压缩气体的气瓶。也可装备有小于200 mg净重的1.4S项物质的焰火引发装置。这种背包的包装方式必须保证不会意外开启。背包中的气囊必须装有减压阀。	是	是	是	否
安装了锂电池的行李 Baggage with installed lithium batteries 电池不可拆卸且超过0.3g锂金属含量或2.7W·h。	禁止			
安装了锂电池的行李 Baggage with installed lithium batteries： ——电池不可拆卸。锂金属电池锂金属含量不超过0.3 g或锂离子电池不超过2.7 W·h。 ——电池可拆卸。如果行李交运则必须卸下电池,卸下的电池必须带入客舱。	否	是	是	否
电池,备用/零散的,包括锂电池、密封型电池、镍氢电池和干电池 Batteries, spare/loose, including lithium batteries, non-spillable batteries, nickel-metal hydride batteries and dry batteries 便携式电子设备所用电池只允许旅客在手提行李中携带。主要包括作为电源的制品,如移动电源视为备用电池。这些电池必须单独保护以防止短路。锂金属电池:锂金属含量不得超过2 g。锂离子电池:额定瓦特小时不得超过100 W·h。每人可最多携带20块备用电池。 *经营人可以批准携带超过20块电池。 密封型电池:电压不得超过12 V且不得超过100 W·h。每人可最多携带2块备用电池。	否	否	是	否
野营炉具和装有易燃液体燃料的燃料罐 Camping stoves and fuel containers that have contained a flammable liquid fuel 带有空燃料罐和/或燃料容器。	是	是	否	否
化学品监视设备 Chemical Agent Monitoring Equipment 由禁止化学武器组织(OPCW)的官方人员公务旅行携带。	是	是	是	否
使人丧失行为能力的装置 Disabling devices 含有刺激性和使人丧失行为能力的物质,如催泪瓦斯、胡椒喷雾剂等,禁止随身、放入交运行李和手提行李中携带。	禁止			
干冰(固体二氧化碳)Dry ice(carbon dioxide,solid) 用于不受《危险品规则》限制的鲜活易腐食品保鲜的干冰,每位旅客携带不得超过2.5 kg,可以作为手提或交运行李,且行李(包装件)允许释放二氧化碳气体。交运的行李必须标注"干冰"或"固体二氧化碳"及其净重,或注明干冰小于或等于2.5 kg。	是	是	是	否

续表

	需由经营人批准	允许在交运行李中或作为交运行李	允许在手提行李中或作为手提行李	必须通知机长装载位置
电子香烟 E-cigarettes 含有电池的(包括电子雪茄、电子烟斗、其他私人用汽化器)必须单独保护以防意外启动。	否	否	是	否
电击武器 Electro shock weapons （如泰瑟枪)含有诸如爆炸品、压缩气体、锂电池等危险品,禁止放入手提行李或交运行李或随身携带。	禁止			
燃料电池 Fuel cells 含燃料的,为便携式电子设备供电(如照相机、手机、笔记本电脑及小型摄像机等)。	否	否	是	否
备用燃料电池罐 Fuel cell cartridges, spare 为便携式电子设备供电。	否	是	是	否
小型非易燃气罐 Gas cartridges, small, non-flammable 安装在自动充气个人安全设备,如供个人穿着的救生衣或背心上的装有二氧化碳或其他 2.2 项气体的小型气罐,每件设备装配不超过 2 个气罐。每位旅客携带不超过 2 件设备且每件设备不超过 2 个备用小型气罐。不超过 4 个其他设备用的水容量最多 50 mL 的气罐。	是	是	是	否
非易燃无毒气体气瓶 Gas cylinders, non-flammable, non-toxic 用于操作机械假肢的气瓶,以及为保证旅途中使用而携带的大小相仿的备用气瓶。	否	是	是	否
含有烃类气体的卷发器 Hair curlers containing hydrocarbon gas 如果卷发器的加热器上装有严密的安全盖,则每名旅客或机组人员最多可带一个。这种卷发器任何时候都禁止在航空器上使用,其充气罐不准在手提行李或交运行李中携带。	否	是	是	否
产生热量的物品 Heat producing articles 如水下电筒(潜水灯)和电烙铁。	是	是	是	否
含有冷冻液氮的隔热包装 Insulated packagings containing refrigerated liquid nitrogen （液氮干装)液氮被完全吸附于多孔物质中,内装物仅为非危险品。	否	是	是	否
内燃机或燃料电池发动机 Internal combustion or fuel cell engines	否	是	否	否

续表

	需由经营人批准	允许在交运行李中或作为交运行李	允许在手提行李中或作为手提行李	必须通知机长装载位置
锂电池:含有锂金属或锂离子电池芯或电池的便携式电子设备(PED) Lithium Batteries：Portable electronic devices (PED) containing lithium metal or lithium ion cells or batteries 包括医疗设备如便携式集氧器(POC)和消费电子产品,如照相机、移动电话、笔记本电脑和平板电脑。锂金属电池的锂含量不得超过 2 g,锂离子电池的瓦时数不得超过 100 W·h。在交运行李中的设备必须完全关闭并且加以保护防止损坏(不能为睡眠模式或休眠模式)。每人可最多携带 15 台 PED。 ＊经营人可以批准携带超过 15 台 PED。	否	是	是	否
锂电池:备用/零散的,包括移动电源,见电池,备用/零散的 锂电池驱动的电子设备 Lithium battery-powered electronic devices 供便携式电子设备(包括医用)使用的瓦特小时大于 100 W·h但不大于 160 W·h的锂离子电池。锂金属含量超过 2 g 但不超过 8 g 的仅供便携式医疗电子设备专用的锂金属电池。在交运行李中的设备必须完全关闭并且加以保护防止损坏(不能为睡眠模式或休眠模式)。	是	是	是	否
锂电池:备用/零散的 Lithium batteries,spare/loose 消费类电子装置和便携式医疗电子设备(PMED)使用的瓦特小时大于 100 W·h但不大于 160 W·h的锂离子电池,或仅供便携式医疗电子设备(PMED)专用的锂金属含量超过 2 g 但不超过 8 g 的锂金属电池。最多 2 块备用电池仅限在手提行李中携带。这些电池必须单独保护以防短路。	是	否	是	否
安全火柴(一小盒)或一个小型香烟打火机 Matches,safety(one small packet)or a small cigarette lighter 个人使用带在身上的不含未被吸附的液体燃料且非液化气体的打火机。打火机燃料或燃料充装罐不允许随身携带,也不允许放入交运行李或手提行李中。 注:"即擦式"火柴、"蓝焰"、"雪茄"打火机或无安全帽/防止意外启动保护措施的锂电池驱动的打火机禁止运输。	否		带在身上	否
助行器 Mobility Aids 装有密封型湿电池、镍氢电池或干电池的电动轮椅或其他类似助行器。	是	是	否	是

续表

	需由经营人批准	允许在交运行李中或作为交运行李	允许在手提行李中或作为手提行李	必须通知机长装载位置
助行器 Mobility Aids 装有非密封型电池或锂离子电池的轮椅或其他类似电动助行器。	是	是	否	是
助行器 Mobility Aids 装有锂电池的轮椅或其他类似电动助行器,如果该助行器的设计允许拆卸电池,则必须将电池在客舱内携带。	是	否	是	是
非放射性药品或化妆用品 Non-radioactive medicinal or toiletry articles (包括气溶胶)如发胶、香水、科隆香水以及含酒精的药品;和非易燃无毒(2.2项)的气溶胶 Non-flammable, non-toxic (Division2.2)areasols,无次要危险性,体育运动用或家用。 非放射性药品或化妆用品和2.2项非易燃无毒的气溶胶总净数量不得超过 2 kg 或 2 L,每单个物品的净数量不得超过 0.5 kg 或 0.5 L。气溶胶阀门必须有盖子或用其他方法保护,以防止意外打开阀门释放内容物。	否	是	是	否
氧气或空气气瓶 Oxygen or air,gaseous,cylinders 用于医学用途,气瓶的毛重不得超过 5 kg。 注:液态氧装置禁止运输。	是	是	是	是
渗透装置 Permeation devices	否	是	否	否
放射性同位素心脏起搏器 Radioisotopic cardiac pacemakers 或其他装置,包括那些植入体内或体外安装的以锂电池为动力的装置。	否	带在身上		否
保安型设备 Security-type equipment	是	是	否	否
保险型公文箱、现金箱、现金袋 Security-type attache cases,cash boxes,cash bags 除 DGR 2.3.2.6 以外,装有锂电池和/或烟火材料等危险品,是完全禁运的。见 DGR4.2 危险品表中的条目。	禁止			
非感染性样本 Specimens,non-infections	否	是	是	否
医疗或临床用温度计 Thermometer,medical or clinical 含汞,个人使用每人允许携带一支,放在保护盒内。	否	是	否	否
水银气压计或温度计 Thermometer or barometer,mercury filled 由政府气象局或其他类似官方机构携带的。	是	否	是	是

注意:表6.3的规定可能受到国家及经营人差异限制。

旅客应查询其乘坐航班所在航空公司的现行规定。

6 产生热量的物品

经营人差异：AD-01,AR-02,DE-08,G3-08,MN-02,SS-02。

能产生大量热量的以电池组为动力的设备，例如潜水高强度灯，如果启动可能引起火灾。发热部件、电池或其他部件，例如保险丝等应取下并保持相互绝缘。任何卸下的电池必须妥加保护防止短路(可采用放入原始销售包装或使电极绝缘，如用胶带粘住暴露的电极，或每个电池放入单独塑料袋或保护袋中的方法)。

7 锂电池驱动的电子设备

经营人差异：AR-02,AU-02,BA-05,BI-04,EI-05,G3-08,I2-05,IB-05,RO-12。

《危险品规则》中的"锂电池驱动的电子设备"系指需要锂电池芯或电池提供电能方可运行的装置。由经营人批准，此类设备允许放入交运行李或手提行李中的如下：

(1) 装有锂金属或锂离子电池芯或电池的便携式医疗电子设备(PMED)，如自动体外除颤器(AED)，便携式集氧器(POC)和持续阳压呼吸辅助器(CPAP)，作为医疗用途可以由旅客携带如下：

①对于锂金属或锂合金电池，锂含量超过 2 g，但不超过 8 g；

②对于锂离子电池，额定瓦特小时超过 100 W·h，但不超过 160 W·h；

③电池必须是符合联合国《试验和标准手册》第Ⅲ部分 38.3 节要求的型号。

(2) 含锂离子电池的便携式电子设备，如电动工具、小型摄像机和笔记本电脑如下：

①锂离子电池额定瓦特小时超过 100 W·h，但不超过 160 W·h；

②电池必须是符合联合国《试验和标准手册》第Ⅲ部分 38.3 节要求的型号。

(3) 如果设备在交运行李中，必须对设备加以保护防止其损坏并采取防止意外启动的措施；设备必须完全关闭(不能为睡眠或者休眠模式)。

注意：对于备用锂金属电池，锂金属含量超过 2 g 及锂离子电池额定瓦特小时超过 100 W·h 的参见 DGR 2.3.3.2。对于电子设备，所含锂金属电池锂金属含量不超过 2 g，锂离子电池额定瓦特小时不超过 100 W·h 的参见 DGR 2.3.5.8。

六、无须经营人批准的可接收物品

1 药品或化妆品和 2.2 项气溶胶

经营人差异：AR-02,AU-02,G3-08。

非放射性药品或化妆品(包括气溶胶)中，"药品或化妆品"这一术语意指发胶、香水、科隆香水及含酒精药品；"气溶胶"指用于体育运动或家庭，2.2 项无次要危险性的气体的气溶胶。

注意：每一旅客或机组人员携带这类物品的总净数量不得超过 2 kg 或 2 L，且每一单件物品净数量不得超过 0.5 kg 或 0.5 L。气溶胶释放阀必须有盖子或其他适当的手段保护以防因疏忽而释放内装物。

❷ 用于机械假肢的气瓶

为操纵机械假肢而携带的 2.2 项小气瓶。为保证旅途中的需要,还可携带同样大小的备用气瓶。

❸ 心脏起搏器

经营人差异:AR-02,AU-02,G3-08。

放射性同位素心脏起搏器或其他医疗设备,包括那些植入人体内或配置在体外以锂电池为动力的装置。

❹ 医用/临床用温度计

经营人差异:AR-02,AU-02,G3-08,MN-02。

仅在托运行李中,置于具防护性盒内供个人使用的含汞的小型医用或临床用体温计,限一支。

❺ 安全火柴或打火机

国家差异:VEG-09,MOG-03。

经营人差异:3K-02,AD-02,AR-02,AU-02,G3-08,GK-02,JQ-02,JW-02,PX-06,QF-02。

自用的一小盒安全火柴或一个不含有未吸收的液体燃料(不包括液化气)的小型打火机。火柴及打火机不能放入交运行李或手提行李中。打火机燃料和燃料罐不允许随身携带,也不能放入交运或手提行李中。

注意:

(1) 禁止空运的"即擦火柴"是一种非安全火柴,在任何硬物上都能擦着,而安全火柴只能在火柴盒的磷面上擦着。

(2) "蓝焰"或"雪茄"是两种打火机的俗名,均属于不安全的打火机,不允许随身携带、放入交运或手提行李中。

(3) 香烟打火机应当有两个独立的动作实现点火。

(4) 无安全帽或防止意外启动的保护措施的锂离子电池或锂金属电池驱动的打火机不允许带在身上、以手提行李或交运行李的方式携带。

❻ 酒精饮料

在零售包装内体积浓度在 24% 以上但不超过 70%,盛装在不超过 5 L 容器内的酒精饮料,每人携带的总净数量不超过 5 L。

注意:含酒精体积浓度小于或等于 24% 的酒精饮料不受任何限制。

❼ 含有烃类气体的卷发器

含有烃类气体的卷发器,每一旅客或机组人员只可携带一个,但其安全盖必须紧扣于发热元件上。在任何时候卷发器都不得在航空器上使用。此种卷发器用的充气罐不得装入交运行李或手提行李中。

8 内含电池的便携式电子设备(PED)(包括医疗设备)及备用电池

经营人差异：AD-01，AI-09，AR-02，AT-01，AU-02，BI-04，BI-05，BA-05，BT-03，CA-14，CA-15，DE-11，EI-04，EI-05，FJ-04，G3-08，GS-07，GS-09，I2-04，I2-05，IB-04，IB-05，JP-04，KQ-10，LO-02，MN-02/03，PR-03，RO-10，RO-12，TG-10，UL-08。

(1)《危险品规则》中的"电池驱动的电子设备"系指需要电池提供电能方可运行的装置。旅客或机组人员可携带个人自用的内含电池的此类设备(PED)。PED包括医疗设备，如便携式集氧器(POC)；消费类电子产品，如照相机、手机、笔记本电脑和平板电脑等。PED可以在手提行李中携带。对于可释放巨大热量的便携式电子设备，电池和发热元件必须与设备分离，卸掉发热元件、电池或其他组件。这些规定也适用于干电池、镍氢电池、锂电池和密封型湿电池。有关锂电池和密封型湿电池的额外专有要求分别列在DGR 2.3.5.8.4和DGR 2.3.5.8.5中。如果设备作为交运行李：

①必须对设备加以保护防止其损坏并采取防止非有意启动的措施；

②设备必须完全关闭(不能为睡眠模式或者休眠模式)。

(2) 含电池的电子香烟包括电子雪茄和其他个人使用的汽化器必须仅限在手提行李中携带。不允许在飞机上对这些设备和/或电池充电。并且必须采取防止意外启动的措施。

(3) 备用电池必须单个做好保护以防短路。例如，可以放到原商品包装中，用胶带缠好暴露出的电极，把每块电池放在单独的塑料袋或保护袋内，并且仅能在手提行李中携带。每人最多可携带20块备用电池。然而，经营人可以批准携带超过20块备用电池。

(4) 对锂电池的额外要求。

①每个安装的或备用的电池不得超过：

a. 锂金属或锂合金电池锂含量不超过2 g；

b. 锂离子电池，瓦特小时值不超过100 W·h。

②电池必须是符合联合国《试验和标准手册》第Ⅲ部分38.3节要求的类型。

③每人最多可携带15台PED。然而，经营人可以对携带超过15台PED进行批准。

④含锂金属或锂离子电池芯或电池的物品，其主要用途是对另一装置提供能源，如移动电源，只允许放在手提行李中。这些物品必须单个做好保护以防短路，例如通过放到原商品包装中或其他隔离电极的方法，如用胶带缠好暴露的电极，把每块电池放在单独的塑料袋或保护袋内。

⑤含锂电池的电子香烟打火机，必须符合下列条件：

a. 仅在打火机安装了安全帽或采取了防止意外启动的保护措施时才允许旅客带在身上；

b. 不允许在飞机上对这些设备和/或电池充电。并且必须采取防止意外启动的措施。

⑥安装了锂电池的行李且锂电池的锂金属含量超过0.3 g或瓦特小时数超过2.7 W·h：

a. 如果作为交运行李，锂电池必须从行李上卸下并且将锂电池带入客舱；

b. 行李必须带入客舱；

c. 若行李上的锂电池超过DGR2.3.5.8.4(f)款限制且不能拆卸，则此种行李禁止携带。

(5) 对密封型湿电池的额外要求。

仅限手提行李,每人最多可以携带两块备用电池,并符合下列条件:
①电池必须符合特殊规定 A67 的要求且不得包含任何游离的或未被吸附的液体;
②每块电池的电压不得超过 12 V 且额定瓦特小时值不得超过 100 W·h;
③每块电池必须采用电极绝缘的方法进行防短路保护。

9 便携式电子设备中的燃料电池

经营人差异:AD-01,AR-02,AU-02,G3-08,UU-06。

为便携式电子设备(如照相机、手机、手提电脑,以及便携摄像机等)提供电力的燃料电池,以及备用燃料盒,但必须满足以下条件。

(1) 燃料电池和燃料电池盒只可以含易燃液体腐蚀性物质、液化易燃气体、水反应物质或金属氢化物形式的氢。
(2) 不允许在飞机上给燃料电池盒充装燃料,除非安装备用燃料电池盒是允许的。
(3) 任何燃料电池或燃料电池盒中燃料的最大数量不得超过:
①对于液体,200 mL;
②对于固体,200 g;
③对于液化气体,非金属燃料电池或燃料电池盒 120 mL,金属燃料电池或燃料电池盒 200 mL;
④对于金属氢化物中的氢,燃料电池盒必须等于或小于 120 mL 的水容量。
(4) 每个燃料电池和每个燃料电池盒必须符合 IEC 62282-6-100 Ed.1,而且必须标上制造商符合此标准的合格证。此外,每个燃料电池盒上必须标记盒中燃料的最大数量和类型。
(5) 每一旅客可以在手提行李、交运行李中或随身携带不超过 2 个备用燃料电池盒。
(6) 含有燃料的燃料电池盒或燃料电池只能在手提行李中运输。
(7) 燃料电池与设备中集成电池组之间的相互作用必须符合 IEC 62282-6-100 Ed.1,包括修正案 1。仅用作为设备中电池组充电的燃料电池或燃料电池不允许运输。
(8) 燃料电池的设计必须使其在便携式电子设备不使用的时候不能为电池充电,且生产商必须有牢固的标识:"只允许在客舱内携带(Approved for carriage in aircraft cabin only)"。
(9) 上述标识除了以始发国要求的文字标注外,还应该以英文标注。

10 含冷冻液氮的隔热包装(液氮干装)

经营人差异:AD-01,AR-02,AU-02,G3-08。

在交运或手提行李中的隔热包装,其包含的液氮须能完全被多孔材料吸附(液氮干装)。这种液氮干装必须满足特殊规定 A152 的要求。

11 与少量易燃液体一起包装的非感染性标本

经营人差异:AD-01,AR-02,AU-02,G3-08,UU-06。

在交运行李或手提行李中的非感染性标本,如含有少量易燃液体的哺乳类、鸟类、两栖类、爬行类动物及鱼、昆虫和其他无脊椎动物的标本,须符合 A180 特殊规定的以下要求。

(1) 标本：

①用沾有酒精的纸巾包好，然后放在热密封的塑料袋中，袋中的游离液体不得超过 30 mL；

②放入小瓶或其他硬质容器内，其中的酒精或酒精溶液的含量不超过 30 mL。

(2) 将准备好的标本放入一个塑料袋中，然后热封。

(3) 随后将标本袋放入另一个带有吸附材料的塑料袋中，然后热封。

(4) 将包装完毕的袋子放入带有适当衬垫材料的坚固外包装内。

(5) 每个外包装所含的易燃液体总量不得超过 1 L。

(6) 完成后的包装件必须标明"科研标本，不受限制（Scientific research specimens, not restricted）"。

12 内燃机或燃料电池发动机

经营人差异：AD-01，AR-02，G3-08，AU-14，GK-03，JQ-03，NZ-01，QF-03，RO-09，SB-01，SX-05，UU-06，VA-01，WN-04。

易燃液体驱动的且不含电池或其他危险品的内燃机或燃料电池发动机仅在交运行李中可被接收。发动机必须符合特殊规定 A70 的下列要求。

(1) 发动机用不符合任何类、项分类标准的燃料驱动。

(2) 车辆、机器或其他设备的燃料箱从未装过燃料或燃料箱已被清洗、清除蒸气以及采用适当措施消除危害。

(3) 旅客向经营人提供书面或电子文件，说明已经遵循了冲洗和清洗程序。

(4) 整个燃油系统的发动机没有游离液体，并且所有燃料管线是密封或加盖或牢固地连接到机器或设备的发动机上的。

13 渗透装置

经营人差异：AD-01，DE-11。

仅限在交运行李中，校准空气质量监测设备的渗透装置。此装置必须符合特殊规定 A41 的下列要求。

(1) 每一装置必须用与它含有的危险品相容的材料制造。

(2) 每一装置内危险品的总量限制在 2 mL，且应保证在 55 ℃时，液体不致完全充满装置。

(3) 每一渗透装置必须放入密闭、非常耐冲击的管状塑料或同等材料的内包装。内包装内的吸收衬垫材料必须足以吸收内装物。使用金属丝、胶带或其他有用的材料来保证内包装的密封性。

(4) 每一内包装必须装在由金属或最小厚度为 1.5 mm 厚的塑料制成的中层包装内。中层包装必须气密封口。

(5) 中层包装必须安全地装在坚固的外包装内。完成的包装件应具有抗压持久性，保证任何内包装无破损或泄漏，且不至于大大降低效率。

①从 1.8 米高处自由落至坚硬、无弹性、平坦的水平表面上：

　　a. 包装底部平面跌落一次；

　　b. 包装顶部平面跌落一次；

　　c. 包装长边平面跌落一次；

d. 包装短边平面跌落一次；

e. 包装三边交叉的棱角跌落一次。

②顶面持续受压24小时,其重量等同于相同包装堆码3米的高度(包括测试样品)。

注意:上述测试可不在同一个包装上进行,但使用的所有包装规格应该相同。

(6)完整包装件的毛重不超过30 kg。

任务实施

结合所学内容,分小组完成任务。每个小组找出不同国家至少1家航空公司关于旅客和机组人员携带锂电池充电宝、水银温度计、酒精饮料、火柴、液态化妆品的限制。

任务评价

任务实施检测表如表6.4所示。

表6.4 任务实施检测表

考核内容	分值	自评分	小组评分	教师评分	实得分
找出10种可能隐含危险品的普通货物	20				
可能携带或者运输这些货物的人群	20				
每种危险品的特性、分类、用途	30				
讲解条理清晰,观点表达明确	30				
总分	100				

任务四 熟悉其他形式的危险品

■ 导入案例

2016年春运期间,太原机场货运安检工作人员在检查山西邮政速递公司交运的航空邮件时,先后两次发现违规夹带危险品的邮件,山西监管局及时进行了调查,并将两起危险品违规运输事件移交太原机场公安局处理。

资料来源:中国民用航空网,有改动

1996年美国 VALUEJET 航空公司的592航班(DC-9飞机)运输使用过的氧气发生器。因氧气发生器意外发生反应,造成货舱剧烈燃烧(温度高达3000 ℉),592航班在起飞15分钟后飞机坠毁,机上110名旅客和机组人员全部罹难。

可见,即使是客运航空器中必备的氧气发生器也存在较大的安全隐患,因此熟悉经营人物资中危险品的种类对于保障航空飞行安全有着重要的意义。

资料来源:道客巴巴网,有改动

 知识讲解

国家差异：BNG-03,CAG-05,DQG-03,FRG-06,GBG-05,VCG-04,ZAG-04。

经营人差异：AC-04,AM-16,AR-03,AU-03,BA-03,BR-05,BZ-02,CA-06,EI-05,EY-07,QF-15,HM-07,HX-04,I2-01,IB-01,JP-03,JU-03,KK-12,KQ-03,KZ-10,LH-03,MH-02,MK-07,MS-03,MU-03,OK-01,OM-07,OS-04,OU-06,QK-04,QR-02,RH-04,RS-04,RV-04,SN-06,UH-12,UL-04,UU-01,VN-03,WB-03,WY-06,XQ-03。

一、了解危险品的邮政运输限制

（1）除第2条的规定外，根据《万国邮政公约》，《危险品规则》定义的危险品不允许在邮件中运输。有关国家当局应确保在危险品航空运输方面遵守《万国邮政公约》的规定。

（2）本条列出的危险品可以作为邮件进行航空运输，但要符合有关国家当局的规定和危险品规则的规定。

①感染性物质，仅限于生物物质，B级（UN3373），且按照包装说明650进行包装；用作感染性物质（UN3373）制冷剂的固体二氧化碳（干冰）。当干冰作为UN3373的制冷剂时，必须满足《危险品规则》包装说明954的所有适用部分。含有为UN3373制冷的干冰的邮件必须由指定邮件经营人单独交付给经营人，从而令经营人可以符合《危险品规则》第9章的适用要求。

②DGR 3.6.2.1.4中定义的病患标本，前提是按照DGR 3.6.2.2.3.8(a)至(d)中规定进行分类、包装及做标记。

③放射性物品，仅限例外包装件中的UN2910和UN2911。并且不符合《危险品规则》第3章规定的除第7类之外的分类或分项标准。其包装件必须标注托运人和收货人的姓名，包装件必须标记"放射性物品——邮政允许数量"并且贴有放射性物品例外包装件标签。《危险品规则》关于文件的规定条款不适用于此类放射性物品。

④安装在设备中的符合《危险品规则》包装说明967第Ⅱ部分规定的锂离子电池（UN3481），不超过4个电池芯或2个电池可以在任何单个包装件中邮寄。

⑤安装在设备中的符合《危险品规则》包装说明970第Ⅱ部分规定的锂金属电池（UN3091），不超过4个电池芯或2个电池可以在任何单个包装件中邮寄。

（3）指定邮政经营人控制危险品邮件纳入空运的程序须获得接收邮件国家民航当局的审查批准。

（4）指定邮政经营人必须得到民航当局的特定批准后才可以接受如(4)和(5)条所述的锂电池。已得到批准可接收锂电池的DPO可以在UPU网站上查询。

注意：

（1）指定的邮政当局未得到民航当局特定批准可以接收DGR2.4.2(a)、(b)和(c)中的危险品。

（2）有关国家当局和民航当局的指南包含在ICAO《技术细则》补编(S-1;3)中。

二、熟悉经营人物资中的危险品

1 例外

（1）航空器设备。

已分类为危险品，但按照有关适航要求、运行规定或经营人所属国家规定，为满足特殊要求而装载于航空器内的物品或物质。

（2）消费品。

飞行或连续飞行中，在经营人的航空器上使用或出售的气溶胶、酒精饮料、香水、液化气打火机和含有符合 DGR 2.3.5.8 规定的锂离子或锂金属电池芯或电池的便携式电子设备，但不包括一次性气体打火机和减压条件下易泄漏的打火机。

（3）固体二氧化碳（干冰）。

用于冷藏航空器上服务用食品和饮料的固体二氧化碳（干冰）。

（4）电池驱动的电子设备。

经营人带上航空器在航班或一系列航班飞行中使用的含有锂金属或锂离子电芯或电池的诸如电子飞行包、个人娱乐设备、信用卡读卡器等的电子设备及其备用锂电池。未使用的备用锂电池必须单独作防短路保护。这些设备的运输和使用条件以及备用电池的携带必须符合运行手册和/或其他适用的手册的要求，以便飞行机组、客舱机组和其他人员履行其所负责的职能。

2 航空零备件

（1）除非经营人所属国家另有授权，运输用以替换"航空器设备"所述物品和物质的物品和物质，或被替换下来的"航空器设备"所述物品和物质时，必须遵守《危险品规则》的规定。

（2）当经营人交运此类物品或物质时，可以使用专门设计的容器运输，条件是容器至少能够满足《危险品规则》中关于此种物品包装的要求。并须遵守适用的《危险品规则》的其他要求。

（3）除非经营人所属国家另有授权，运输"消费品"和"固体二氧化碳（干冰）"中所述物品或物质的替换物时，必须遵守《危险品规则》的规定。

（4）除非获得经营人国家授权，用于替换"电池驱动的电子设备"中指出的电池驱动的设备及其备用电池必须按照《危险品规则》的规定运输。

三、了解航空运输中例外数量危险品的相关要求

国家差异：JPG-23。

经营人差异：AA-01，AR-01，BG-01，BR-04，CA-07，CI-02，CX-06，DO-02，D5-02，ES-02，EY-05，FX-02，GA-05，GF-03，HM-06，HX-01，IP-01，KA-06，KC-12，KE-06，KQ-02，LD-06，ME-01，MH-06，MK-04，MS-05，PM-03，PX-05，RH-01，SV-01，TG-01，TY-01，UX-01，UY-01，VN-02，VT-04，WN-01，WY-05，X5-01。

1 适用范围

符合本节规定的少量危险品,不包括物品,不受《危险品规则》其他规定的限制,但以下规定除外:

（1）培训要求；
（2）航空邮件中的危险品；
（3）分类和包装等级标准；
（4）包装要求；
（5）装载限制；
（6）危险品事故、事故征候和其他情况的报告；
（7）如属放射性物品,关于放射性物品例外包装件的要求；
（8）定义。

2 限制

（1）行李和邮件。

例外数量危险品不允许作为交运行李或手提行李或放在交运行李或手提行李中运输,也不允许放在邮件中运输。

（2）允许以例外数量运输的危险品。

只有以下危险品可按例外数量危险品的规定进行运输:

①无次要危险性的 2.2 项的物质,但不包括 UN1043、UN1044、UN1950、UN2037、UN2073、UN2857、UN3164、UN3500 和 UN3511；

②第 3 类物质,所有包装等级,不包括具有次要危险性的包装等级为Ⅰ级的物质和 UN1204、UN2059 和 UN3473；

③第 4 类物质,包装等级Ⅱ级和Ⅲ级,但不包括所有自反应物质和 UN2555、UN2556、UN2557、UN2907、UN3292 和 UN3476；

④5.1 项的物质,包装等级Ⅱ级和Ⅲ级；

⑤仅限于装在化学品箱、急救箱或聚酯树脂箱中的 5.2 项物质；

⑥除了包装等级Ⅰ级具有吸入毒性的那些物质外,所有 6.1 项中的物质；

⑦第 8 类物质,包装等级Ⅱ级和Ⅲ级,但 UN1774、UN2794、UN2795、UN2800、UN2803、UN2809、UN3028、UN3477 和 UN3506 除外；

⑧除固体二氧化碳、转基因生物、转基因微生物以外的第 9 类的物质,不包括所有物品。

注意:以上类别、项别和包装等级的物品和物质也可以是放射性物品例外包装件。

3 分类

在《危险品规则》2.6 节规定下运输的危险品必须按《危险品规则》第 3 章分类。

4 识别

（1）按本节规定可以作为例外数量载运的危险品通过表 6.5 中代号标示于危险品品名表的 F 栏中。

表 6.5　例外数量代号

EQ 代号	每一内包装最大净数量	每一外包装最大净数量
E0	不允许按例外数量载运	
E1	30 g/30 mL	1 kg/1 L
E2	30 g/30 mL	500 g/500 mL
E3	30 g/30 mL	300 g/300 mL
E4	1 g/1 mL	500 g/500 mL
E5	1 g/1 mL	300 g/300 mL

(2) 对于气体,内包装所示的容积是指内容器的水容量,而外包装所示的容积是指单一外包装中所有内包装水容量的和。

(3) 具有不同代号的例外数量危险品包装在一起时,每个外包装的总量必须限制为对应受到最大限制的代号危险品的数量。

5　包装

(1) 例外数量危险品运输所用的包装必须符合以下各条。

①必须使用内包装,而且内包装必须用塑料制造(当用于液体危险品包装时它必须有不少于 0.2 mm 的厚度),或者用玻璃、瓷器、炻器、陶瓷或金属制造。每一内包装的封盖用线、带或其他有效措施保持牢靠;任何具有带模压螺纹的颈的容器必须具有一个防漏带螺纹的帽。该封盖必须能承受内容物。

②每一内包装必须用衬垫材料牢固地包装在中层包装内,包装方式应使包装在正常运输条件下,不破裂、穿孔或使内容物泄漏。对液体危险品,中层包装或外包装必须含有足够的吸附材料,以吸收内包装中的全部内容物。当吸附材料放置在中层包装里时也可作为衬垫材料。危险品不得与衬垫材料、吸附材料和包装材料产生危险的反应,或发生降低材料的完整性或功能的反应。无论包装件方向如何,都必须完整包含内装物以免发生破裂及泄漏。

③中层包装必须牢固地包装在一个高强度的刚性外包装中(由木材、纤维板或其他等强度材料制成)。

④整个包装件必须符合 DGR 2.6.6 中的规定。

⑤每个包装件的尺寸必须有足够的空间以适应所有必需的标记。

⑥可以使用合成包装件,而且合成包装件可以包含危险品包装件或不受《危险品规则》限制的物品的包装件。

(2) 例外数量危险品的包装件不应包含需要托运人申报单的其他危险品。

注意:当例外数量的危险品包装件含有 UN1845 固体二氧化碳(干冰)时,必须符合《危险品规则》包装说明 954 的要求。

6　包装件试验

(1) 准备运输的整个包装件,其内包装装入不少于容量 95% 的固体或不少于容量 98% 的液体时,必须能承受以下试验,而任何内包装没有断裂或泄漏,其效能也未显著降低。

①从 1.8 米高度跌落至一个坚硬、无弹性、平坦的水平面。

a. 试样为箱形时,它必须按以下每一姿态跌落:
- 底面平跌;
- 顶面平跌;
- 最长侧面平跌;
- 最短侧面平跌;
- 在角上跌落。

b. 试样为桶形时,它必须按以下每一姿态跌落:
- 倾斜地跌在顶面边缘,重心位于撞击点正上方;
- 倾斜地跌在底面边缘,重心位于撞击点正上方;
- 侧面平跌。

注:上述每一跌落可以在非同一个但同样类型的包装件上进行。

②在持续 24 小时内对试样顶面施加一个等于同样包装件(包括试样)堆码到 3 米高度总质量的力。

(2) 为了达到试验的目的,包装中要运输的物质可以用其他物质来代替,除非这会使试验结果不成立。对于固体,当使用另一物质时,它必须与要运输的物质具有相同的物理特性(质量、颗粒大小等)。在对液体包装的跌落试验中,当使用另一物质时,其相对密度(比重)和黏度应与要运输物质的那些特性相似。

7 标记

(1) 包装件的标记。

①按本任务准备的含例外数量危险品的包装件必须耐久和清晰地标以如图 6.1 所示的标记。包装件中的每一危险品的主要类别或项别(若指定)必须显示在标记中。当托运人或收件人的名字没有显示在包装上的其他地方时,此信息必须包括在标记内。

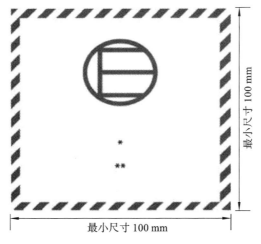

图 6.1　例外数量包装件标记

* ——标注类别或项别(当指定时)的位置。
** ——如托运人或收件人的名字没有标示在包装的其他地方,则标示在此位置。

②标记必须为正方形。影格线和符号必须在白色或合适背景上使用同一颜色,黑色或红色。标记的尺寸最小为 100 mm×100 mm。如果未按指定尺寸执行,所有要素均应与图

示比例大致相当。

③标记必须使用在包装件的一个侧面上。当以标签的方式使用标记时,此标签不得折叠,不得将同一标签的各部分贴在包装件的不同侧面上。

(2) 合成包装件的标记。

①当例外数量危险品的包装件置于合成包装件时,除非标记可见,否则在合成包装件上必须:

- 标记"Overpack"字样,"Overpack"标记至少 12 mm 高;
- 根据要求标记。

②如果合成包装件也包含其他危险品包装件,也要考虑标记和标签的要求。

8 文件

经营人差异:CX-06,DO-02,D5-02,ES-02,KA-06,LD-06,QY-02。

(1) 不要求托运人危险品申报单。

(2) 运输例外数量的危险品,相关文件诸如货运单或提货单上需要标明"例外数量的危险品"(Dangerous goods in excepted quantities)和件数,但如果此票货物中只有该例外数量的危险品,则不必标明件数了。此信息必须显示在航空货运单的"物品的性质和数量"栏中。

9 操作

在《危险品规则》2.6 节规定下托运的危险品受 DGR 第 9 章的以下规定的约束:

(1) 装载限制;

(2) 危险品事故、事故征候和发生其他情况的报告。

注意:

(1) 例外数量危险品不需要检查单。

(2) 有关例外数量危险品的信息不需要出现在给机长的书面信息上。

10 微量

图 3.1F 栏指定的代号 E1、E2、E4 或 E5 的危险品作为货物运输符合下列条件则不受《危险品规则》限制:

①每个内包装最大净数量液体和气体限定为 1 mL,固体限定为 1 g;

②除了当内包装牢固地装入外包装中,其衬垫材料使其在正常运输条件下不会破损、被刺破或泄漏内容物,并且除了对于液体危险品外包装中有充足的吸附材料吸附内包装中的全部内容物则无须中层包装之外,须符合 DGR 2.6.5 规定;

③符合 DGR 2.6.6 规定;

④每个外包装危险品的最大净数量液体和气体不超过 100 mL 或固体不超过 100 g。

四、了解有限数量危险品的相关要求

经营人差异:5X-01,DE-01,GA-03,GF-04,JU-06,KC-11,KQ-08,LH-01,LX-02,MH-14,MK-06,NO-06,OM-04,OS-03,OU-04,PX-10,SN-05,SW-02,TN-04,TY-02,UX-02,

VT-01,WN-01,WY-04,X5-02,XK-03,XQ-01。

1 总则

（1）联合国《关于危险货物运输的建议书——规章范本》（简称《规章范本》）包含了有限数量危险品的规定。这就意味着许多危险品在适当有限的数量下运输时呈现出的危险性减小，可以在《规章范本》中指定类型的高质量但并未经过相应的测试和标记的包装中安全运输。本条规定基于联合国《规章范本》相关内容，允许有限数量危险品在虽未经过《危险品规则》第6章的测试但符合该章制造要求的包装中运输。

（2）联合国《规章范本》要求盛装有限数量危险品的包装件标注《规章范本》3.4节指定的菱形标记。《危险品规则》要求的标记包含了这个标记的所有元素，且外加"Y"字以表示符合《危险品规则》某些比联合国《规章范本》和其他运输模式更严格的规定。例如，按《危险品规则》运输的包装件要求危险性标签和内包装，以及某些情况下每件数量低于联合国《规章范本》授权的数量。联合国《规章范本》认可《危险品规则》要求的标记以便确保按照《危险品规则》准备的有限数量危险品包装件可被其他运输模式所接受。

2 适用范围

（1）普遍认为，装入符合DGR 6.1和6.2节包装结构的要求但未按DGR 6.0.4和6.3节的要求进行标记和试验的高质量组合包装内的许多危险品是可以安全运输的。只有符合本段、危险品品名表及《危险品规则》第5章的规定要求，才可作为"有限数量"的危险品进行运输。《危险品规则》中的所有要求必须遵守，除非另有规定。

（2）在DGR 2.7节中关于有限数量危险品的数量和规定同样适用于客机和货机。

3 限制

只有被允许由客机载运并符合下列类别、项别和包装等级（如适用）的危险品才可按有限数量的危险品的规定进行运输。

①第2类：2.1项和2.2项的UN1950，无次要危险的2.1项和2.2项的UN2037、UN3478（燃料电池罐，含液化易燃气体）和UN3479（燃料电池罐，含储氢氢化金属）仅限燃料罐。

②第3类：包装等级Ⅱ级和Ⅲ级的易燃液体和UN3473（燃料电池罐，含易燃液体）。

③第4类：4.1项中包装等级Ⅱ级和Ⅲ级的易燃固体，自反应物质和聚合物质除外；4.3项中包装等级Ⅱ级和Ⅲ级的物质，只限固体和UN3476（燃料电池罐，含遇水反应物质）。

④第5类：5.1项中包装等级Ⅱ级和Ⅲ级的氧化剂；5.2项中仅限包装在化学品箱或急救箱内的有机过氧化物。

⑤第6类：6.1项中包装等级Ⅱ级和Ⅲ级的毒性物质。

⑥第8类：包装等级Ⅱ级和Ⅲ级的第8类腐蚀性物质和UN3477（燃料电池罐，含腐蚀性物质），但不包括UN2794、UN2795、UN2803、UN2809、UN3028和UN3506。

⑦第9类：仅限二溴二氟甲烷（UN1941）；苯甲醛（UN1990）；硝酸铵肥料（UN2071）；环境危害物质，固体，n.o.s.（UN3077）；环境危害物质，液体，n.o.s.（UN3082）；化学品箱或急救箱（UN3316）；航空限制的液体（UN3334）；航空限制的固体（UN3335）和日用消费品（ID8000）。

4 分类

危险品必须按《危险品规则》的第 3 章进行分类。

5 数量限制

(1) 每个包装的净数量不得超过危险品品名表对应 G 栏包装说明编号对应的 H 栏规定的数量。

(2) "有限数量"包装件的毛重不得超过 30 kg。

6 包装

经营人差异：DL-04。

(1) 必须遵守 DGR 中适用于客机的一般包装要求，不适用的规定除外。

(2) 已被使用过一次以上的包装，包括封盖，在前一次装入该包装内的物品被清理后再装物品准备运输时，应对该包装进行细致的检查，该包装应如同新的一般能保护其内装物并发挥盛装作用。如使用前次用过的衬垫及吸附材料，必须保证其能发挥主要功能。

(3) 不允许使用单一包装，包括复合包装。

(4) 有限数量的危险品必须按照危险品品名表中 C 栏内所述适用的前缀为"Y"的限量包装说明的要求进行包装。

(5) 内包装材料必须符合 DGR 6.1 节的要求。外包装材料必须按 DGR 6.2 节的结构要求设计，以使其成为适用于盛装某种物品或物质的某一类型的外包装材料。

(6) 一个外包装可以盛装超过一种危险品或其他物品，条件如下。

①危险品之间或危险品与其他物品不发生危险反应导致：
- 燃烧和/或放出大量的热；
- 放出易燃有毒或窒息性气体；
- 形成腐蚀性物质；
- 形成不稳定的物质。

②各种危险品不需要按照 DGR 中表 9.3.A 进行隔离，《危险品规则》另有规定的情况除外。

③每一种危险品所使用的内包装及其所含数量，均符合各自包装说明中的有关规定。

④使用的外包装是所有危险品相应包装说明都允许使用的包装。

⑤对于第 2 类（UN2037、UN3478 和 UN3479 除外）和第 9 类以外的类别，每个包装件的总净数量的"Q"值不超过 1，"Q"值按以下公式计算：

$$Q = \frac{n_1}{M_1} + \frac{n_2}{M_2} + \cdots + \frac{n_i}{M_i}$$

式中，n_1、n_2、n_i 是每一包装件内各种危险品的净数量，M_1、M_2、M_i 是危险品表中"Y"包装说明对各种危险品所规定的每一包装件的最大允许净数量。

⑥对于第 2 类（UN2037、UN3478 和 UN3479 除外）和第 9 类：
- 当未与其他类别物品包装在一起时，其毛重不得超过 30 kg；
- 当与其他类别物品包装在一起时，其毛重不得超过 30 kg 并且包装件中第 2 类（UN2037、UN3478 和 UN3479 除外）和第 9 类以外的其他物品按上述公式计算的"Q"值不超过 1。

⑦固体二氧化碳(干冰)UN1845 可以与其他类别的物品包装在一起,但包装件的毛重不超过 30 kg。干冰的数量不必考虑计算"Q"值,但是,盛装干冰的包装物和外包装必须能释放二氧化碳气体。

⑧具有相同的 UN 编号、包装等级和物理状态(固体或液体)的危险品包装在同一包装件内时,不要求计算"Q"值。但是,包装件中净数量的总和不得超过 DGR 4.2 节危险品品名表(见图 3.1)H 栏中的最大允许净数量。

注意:

(1) 计算所得"Q"值必须进位到第一位小数且填入托运人申报单。

(2) UN3316 不允许与除干冰以外的其他危险品在同一个外包装内。

(3) ID8000 不允许与其他危险品在同一个外包装内。

7 包装件性能试验

(1) 跌落试验:准备载运的包装件,必须能够通过实验,即由 1.2 米的高度(最易造成最大损坏的位置)跌落于坚硬的、无弹性的水平表面上,外包装不得有任何会在运输过程中影响安全的损坏,内包装亦不得有泄漏迹象。

(2) 堆码试验:交运的每一包装件,必须能够承受对其顶部表面施加的负荷。所施加的负荷应等于在运输中可能堆码在其上面的相同包装件的毛重量。堆积高度包括试样在内为 3 m,试验持续时间为 24 小时。试验后,所有内包装应无破损或泄漏或效能无明显削弱。

8 标记和标签

(1) 有限数量运输的所有危险品包装都必须满足 DGR 第 7 章的有关标记和标签要求。

(2) 在有限数量规定下运输的危险品的包装必须标有相应标记。

9 文件

有限数量运输的所有包装都必须满足 DGR 第 8 章的有关文件要求。

10 操作

有限数量运输的所有危险品包装都必须满足 DGR 第 9 章的有关操作要求。

五、了解危险品航空运输的国家及经营人差异

1 总则

(1) 国家及经营人可以向 IATA 提交差异。

(2) DGR 的危险品品名表中商品的差异已在相应的包装说明中予以说明。正文部分有关的差异在有关标题下面有提示。

(3) 虽然已尽力使这些参考资料最新有效,但建议托运人还是要在 DGR 2.8.2 里所列

的有关国家或地区差异及 DGR 2.8.4 里所列的经营人差异中查阅信息。

2 国家或地区差异

（1）状况。

①到《危险品规则》付印之日为止已申报国际民用航空组织或国际航空运输协会（以下简称国际航协）的国家或地区差异被列入 DGR 2.8.2 中。

②当有些差异比《危险品规则》中的规定限制更严格时，这些差异：

a. 适用于所有经营人运进、运出或飞越申报国或地区拥有主权的所有领土的危险品的航空运输；

b. 当经营人所在国或地区即申报国或地区时，适用于该国或地区领土以外的全部申报国或地区所属经营人的危险品的航空运输。

③如果这些差异的限制不如《危险品规则》中的那些规定严格，则所列出的差异条款仅作为参考资料，只适用于申报国或地区之经营人在该国或地区领土内的运输。

④国际航协视情况将部分国家或地区的差异进行了汇编，这些国家或地区对附件 18 申报了差异，但未对 ICAO《技术细则》申报同等的差异。

（2）格式。

国家或地区差异由三个字母标识，最后一个字母都是"G"（政府），后面是严格按顺序排列的两位数字，以"01"开始，例如"AUG-01"。

（3）列表。

国家或地区已存档差异条款见表 6.6：

表 6.6　国家或地区已存档差异条款

国家或地区	代　码
埃及阿拉伯共和国 Arab Republic of Egypt	EGG
阿鲁巴 Aruba	AWG
澳大利亚 Australia	AUG
巴林 Bahrain	BHG
比利时 Belgium	BEG
巴西 Brazil	BRG
文莱达鲁萨兰国 Brunei Darussalam	BNG
柬埔寨 Cambodia	KHG
加拿大 Canada	CAG
中国 China	CNG
克罗地亚 Croatia	HRG
朝鲜民主主义人民共和国 Democratic People's Republic of Korea	KPG
丹麦 Denmark	DKG
埃塞俄比亚 Ethiopia	ETG
斐济 Fiji	DQG
法国 France	FRG

续表

国家或地区	代码
德国 Germany	DEG
加纳 Ghana	GHG
中国香港特别行政区 Hong Kong Special Administrative Region,China	HKG
印度 India	ING
印度尼西亚 Indonesia	IDG
伊朗伊斯兰共和国 Islamic Republic of Iran	IRG
意大利 Italy	ITG
牙买加 Jamaica	JMG
日本 Japan	JPG
科威特 Kuwait	KWG
吉尔吉斯斯坦共和国 Kyrgyz Republic	KGG
卢森堡 Luxembourg	LUG
中国澳门特别行政区 Macao Special Administrative Region,China	MOG
马来西亚 Malaysia	MYG
尼泊尔 Nepal	NPG
荷兰 Netherlands	NLG
阿曼 Oman	OMG
巴基斯坦 Pakistan	PKG
秘鲁 Peru	PEG
波兰 Poland	PLG
罗马尼亚 Romania	ROG
俄罗斯联邦 Russian Federation	RUG
沙特阿拉伯 Saudi Arabia	SAG
塞尔维亚 Serbia	RSG
新加坡 Singapore	SGG
南非 South Africa	ZAG
西班牙 Spain	ESG
斯里兰卡 Sri Lanka	VCG
瑞士 Switzerland	CHG
土耳其 Turkey	TRG
乌克兰 Ukraine	UKG
阿拉伯联合酋长国 United Arab Emirates	AEG
英国 United Kingdom	GBG
美国 United States	USG

续表

国家或地区	代码
瓦努阿图 Vanuatu	VUG
委内瑞拉 Venezuela	VEG
津巴布韦 Zimbabwe	ZWG

国家间的具体差异详见附录C。

3 经营人差异

(1) 通知。

依据货运服务会议619号决议,所有航空公司都希望自己有比《危险品规则》要求更严格的例外,若有,必须及时将这种例外通知国际航协秘书处以便作为经营人差异出版。

(2) 状况。

至付印之日止在国际航协备案的经营人差异在 DGR 2.8.4 中列出,并按下列方式使用:

① 经营人差异必须不低于《危险品规则》的限制;

② 经营人差异适用于有关经营人所从事的一切运输。

(3) 标准。

提交给IATA编入DGR的差异应该符合以下标准:

①提交人人编的条款,即经营人差异条款应该是那些对托运人的能力有影响的方面,该能力是指托运人能使某个特定危险品被接受运输的能力。这可以是对特定联合国编号、分类或分级的限制,也可以是对包装类型或指定包装方法的限制,例如限制数量的包装。

②经营人差异不应该与现有的《危险品规则》的条款重复。只有当经营人要求补充现有条款时,才应该提交差异。

③实际上纯粹是操作性的限制,不应该提交为经营人差异。

(4) 格式。

经营人差异的表示是开始为包括字母-数字或字母-字母的两个字符,随后紧跟严格按数字顺序的二个数字,开始为"01",例如"AC-01"。

(5) 列表。

受篇幅限制,此处仅列出已申报差异的部分经营人如表6.7所示。

表6.7 已向IATA申报差异的经营人(部分)

国 家	航空公司	二字代码
中国 China	Air China 中国国际航空集团公司	CA
	China Eastern 中国东方航空公司	MU
	China Southern 中国南方航空公司	CZ
	SF Airlines 顺丰航空	O3
	Tianjin Airlines 天津航空	GS
美国 United States	American Airlines 美国航空公司	AA
	Southwest Airlines 美国西南航空公司	WN

续表

国　　家	航　空　公　司	二字代码
英国 United Kingdom	British Airways 英国航空公司	BA
	Cargologicair 英国国际货运航空公司	P3
法国 France	Air France 法国航空公司	AF
日本 Japan	All Nippon Airways 全日空航空公司	NH
	Japan Airlines 日本航空公司	JL
	Nippon Cargo Airlines 日本货运航空公司	KZ

航空公司间的具体差异详见附录 D。

任务实施

结合所学内容，分小组完成任务。列出经营人物资中的危险品。

任务评价

任务实施检测表如表 6.8 所示。

表 6.8　任务实施检测表

考核内容	分值	自评分	小组评分	教师评分	实得分
列出经营人物资中的危险品	20				
这些物资的用途	20				
每种危险品的特性、分类	30				
讲解条理清晰，观点表达明确	30				
总分	100				

■ 民航危险品运输思政

某些危险性太大的危险品，不能使用航空器运输，而有些危险品仅能够使用货机来运输，还有些危险品客机和货机都可以运输。《危险品规则》中对这些危险品都做出了明确的限制规定。那么作为民航运输相关工作人员，你是否清楚旅客可能会携带的隐含危险品有哪些呢？如果你不清楚这些规定，危险品可能被带上飞机引发民航危险品运输事故。

2012 年中国国际航空公司 CA1742 航班的旅客行李中夹带备用锂电池，该行李在装卸过程中发生自燃，现场工作人员及时处置，所幸没有造成人员伤害及航空器损伤。在危险品运输过程中，经常出现危险品隐瞒夹带的情况，稍有不慎就会发生威胁航空公司运行安全的事件。

在严格遵守规范的前提下，危险品可以通过航空安全运输。一些危险品的危险性太大，在任何条件下都不允许进行航空运输；一些在一般情况下被禁止，但是在有关国家的特殊批准下可进行航空运输;一些被限制在全货机上进行运输;然而大多数危险品在符合一定要求的情况下,可以在客机上安全运输。

职业启示:民航危险品因危险性及运输条件有差别,在运输过程中有不同的限制条件。作为新时代的民航人,我们必须熟知法规中的限制条件,严格做好本职工作,从而保障民航危险品的运输安全。此外,随着社会生产水平的不断提高,人们的物质生活不断丰富,在民航运输过程中可能会碰到危险品的新样式、新形态。因此,我们只有一方面脚踏实地,夯实危险品的危险原理这一基本功,坚持"安全第一、预防为主"的工作原则,另一方面好学进取,拓展危险品在不同情况下的表现形态知识,才能在日新月异的工作中迎接一切挑战。

项目学习效果综合测试

一、选择题

1. 在危险品品名表中,对于任何情况下都禁止运输的危险物品,在 I、J、K、L 栏目会标注(　　)。

　　A. Y　　　　　　　　　　B. Forbidden
　　C. Not Restricted　　　　D. Limited

2. 对于可能包含危险品的普通货物,收运人员需要进行查验,若确认普通货物中不含危险品,则应在航空货运单上注明(　　)。

　　A. Y　　　　　　　　　　B. Forbidden
　　C. Not Restricted　　　　D. Limited

3. 若收运人发现某托运人的货物中有"气瓶"(Cylinders),则收运人应当(　　)。

　　A. 将气瓶视为普通货物
　　B. 将气瓶视为危险品
　　C. 查验气瓶是否装有压缩或冷冻气体
　　D. 趁机向托运人收取贿赂

4. 在我国境内,装在零售包装内体积浓度为 42% 的酒精饮料,(　　)允许放入交运行李中或作为交运行李,(　　)允许放入手提行李内或作为手提行李。

　　A. /,/　　　　B. /,不　　　　C. 不,/　　　　D. 不,不

5. 根据(　　),《危险品规则》定义的危险品不允许在邮件中运输。

　　A.《芝加哥公约》　　　　　B.《万国邮政公约》
　　C.《危险货物运输建议书》　D.《危险品规则》

6. (　　)不太可能成为经营人物资中的危险品。

　　A. 酒精饮料　　B. 香水　　C. 制氧剂　　D. 打火机

二、判断题

1. 所有危险物品均禁止作为邮件进行航空运输。(　　)

2. 当航空器零备件作为货物进行运输时,不需要遵守《危险品规则》的限制。(　　)

3. 危险品品名表中 F 栏的代号 E_0 表示该危险物品不允许按例外数量载运。(　　)

4. 当托运人将热气球作为普通货物进行运输时,收运人需注意其包装中可能含有易燃气体的气瓶、灭火器、内燃机、电池等危险物品。(　　)

5. 《危险品规则》中列出了不同国家和地区在运输危险品时的所有差异。(　　)

三、思考题

危险品在航空运输过程中需要经历非常复杂的运输流程,你觉得这些复杂的流程是否过于小题大做?如果将某个环节(如危险品检查)省略,你认为会有什么影响?

四、完成任务

任务标题	项目六　限制特定危险品的航空运输		
工种	危险品运输专员	工作区域	
工时	_____分钟		
任务描述	1. 民航客舱中的机组成员和旅客可能会随身携带各式各样的危险品,而这些危险品在不同国家、不同航空公司可能有不同的运输要求,只有清楚了这些要求才能使危险品的运输检查工作更加顺利有效进行。 2. 在民航运输工作中,危险品收运人员需要仔细检查托运人的货物以防止未经申报的危险品进入航空器内。而收运人需要额外关注可能含有危险品的普通货物,以确保运输安全。 3. 在民航运输中出于安全考虑,规定容易发生起火、爆炸等危险反应的危险品禁止航空运输。但部分危险品在特定情况下,经当地民航局豁免后可以空运。掌握民航禁运危险品的危险特性及经豁免可以运输的危险品能使危险品的航空运输工作更加顺利进行。		
任务要求	1. 复盘禁运和经豁免可以运输的民航危险品的有关规定; 2. 复盘隐含危险品的货物概念和种类; 3. 复盘旅客和机组人员携带危险品的相关规定; 4. 复盘航空邮件运输危险品的限制和相关规定; 5. 复盘经营人资产中的危险品种类和有关规定; 6. 了解各国及经营人差异; 7. 分析各类危险品的性质、分类和可能携带和运输的人群。		
实训室"6S"管理要求	1. 实训桌台面整洁,不放置与本实训任务无关的物品; 2. 工具、配件摆放整齐; 3. 保证工具、散件、设备齐全,数量足够; 4. 安全用电,规范操作。		
判定限制特定危险品的航空运输的操作过程			

续表

操作过程中遇到的困难及解决方法
实训心得体会
本次实训任务组内分工情况

姓名					
分工					

考核评价意见及得分(满分 100 分)		
组内自评	组间互评(注明执行评价工作的小组班级和组号)	教师评价
合计		

班级：_____　　　组号：_____　　　小组成员签字：_____

项目七　运输民航危险品

知识目标

1. 掌握危险品的收运流程和收运规定。
2. 了解收运危险品的一般要求和特殊要求。
3. 熟悉危险品的储存和装载的操作原则及方法。

技能目标

1. 能正确通过危险品收运检查单对危险品进行收运检查。
2. 会进行危险品的存储。
3. 会进行危险品的装载。
4. 能够给机长、旅客等相关人员提供危险品运输信息。

思政目标

1. 树立和践行社会主义核心价值观，弘扬爱国、敬业、诚信的价值观。
2. 危险品运输直接关系到旅客、机组的生命安全，关系到机场、航空公司、托运人的财产安全，按照规定的流程来操作是保障安全运输的前提，因此要培养规范意识、责任意识、民航运输的使命感，使自己成为合格的民航人。

■ 导入案例

　　2000 年 3 月，中国化工建设大连公司委托马航承运 80 桶 8-羟基喹啉到印度，大通国际运输有限公司大连分公司为出口货运代理人。当飞机到达马来西亚吉隆坡机场中转时，机场工作人员发现货舱中弥漫着刺激性很强的白色烟雾，戴上呼吸装置都难以进入货舱，装卸机械也被腐蚀，飞机随即被隔离。直到次日，机场消防救援队才将大连化建委托运输的两个集装箱卸下，并发现货物中有两桶泄漏，而且不是大连化建申报的 8-羟基喹啉。后经鉴定和询问大连化建，马航才知道货物真正名称是草酰氯，是腐蚀性化学药品，强酸，属于危险品。在装载过程中按照固体非危险货物进行码放，并没有进行固定。航班起飞后，桶装的草酰氯跌落，发生了泄漏，对飞机造成了严重的腐蚀。

资料来源：民用航空网，有改动

任务一 收运危险品

危险品收运工作应严格遵守运输过程中有关国家的法律、政府规定、命令、规章、要求以及有关承运人和地面代理人的规定。

危险品收运人员必须按照经局方批准的公司危险品培训大纲的要求接受与岗位职责相匹配的有关危险品的培训。

收运人员必须依照危险品收运检查单逐项进行检查。

一、危险品收运检查程序

1 隐含危险品的防范

民航危险品的收运首先应能确保收运人员经过培训后,具备识别隐含危险品的能力。当发现无法明确性质的物品时,应要求托运人出示物品安全数据说明书(MSDS 或 SDS)或符合条件的鉴定报告。

2 收运检查

(1) 预先订舱。

托运人必须先向航空公司订舱,未订妥航班舱位的危险品货物不能交运。

(2) 收运人员应检查托运人提供的危险品分类、分项以及运输专用名称等有关资料。

(3) 托运人可通过下列方式明确货物性质:物质安全数据说明书(MSDS 或 SDS)或者承运人认可的鉴定机构出具的符合航空运输条件的鉴定报告。

(4) 对于危险品使用的 UN 规格包装,必须依据 DGR 中的相关规定,检查包装是否具有包装检测机构出具的包装性能测试报告。在中国境内生产的 UN 规格包装,应该具有空运出口危险货物包装容器性能检验结果单及空运出口危险货物包装容器使用鉴定结果单。如果是非 UN 规格包装,需出具包装性能测试报告。

(5) 填制危险品收运检查单。

只要托运人危险品申报单及其他相关文件、包装、标志、标签等有一项不符合要求,就应拒绝收运。如果拒绝收运,应将托运人危险品申报单和危险品收运检查单各一份随附货物退给托运人。退回的托运人危险品申报单不得重新使用。托运人可针对不符合要求的文件或货物包装重新进行准备。

(6) 航空费收取。

危险品的航空运输费用包含航空运费及包括危险品收运检查费在内的危险品操作费用(RAC)。

二、填制危险品收运检查单

1 使用说明

(1) 危险品收运检查单由经营人收货人员填写,一式两份,经复核签字后生效。如果收货人员未填写危险品收运检查单或者危险品收运检查单未经复核签字,则不得收运该危险品。

(2) 将危险品收运检查单上的各个项目全部检查完毕后方能确定该危险品是否可以收运。

(3) 经检查,危险品收运检查单上的各个项目均无问题,该危险品可以收运。

(4) 经检查,危险品收运检查单上有任意一项或几项结果为否定,则该危险品不得收运。

2 对检查出的问题的处理办法

(1) 如果问题出在托运人危险品申报单上,除货运单号码栏、始发站机场栏和目的站机场栏以外,其他的栏目必须由托运人予以更正,并在更正处签名或盖章。

(2) 如果危险品包装件有损坏或包装方法不正确,航空公司收货人员应该拒绝收运该危险品。

3 危险品收运检查单的类型

危险品收运检查单分为3种:
(1) 第一种用来检查非放射性物质;
(2) 第二种用来检查放射性物质;
(3) 第三种用来检查不要求有托运人危险品申报单的固体二氧化碳(干冰)。

三、危险品收运的特殊要求

1 放射性物质的收运

收运放射性物质时,托运人应出具省、自治区、直辖市环保部门填开的放射性物质剂量检查证明书。

Ⅱ级-黄色和Ⅲ级-黄色的放射性物质包装件、合成包装件及集装箱,无论在什么地方摆放,每一堆货物的总运输指数不得超过50。任意两堆货物之间的距离至少6米。

2 爆炸品的收运

客运航班只收运归类为1.4S的爆炸品,例如体育运动弹药、安全弹药等,货机航班可收运1.4S以外的项别及装配组的爆炸品。

(1) 应提供确定爆炸品项别的试验报告和主管当局的批准证书,其中应包含爆炸品运输专用名词、UN编号、项别及装配组。

(2) 托运人应得到公安机关关于爆炸品运输的书面许可。

(3) 托运人应自行准备爆炸品运输中转站和目的站国家以及相关承运人所要求的中转许可证、进口许可证以及其他相关文件。

(4) 初次托运或任何一种新型爆炸性物质和制品的分类、装配组及运输专用名称的确定都应得到爆炸品生产国的主管部门以及始发站国家运输主管部门的批准证书。

(5) 对于相关国家及承运人的特殊规定，也应严格遵守。

3 气体的收运

气体的收运应符合 DGR 的相关规定，但证明压力容器符合国家有关部门的相关规定以及国家标准还需要货物收运部门的判断。

压缩气体钢瓶可以直立放在瓶架上，也可以平放在干燥的地面上，但不可倒置。气体钢瓶平放时，必须用三角木卡牢，以免滚动。多个钢瓶存放时，钢瓶的首尾朝向要一致，并应避免将瓶口指向人多的地方。库房温度高于 35 ℃时，应采取降温措施。

4 感染性物质的收运

(1) 应符合 DGR 的相关规定。
(2) 收运感染性物质前，收运人需做好提取货物的准备。
(3) 托运人应备好有关文件。
(4) 托运人应预订好航班、日期、吨位，选择尽早的航班。
(5) 应在托运人危险品申报单上的"附加操作信息栏"注明责任人的姓名及联系电话。

5 4.1 项易燃固体中的自反应物质和 5.2 项有机过氧化物的收运

(1) 托运人在申报该类货物的运输时，应在托运人危险品申报单的"附加操作信息栏"中注明货物的特殊存储要求——应避免阳光直射和远离热源，放置在充分通风的地方。
(2) 托运人应预订好航班、日期、吨位，选择尽早的航班。
(3) 在运输的各个环节中，应按照货物所必须的特殊存储要求进行作业。

四、对于交运未申报危险品的处理办法

(1) 应立即报告所属单位值班领导，所属单位值班领导应立即向承运人危险品管理办公室报告，由承运人危险品管理办公室视事件的性质决定是否向局方报告。

(2) 如果旅客或货主交运未申报或未如实申报的危险品，一经发现应移交机场公安机关处理。

任务实施

结合所学内容，分小组完成任务。任选一种含危险品的货物，桌面演练收运危险品。

任务评价

任务实施检测表如表 7.1 所示。

表 7.1 任务实施检测表

考核内容	分值	自评分	小组评分	教师评分	实得分
角色任务分配	20				
收运检查实施	20				
填制危险品收运检查单	20				
危险品收运的特殊要求	20				
收运过程配合流畅	20				
总分	100				

任务二　存储和装载危险品

一、危险品存储的一般规定

（1）危险品存储工作应严格遵守运输过程中有关国家适用的法律、政府规定、命令或要求以及有关承运人的规定。

（2）有一定的安保措施，避免危险品被盗或者不正当使用。

（3）危险品仓库应通风良好，无阳光直射，远离各种热源，夏季温度不宜过高。

（4）危险品仓库应设有明显标志，有明显的隔离设施，消防设备完善，并设置照明设备。

（5）用于存储第 7 类放射性物质的仓库，其墙壁及仓库大门应坚固。

（6）危险品仓库应具有适当的安保设施，以保证未经授权人员无法进入或接触危险品。

（7）危险品仓库应配备防护服、防毒面罩及其他必需品。

（8）危险品仓库应配备危险品日常操作防护用品。

（9）危险品仓库应保证有水源及一定数量的沙土。

（10）危险品仓库工作人员应持有危险品操作资质证书，并接受过应急处置专门训练。

二、危险品操作原则

（一）预先检查原则

装有危险物品的包装件、合成包装件和装有放射性物质的专用货箱在入库、装箱/板及装上航空器或装入集装器之前，应当按要求进行检查，确定包装件的标记、标签清晰正确、粘贴无误，查看是否有泄漏和破损的迹象。

如有任何一项不符合要求,岗位负责人应拒绝接收并退回原处,泄漏或破损的包装件、合成包装件或专用货箱不得装上航空器。

检查标准如下。

(1) 外包装无漏洞、无破损,包装件无气味,无任何渗漏及损坏的迹象。

(2) 包装件上的危险性标签和操作标签正确无误,粘贴牢固。若发现标签脱落、遗失、模糊不清,操作人员必须按照危险物品申报单标注的标签重新粘贴完整。

(3) 包装件上的文字标记书写正确,字迹清楚。

(二) 请勿倒置原则

在危险品运输中,装有液体危险品的包装件均应按要求贴有向上方向性标签(有时还标有"THIS WAY UP"或"THIS SIDE UP")。

作业人员在搬运、存储、装卸、组装集装板或集装箱以及装机的全部过程中,必须按该标签的指向使包装件始终保持直立向上。不符合要求的,岗位负责人不得接收。

(三) 轻拿轻放原则

任何人在搬运或装载危险品包装件时,无论是人工操作还是机械操作,都必须轻拿、轻放,切忌磕、碰、摔、撞。

(四) 隔离原则

1  不同类别危险品之间、危险品与非危险品或人的隔离

为了保证人员和货物的完好,某些危险品和人之间,某些不同类别的危险品之间,某些危险品和其他非危险品之间,在存储和装载中均需隔离,如表7.2所示。

基本原理:彼此能产生危险反应的危险品的包装件不可以在飞机上靠在一起码放,或使码放位置有可能因渗漏而相互发生反应。

表7.2 DGR 9.3.A 包装件的隔离

危险性标签	1不含1.4S	2.1	2.2,2.3	3	4.1	4.2	4.3	5.1	5.2	8	9见9.3.2.1.3
1不含1.4S	见9.3.2.2.5	×	×	×	×	×	×	×	×	×	×
2.1	×		—	—	—	—	—	—	—	×	—
2.2,2.3	×	—		—	—	—	—	—	—	—	—
3	×	—	—		—	—	—	×	—	—	×
4.1	×	—	—	—		—	—	—	—	—	×
4.2	×	—	—	—	—		—	×	—	—	—
4.3	×	—	—	—	—	—		—	—	×	—

续表

危险性标签	1不含1.4S	2.1	2.2,2.3	3	4.1	4.2	4.3	5.1	5.2	8	9见9.3.2.1.3
5.1	×	—	—	×	—	×	—	—	—	—	×
5.2	×	—	—	—	—	—	—	—	—	—	—
8	×	—	—	—	—	—	×	—	—	—	—
9见9.3.2.1.3	×	×	—	×	×	—	×	—	—	—	—

注:1. "×"表明装有这些类或项的危险品的包装件必须相互隔开。
2. "—"表明装有这些类或项的危险品的包装件无须相互隔开。
3. 由于4.1项及第6、7和9类不须与其他类别的危险品隔开,因此,此表不包含这些危险品。
4. 具有同一UN编号的危险品包装件不须相互隔离。
5. 第1类爆炸品能否在飞机上一起码放由其配装组的兼容性(见DGR表3.1.A)决定。

2 不相容的危险品的隔离

性质相抵触的危险品包装件在任何时候不得相互接触或码放在相邻放置。在运输与储存时应满足以下要求。

(1) 在仓库中储存时,应有2米以上的间隔距离。
(2) 装在集装板上装舱时,可采用如下方法中的任何一种放置。

①将性质抵触的危险品分别用尼龙带固定在集装板或飞机货舱地板上,两者的间距至少1米,如图7.1所示。

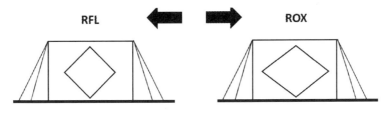

图7.1 危险品的隔离(1)

②用普通货物的包装件将性质抵触的两个危险品隔开,两者之间的间距至少0.5米,如图7.2所示。

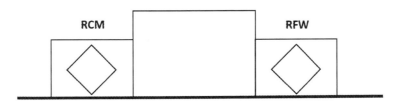

图7.2 危险品的隔离(2)

3 危险品和非危险品的隔离

某些危险品和一些非危险品也是不兼容的,这些装载警告如表7.3所示。

表 7.3　危险品装载警告

类　型	货物			
	活体动物	孵化的蛋	未曝光的胶卷	食品或其他可食用的物质(鱼、肉)
毒性和感染性物质	⊗			⊗
Ⅱ和Ⅲ级放射性物质	◇	◇	◇	
干冰和冷冻液体	▢	▢		

注：1. ⊗：不能装在同一货舱。

2. ◇：需按 DGR 9.3.13.2 的最小距离隔离。

3. ▢：需要进行物理隔离。

4. 第 6 类危险物品包装件(毒性物质和感染性物质)和要求贴次要危险性"Toxic"(毒性)标签的物质不得与活体动物、食品或饲料装在同一机舱内。在使用集装板的情况下，第 6 类危险物品包装件与这些货物不得装在同一块集装板上，而且分装这两种物品的集装板在货舱内不得处于相邻放置。

5. 干冰及放射性物质Ⅰ级-黄色和Ⅲ级-黄色包装件与活体动物的隔离：

(1) 活体动物不得靠近低温液体或固体二氧化碳(干冰)装载。当雾气蒸发掉时，固体二氧化碳(干冰)比空气重，它们都集中在容器的底层。因此，活体动物应置于内装固体二氧化碳(干冰)的包装件的上面。

(2) 放射性物质Ⅰ级-黄色和Ⅲ级-黄色包装件、合成包装件和货物集装箱必须与活体动物分隔，运输时间小于 24 小时的，最小间隔距为 0.5 米；运输时间大于 24 小时的，最小间隔距离为 1 米。

4　毒性物质和感染性物质的装载

毒性物质和感染性物质不得与食品、饲料及其他供人类或动物消费的可食性物质装载在同一货舱内，下列情况除外：

(1) 第 6 类危险品包装件与上述物质分别装载在不同的封闭集装箱内。

(2) 第 6 类危险品包装件与上述物质分别装载在不同的集装板上，而且分装这两种物质的集装板在货舱内的位置不相邻。

(3) 毒性物质和感染性物质没有与活体动物装载在一起。

5　干冰的装载

(1) 干冰不得与活体动物装载在一起。在运输中，活体动物和干冰不能同时装载在没有通风的货舱中。同舱装载时，活体动物的装载位置要高于干冰的装载位置，并且不能相邻装载。

(2) 装有干冰的货舱舱门应在临起飞前关闭，在经停或是装卸货物时，都需要打开舱门，空气流通使二氧化碳浓度降低后方可作业。

含有干冰的行李使用的行李牌如图 7.3 所示。

图 7.3 含有干冰的行李使用的行李牌

6 活体动物的装载

(1) 干冰对于活体动物存在两种危险性。一是放出二氧化碳,使动物窒息;二是降低周围温度,使动物因处于低温环境而受到损害。同舱装载时,活体动物的装载位置要高于干冰的装载位置,并且不能相邻装载。

(2) 贴有Ⅱ级-黄色与Ⅲ级-黄色标签的放射性物质包装件或集装箱必须与活体动物隔离,运输时间小于或等于 24 小时的,最小间隔为 0.5 米;运输间隔长于 24 小时的,最小间隔为 1 米。

但以下情况除外:危险品装在一个密闭的集装器内,而食品和动物装在另一个密闭的集装器内;使用非密闭集装器时,内装危险品与内装食品和动物的集装器未相邻码放。

7 4.1 项和 5.2 项危险品的装载

应避免阳光直射、远离热源,且通风良好,切勿与其他货物码垛在一起。

8 聚合颗粒的装载

净重不超过 100 kg 的聚合颗粒或塑模合成材料,参照包装说明 957,可以装载于任何飞机上的人无法接近的舱内位置。

9 磁性物质的装载

磁性物质的装载必须保证飞机的罗盘指向保持在此飞机适航要求的公差范围内,在实际过程中,应装载在对罗盘影响最小的位置上。磁性物质应装在飞机后部的下货舱内。

10 放射性物质的装载

(1) 限制。

除经特殊安排外,不得空运表面辐射水平超过 2 mSv/h 的放射性物品包装件或合成包装件。

B(M)型包装件和专载运输货物不得用客机装运。

任一飞机上装载的工业包装件内的 LSA(低比活度)放射性物质及 SCO(表面污染物体)的总放射性活度不得超过 DGR 表 10.9.A 的限制。

不得空运带通气孔的 B(M)型包装件、需要用辅助制冷系统进行外部冷却的包装件、运输中需要进行操作控制的包装件以及内含发火材料的包装件。

(2) 运输指数。

每个放射性物质包装件的运输指数不得超过 10。

每架客机,非裂变放射性物质包装件的总运输指数不得超过 50;每架货机,非裂变放射性物质包装件的总运输指数不得超过 200,对于裂变放射性物质,客、货机总临界安全指数为 50。

(3) 分类。

① I 级-白色放射性物质包装件,可以装在任何机型的飞机货舱内,既无数量限制也无特殊要求。

② II 级-黄色与 III 级-黄色放射性物品包装件的装载,应遵循预先检查原则、请勿倒置原则、轻拿轻放原则、隔离原则和固定货物防止滑动原则。

(4) 隔离。

① 在运输过程中,应尽可能把机组人员和旅客所受到的辐照水平降到最低,放在货舱中的放射性物质 II 级-黄色与 III 级-黄色包装件,应与人员所处的位置保持一定的间隔距离。

如果航空器上装有一个以上含有放射性物质的包装件、合成包装件或货物集装箱,每个包装件、合成包装件或货物集装箱与人员的最小间隔距离应根据每件(或个)包装件/集装箱的运输指数总和,来查阅表 7.4(参考 DGR 表 10.9.C)和表 7.5(参考 DGR 10.9.D)。组与组之间的间隔距离必须保证是其中运输指数总和较大一组对应的最小间隔距离的三倍以上。

如图 7.4 所示,包装件 1:TI=5.5,根据表 7.3,需要 1.15 米的最小间隔距离;

包装件 2:TI=4.2,根据表 7.3,需要 1.0 米的最小间隔距离;

包装件 1 具有较大的 TI 值,因此最小间隔距离为 1.15×3=3.45 米。

② 放射性物质与摄影底片的间隔距离。

放射性物质必须与未冲洗的胶卷或胶片隔离。间隔距离必须保证未冲洗胶卷或胶片与放射性物质一同运输时,装有胶片的每件货物接触的辐射量低于 0.1 mSv。

间隔距离的大小与包装件的总运输指数和照射时间有关,如表 7.6(参考 DGR 表 10.9.E)所示。

表 7.4 (DGR 表 10.9.C)客、货机上放射性物品的隔离

总运输指数	最小间隔距离/m	总运输指数	最小间隔距离/m
0.1~1.0	0.30	14.1~15.0	2.15
1.1~2.0	0.50	15.1~16.0	2.25
2.1~3.0	0.70	16.1~17.0	2.35
3.1~4.0	0.85	17.1~18.0	2.45
4.1~5.0	1.00	18.1~20.0	2.60
5.1~6.0	1.15	20.1~25.0	2.90
6.1~7.0	1.30	25.1~30.0	3.20
7.1~8.0	1.45	30.1~35.0	3.50
8.1~9.0	1.55	35.1~40.0	3.75
9.1~10.0	1.65	40.1~45.0	4.00
10.1~11.0	1.75	45.1~50.0	4.25
11.1~12.0	1.85		
12.1~13.0	1.95		
13.1~14.0	2.05		

表 7.5 （DGR 表 10.9.D）仅限货机上放射性物品的隔离

总运输指数	最小间隔距离/m	总运输指数	最小间隔距离/m
50.1～60.0	4.65	190.1～200.0	8.75
60.1～70.0	5.05	200.1～210.0	9.00
70.1～80.0	5.45	210.1～220.0	9.20
80.1～90.0	5.80	220.1～230.0	9.40
90.1～100.0	6.10	230.1～240.0	9.65
100.1～110.0	6.45	240.1～250.0	9.85
110.1～120.0	6.70	250.1～260.0	10.05
120.1～130.0	7.00	260.1～270.0	10.25
130.1～140.0	7.30	270.1～280.0	10.40
140.1～150.0	7.55	280.1～290.0	10.60
150.1～160.0	7.80	290.1～300.0	10.80
160.1～170.0	8.05		
170.1～180.0	8.30		
180.1～190.0	8.55		

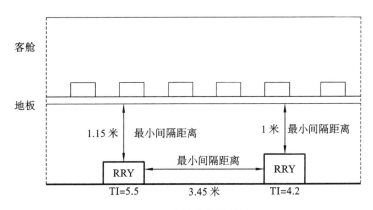

图 7.4 客舱货物摆放图

表 7.6 （DGR 表 10.9.E）放射性物品与胶卷和胶片的最小间隔距离

总运输指数	载运的持续时间					
	0—2 h	2—4 h	4—8 h	8—12 h	12—24 h	24—48 h
1	0.4	0.6	0.9	1.1	1.5	2.2
2	0.6	0.8	1.2	1.5	2.2	3.1
3	0.7	1.0	1.5	1.8	2.6	3.8
4	0.8	1.2	1.7	2.2	3.1	4.4
5	0.8	1.3	1.9	2.4	3.4	4.8
10	1.4	2.0	2.8	3.5	4.9	6.9

续表

总运输指数	载运的持续时间					
	0—2 h	2—4 h	4—8 h	8—12 h	12—24 h	24—48 h
20	2.0	2.8	4.0	4.9	6.9	10.0
30	2.4	3.5	4.9	6.0	8.6	12.0
40	2.9	4.0	5.7	6.9	10.0	14.0
50	3.2	4.5	6.3	7.9	11.0	16.0

③放射性物质与活体动物的隔离。

Ⅱ级-黄色与Ⅲ级-黄色的放射性物质包装件、合成包装件或货物集装箱必须与活体动物隔离装载：运输时间小于24小时的，最小间隔距离为0.5米；运输时间大于24小时的，最小间隔距离为1米。

TYPE A 型放射性物质包装件上所压的货物不得超过该包装件自身重量的5倍。

(五) 可接近性原则

针对货机运输时，若有带有"CARGO AIRCRAFT ONLY"(CAO，仅限货机)标签的危险品包装件或合成件，机组人员必须能随时看到并接触到该标签(Be accessible)。如果体积、重量允许，应与机上其他货物分开码放，同时危险性警示标签和仅限货机(CAO)标签必须清晰可见。

可接近原则(Be accessible)的要求不适用于：

(1) 易燃液体(第3类)Ⅲ类包装无次要危险性的物质；

(2) 毒性物质和感染性物质(第6类)；

(3) 放射性材料(第7类)；

(4) 杂项危险品(第9类)。

仅限货机运输的包装件只能装在集装板上，不准装入集装箱内。为了使包装件保持可接近性，集装板上的货物不得用整块塑料布完全遮盖。在地面运输中为防雨而使用的塑料布，在装机时必须去掉。

仅限货机运输的包装件在装板时应符合如下要求：

(1) 必须装在集装板的靠外一侧，并且令标签朝外，可以被看到；

(2) 危险品集装器挂牌和包装件上的标签必须位于集装板的同一侧；

(3) 集装板装入飞机后，上述侧面应靠近货舱内的走道。

仅限货机运输的货物装载在高板的一侧上，以保证可接近性原则。

(六) 固定原则

将危险品包装件装入机舱后，为防止损坏，装载人员必须以某种方式将它们在机舱内固定，以免其在飞行中移动或改变方向。危险物品包装件的装载应该符合如下要求：

(1) 体积小的包装件不会通过网孔从集装板上掉下；

(2) 散装的包装件不会在机舱内移动；

（3）桶形包装件，难以用尼龙带捆绑固定时，要用其他货物卡紧；

（4）用其他货物卡散装的包装件时，必须从五个方向（前、后、左、右、上）卡紧，如图 7.5 所示。

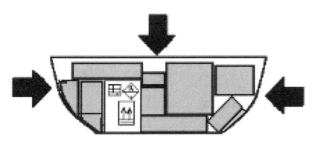

图 7.5　危险物品包装件固定

任务实施

结合所学内容，分小组完成任务。任选一种含危险品的货物，进行存储和装载。

任务评价

任务实施检测表如表 7.7 所示。

表 7.7　任务实施检测表

考核内容	分值	自评分	小组评分	教师评分	实得分
角色任务分配	20				
涉及到相关危险品的隔离	20				
存储危险品	20				
装载危险品	20				
操作过程配合流畅	20				
总分	100				

任务三　提供危险品信息

经营人必须用以下方式向不同对象提供危险品的信息：

（1）特种货物机长通知单；

（2）按照危险品操作流程向地面服务人员提供信息；

（3）通过展示牌、公告等形式向旅客提供危险品信息；

（4）在货物收运区公布关于危险品运输的相关信息。

一、特种货物机长通知单

(一) 特种货物机长通知单通用栏目的填写

(1) Station of Loading:装机站名称,使用IATA规定的机场三字代码;

(2) Flight Number:航班号;

(3) Date:航班离港日期;

(4) Aircraft Registration:航空器注册编号;

(5) Prepared By:货物配载人员签字;

(6) Loaded By:飞机货物监装员签字;

(7) Captain's Signature:执行该航班的机长签字。

(二) 特种货物机长通知单危险品栏目的填写

(1) Station of Unloading:卸机站名称,使用IATA规定的机场三字代码;

(2) Air Waybill Number:货运单号码;

(3) Proper Shipping Name:危险品运输专用名称;

(4) Class or Division for class 1,Compatibility group:危险品类别或项别,如果是第一类爆炸品,还要求注明配装组代码;

(5) UN or ID Number:危险品联合国编号或国际航协编号;

(6) Subsidiary Risk:次要危险性所属的类别或项别;

(7) Number of Packages:危险品包装件的数量;

(8) Net Quantity or Transport Index Per Package:填写每一包装件内危险品的净重,如果运输放射性物质则此栏填写包装件的运输指数;

(9) Radioactive Category:放射性物质包装等级和标签颜色;

(10) Packing Group:危险品运输包装等级;

(11) Code(See reverse):危险品的三字代码(见背面);

(12) CAO:如果该危险品包装件仅限货机运输,在此栏标注"×";

(13) Loaded ULD Number:装有危险品的集装器编号;

(14) Loaded Position:危险品的装机位置。

(三) 签收与存档

特种货物机长通知单一式四份,中英文对照,背面附有危险品代码(IMP代码)表和装载隔离表。其分配如下:

(1) 随航空货运单带往目的地1份;

(2) 交配载部门1份;

(3) 交机长1份;

(4)始发站留存1份。

特种货物机长通知单内容如表7.8所示。

表7.8 特种货物机长通知单内容

装机站 Station of Unloading			航班号		日期 Date		机号 Aircraft Registration			填表人 Prepared By		
危险品 DANGEROUS GOODS										装机 Loaded		
卸机站 Station of Unloading	货运单号码 Air Waybill Number	专用运输名称 Proper Shipping Name	类别 Class	编号 UN or ID Number	次要危险性 Sub Risk	包装件数 No. of Package	每件净重或运输指数 Net quantity	放射性物品等级分类 Radioactive Mal. Categ	包装等级 PG	代码 Code	仅限货机 Cargo Only	集装器号 ULD ID	位置 Position
本航空器所装载的危险品的包装容器均无损坏或渗漏现象 There is no evidence that any damaged of leaking packages containing dangerous goods have been loaded on the aircraft												
其他特种货物 OTHER SPECIAL LOAD												
卸机站 Station of Unloading	货运单号码 Air Waybill Number	专用运输名称 Proper Shipping Name		包装件数 No. of Package		每件净重或运输指数 Net quantity		补充说明 Supplementary Informations		代码 Code	装机 Loaded	
装机负责人签字 Loading Supervisor's Signature				机长签字 Captain's Signature				其他说明及要求 Other Information				

二、旅客或机组行李中携带危险品通知机长的要求

航空公司必须告知旅客关于禁止带上飞机的危险品信息,该信息告知体系必须确保旅客在没有任何其他人参与的情况下,自行完成购票和/或办理登机牌时,能够清楚了解这些信息。

当允许旅客或机组行李中携带某些危险品必须向机长提供信息时,地面服务工作人员应使用特种行李机长通知单通知机长,如表7.9所示。

表 7.9 特种行李机长通知单样例
SPECIAL BAGGAGE NOTIFICATION TO CAPTAIN

航班号： Flight No.：	日期： Date：	飞机注册号： Aircraft Registration：	始发站： Departure Station：	经停站： Via：		目的站： Arrival Station：
旅客姓名： Passenger's Name：			座位号： Seat No.：	件数： Piece：	重量： Weight：	行李牌号： Baggage Tag No.：

危险品/DANGEROUS GOODS			
品名和应急代码(Contents & ERG Code) □弹药(Ammunition)[UN No:0012 or 0014 only] □政府气象局代表携带的水银温度计或气压计 (Mercury barometer or thermometer carried by representative of government weather bureau or similar agency) □湿电池驱动的电动轮椅(Wheelchair powered by wet battery) □其他(Other)_____	装载信息/Loading Information		
	箱板号： ULD ID：	装载位置： Position：	更改后的装载位置： Changed Position：
	附加说明/Supplementary □客舱内(Cabin Baggage) □托运行李(Checked-in Baggage) 旅客座位号(Passenger's seat No.) _____		
	批准或豁免/Authorization		

其他特种物品/OTHER SPECIAL GOODS				
□活体动物 (Live animals) □导盲犬、助听犬 (service dog)	附加说明/Supplementary □客舱内 (Cabin Baggage) □托运行李 (Check-in Baggage)	装载信息/Loading Information		
		箱板号： ULD ID：	装载位置： Position：	更改后的装载位置： Changed Position：

温度要求/Temperature Requirements：□升温要求/Heating Required for _____ ℃ □降温要求/Cooling Required for _____ ℃

填写人签字： Prepared By：	监装负责人签字： Loading Supervisor's Signature：	机长签字： Captain's Signature：

三、文件保存

有关危险品的运输文件应单独装订，并在指定地点保存。

（1）托运人危险物品申报单和其他适用的运输文件；

（2）危险物品收运检查单；

（3）特种货物机长通知单；

（4）货运单；

（5）货邮舱单；

(6)装、卸机单等。

以上前4项运输文件须保存12个月以上。

任务实施

结合所学内容,分小组完成任务。任选一组含危险品的行李物品,桌面演练提供危险品信息。

任务评价

任务实施检测表如表7.10所示。

表7.10　任务实施检测表

考核内容	分值	自评分	小组评分	教师评分	实得分
提供特种货物机长通知单	25				
提供旅客行李中携带危险品通知单	25				
提供机组行李中携带危险品通知单	25				
叙述文件保存要求	15				
各角色配合流畅	10				
总分	100				

■ 民航危险品运输思政

[案情介绍]　1985年5月,南京有一乐器厂停产,在乐器制作中所需的一些材料,如赛璐珞、酒精、松节油等,过去有专门库房储存,现在厂房要另作他用,剩余的50 kg赛璐珞、15 kg酒精以及少量松节油等无处存放。于是乐器厂的管理人员求助于同一行业的一单位大楼的地下室招待所。这家招待所有一间堆放杂物的仓库。这间仓库内没有电灯,钢制的门一关,外面的火源、热源也隔绝了,由于在地下,所以气温也不高。他们认为,这些易燃物品堆放在里面是最安全的。1985年9月7日傍晚,该地下室招待所的仓库发生猛烈爆炸,引起一场大火。扑救火灾用了四个多小时,爆炸产生的有毒气体使22人中毒。

[事故原因分析]　恰恰是地下室这样的环境,造成了这场大祸。地下室不通风,因此常年处于潮湿之中。赛璐珞正式名称是硝化纤维塑料,主要成分是硝化棉、樟脑和酒精。该物品最忌的就是受潮;由于仓库与外界隔绝,空气不流通,赛璐珞受潮后产生的热量也不易散发。在潮湿、闷热的环境中,赛璐珞会分解出一氧化氮(NO),一氧化氮在空气中氧化后又会生成二氧化氮(NO_2)。二氧化氮遇到空气中的水分能产生酸根和亚硝酸。这时赛璐珞的表面会出现所谓"霉斑",这种变质会加快分解反应,物品的自燃点也随之下降。分解过程放出的热量使温度不断上升,地下室近乎封闭的状态更加快了热量的积聚。灾祸就是在这种情况下发生的。

资料来源:百度文库,有改动

职业启示：危险品运输直接关系到旅客、机组的生命安全，也关系到机场、航空公司和托运人的财产安全，按照规定的流程来操作是保障安全运输的前提。尽管上述案例并非发生在民航业，但民航业的从业人员也可能在工作中遇到陌生的或对危险特性了解不全面的危险品。此时，我们必须保持严谨、务实的工作态度，第一时间上报，而不是凭借经验做出决策。

项目学习效果综合测试

一、选择题

1. 将两种性质相抵触的危险品分别用尼龙固定在集装板或飞机机舱地板上，两者间至少间隔（　　）米。
   A. 1　　　　　　B. 1.5　　　　　　C. 2　　　　　　D. 3

2. 每个放射性物质包装件的运输指数不得超过（　　）。每架客机，全部放射性物质包装件的总运输指数不得超过（　　）。
   A. 10/200　　　B. 50/200　　　C. 10/50　　　D. 30/70

3. 下列哪项是危险品运输托运人的职责？（　　）
   A. 贴标签　　　B. 装载　　　C. 收运　　　D. 保存记录

4. 下列哪项是危险品运输承运人的职责？（　　）
   A. 正确识别　　B. 分类　　　C. 储存　　　D. 加标记

5. 如果危险品出现泄露和溢洒，应（　　）。
   A. 询问有关旅客危险品的名称和属性
   B. 报告乘务长并由乘务长报告机长
   C. 把旅客从危险区域移开
   D. 全部都对

二、判断题

1. 承运人的职责是对危险品进行准确的识别、分类、包装，而后贴标志和标签、填写危险品运输文件以及提供24小时联络方式。（　　）

2. 在飞机飞行过程中发现有毒化学物品、微生物或不明、可疑物品后，在没有配备安全员的情况之下，由乘务组负责处置。（　　）

3. 当我们用危险品处置包把危险品隔离开后，整个处置程序就结束了。（　　）

4. 危险品事件不同于危险品事故，但与危险品航空运输有关联。它不一定发生在航空器上，但会造成人员受伤、财产损害、起火、破损、溢出、液体或放射性渗漏或包装未能保持完整的其他情况。任何与危险品运输有关并严重危及航空器或机上人员的事件都会被认为构成危险品事故征候。（　　）

5. 根据CCAR-276要求，航空器载运危险物品应满足的一个条件是航空器经营人事先取得局方颁发的危险物品航空运输许可。（　　）

6. 装有防漏性电池的轮椅或代步工具允许随身携带。（　　）

7. 危险品事件和事故的初始报告可以用任何方式进行，公司在6小时内至少以口头方式向局方报告上述信息，但应于12—24小时之内完成一份书面报告。（　　）

三、简答题

1. 哪些类别/项别的贴有"仅限货机"标签的包装件在货机装载时没有"可接近性"要求?

2. 危险品操作过程中有哪些原则?

3. 下列危险品包装件是否需要隔离?

(1) 第3类与5.1项;

(2) 4.3项与第8类;

(3) 6.1项与4.1项;

(4) 第7类与第2类。

四、完成任务

任务标题	项目七 民航危险品识别 任务一 掌握危险品的收运		
工种	危险品运输专员	工作区域	
工时	_____分钟		
任务描述	已知一票危险品货物,1件毛重2.8 kg、净重1 L的UN2686,组合包装,包装等级Ⅱ级,外包装为UN4D,内包装为塑料瓶,每瓶内装净数量为0.5 L。 已知承运人已经获得始发站国家和目的站国家准许其承运危险品的许可,航站具有危险品运输资质,并订妥全程舱位,请完成危险品收运检查单。		
任务要求	1. 掌握危险品的收运流程和收运规定; 2. 能正确通过危险品收运检查单对危险品进行收运检查。		
实训室"6S"管理要求	1. 实训桌台面整洁,不放置与本实训任务无关的物品; 2. 工具、配件摆放整齐; 3. 保证工具、散件、设备齐全,数量足够; 4. 安全用电,规范操作。		

物料:					清点者签字	组长签字
类别	名称	规格型号	单位	数量		
危险品收运相关单据						

续表

危险品的收运操作流程

操作过程中遇到的困难及解决方法

实训心得体会

本次实训任务组内分工情况

姓名						
分工						

考核评价意见及得分(满分100分)		
组内自评	组间互评(注明执行评价工作的小组班级和组号)	教师评价
合计		

班级：_____ 组号：_____ 小组成员签字：_____

项目八　航空运输特殊危险品

✈ 知识目标

1. 掌握放射性物质的基本概念、分类和相关文件的填写。
2. 掌握锂电池的基础知识、运输限制要求和相关文件填写。
3. 熟悉危险品类航材的基础知识、分类和运输管理方法。

✈ 技能目标

1. 能准确地对放射性物质进行分类、识别、包装和准备运输文件。
2. 能准确地对锂电池进行分类、识别、包装和准备运输文件。
3. 会填写运输危险品申报单、货运单等相关文件。

✈ 思政目标

1. 具有严谨认真的工作作风、吃苦耐劳的工作态度。
2. 具有职业道德和团队合作意识,培养良好的职业素养。

■ 导入案例

2015年12月22日,阿勒泰机场安检站在执行GS7556次航班保障任务时查获旅客违规携带自制锂电池。一名男性旅客在通过安全检查时,操机员发现其随身行李内装有一块超大的锂电池,遂通知开包员进行开包检查。经开包检查发现该锂电池是由十节电池和一块电池板被黑色胶带捆绑而成,且锂电池上无任何标识说明,经开包员询问该旅客表明这是他自己制作的锂电池。根据《锂电池航空运输规范》,对标识不清的锂电池(如无标识的充电宝、无法确定额定能量的锂电池),禁止随身携带、禁止在行李中托运。该旅客最终对物品做了自弃处理。

根据民航局对锂电池运输的明确规定:锂电池不可以作为托运行李运输,只能随身携带且每人只能随身携带两块备用电池。同时,每块锂电池额定能量不能超过100 W·h,在100—160 W·h之间的需经航空公司批准方可携带,超过160 W·h的则不能携带。对标识不清的锂电池(如无标识的充电宝、无法确定额定能量的锂电池),则禁止携带。

资料来源:民航资源网

 知识讲解

任务一　会操作放射性物质的航空运输

一、放射性的基本概念

（一）放射性衰变

放射性物质的原子核由于放出某种粒子而转变为新核的变化过程叫衰变。衰变是自发地、连续不断地进行的，直到衰变原子处于稳定状态，放射性辐射才会停止。

放射性物质的原子数目因衰变而减少到原来的一半所需要的时间称为半衰期。

（二）放射性活度

放射性活度是度量放射性物质放射性强弱程度的物理量。

它所描述的是单位时间内某指定样品中不稳定性核素的原子衰变的个数，也是指单位时间内某放射性物质发生核衰变的次数。单位通常为贝克勒尔（符号为 Bq）。

（三）放射性比活度

放射性比活度即单位质量（或体积）的放射性物质的放射性活度。又称比放射性或放射性比度。单位一般为贝克勒尔/千克（Bq/kg）。

（四）吸收剂量

吸收剂量即对所有类型的电离辐射在任何一种介质中的能量积累的量度，或者说被照射物质吸收辐射能量的量度。单位为拉德（rad）或戈瑞（Gy）。

（五）剂量当量和剂量当量率

剂量当量和剂量当量率是用来衡量人体被射线辐射的程度，用西沃特（符号为 Sv）、雷姆（符号为 rem）等作为计量单位。当作用时间相同时，剂量当量越大，货物的辐射水平就越高，说明该放射性货物的放射危险性就越大。

单位时间的剂量当量又称为剂量当量率。计量单位为 Sv/h 或 rem/h。

(六) 辐射水平

以 mSv/h 或 mrem/h 为单位的相应的剂量当量率又称为辐射水平。

作用时间一样时,剂量当量越大,货物的辐射水平就越高,说明放射性物质的放射危险就越大。

(七) 表面辐射水平

表面辐射水平是指距放射物质包装件表面 5 mm 处的最大辐射水平。运输时,把表面辐射水平转化为运输指数,确定放射性货物的危险程度。

运输指数是距放射性货包或货物外表面 1 m 处的最大辐射水平数值。

(八) 最大允许剂量

最大允许剂量是指人体所受到的对身体健康没有危害的最大的射线照射量。

我国把除天然辐射和医疗辐射以外的受照射剂量当量限制在每人每年 500 mrem 以下,而放射性物质的专业运输人员所受的年有效剂量当量的限制值为 5 rem。

(九) 运输指数(Transport Index, TI)

运输指数是分配给每一个包装件、合成包装件或货物集装箱用以控制其辐射暴露的数值。运输指数是距放射性货包或货物外表面 1 m 处最大辐射水平的数值(单位是 mrem/h),如表 8.1 所示。

表 8.1 运输指数对照

运 输 指 数	外表面任一点最大辐射水平	级 别
0	不大于 5 μSv/h	Ⅰ级-白色
大于 0 而不大于 1	大于 5 μSv/h 而 不大于 0.5 mSv/h	Ⅱ级-黄色
大于 1 而不大于 10	大于 0.5 mSv/h 而 不大于 2 mSv/h	Ⅲ级-黄色
大于 10	大于 2 mSv/h 而 不大于 10 mSv/h	Ⅲ级-黄色且专载运输

(十) 临界安全指数

临界安全指数是含有裂变物质的包装件、合成包装件或放射性物质专用箱上的数字,用于控制含有裂变物质的包装件、合成包装件或放射性物质专用箱的累计数量。

二、放射性物质的基本概念

（一）放射性物质的定义

放射性物质是危险品中较为特殊的一类，它是能自发和连续地发射出辐射的物品或物质，会对人类和动物健康产生危害。这种辐射不能被人体的任何感觉（视觉、嗅觉、听觉、触觉或味觉）所捕获，但可用合适的仪器探测和测量。

DGR 不适用于下述物质或物品：

（1）为了诊断或治疗的目的，植入人体或活体动物的放射性物质；

（2）接受医疗救护，涉及放射性物质事故或摄入污染的人员体内的放射性物质；

（3）获得法规批准可以出售给终端用户的含有放射性物质的消费品；

（4）含有天然放射性核素的天然材料和矿石，这类物质的活度浓度不超过 DGR 中限定值的 10 倍；

（5）表面有放射性物质的非放射性固态物质，但在任一表面的数量未超过 DGR 中污染定义的数量。

（二）放射性物质的分类

放射性物品可以根据其形态和/或特性进行分类：

（1）特殊形式。

符合 DGR 要求，不可弥散的固体放射性物质或内装有放射性物质的封闭容器。特殊形式放射性物质的设计至少有一边尺寸不小于 5 mm。

（2）低比活度（LSA）。

本身比活度有限的放射性物品，或适用估算的平均比活度限值的放射性物品，称为低比活度物质或 LSA 物质。

低比活度放射性——Ⅰ级，LSA-Ⅰ；

低比活度放射性——Ⅱ级，LSA-Ⅱ；

低比活度放射性——Ⅲ级，LSA-Ⅲ。

（3）表面污染物体（SCO）。

本身没有放射性，但其表面分散着放射性物品的固态物体。

表面污染物体——Ⅰ级，SCO-Ⅰ；

表面污染物体——Ⅱ级，SCO-Ⅱ；

表面污染物体——Ⅱ级，SCO-Ⅲ。

（4）易裂变的。

铀-233、铀-235、钚-238、钚-239、钚-241 或它们的任意组合。不包括下述裂变物质：

①未辐照过的天然铀和贫铀；

②仅在热反应堆中辐照过的天然铀和贫铀；

③裂变核素小于总数 0.25 g 的物质；

④ 前面三种的任意组合；
⑤ 低弥散放射性物品；
⑥ 其他形式。

（5）低弥散放射性物质。

弥散度有限的非粉末状固体放射性物质或封入密封容器中的固体放射性物质。

（6）其他形式的放射性物质。

不符合特殊形式定义的放射性物质。

三、放射性物质的识别

（一）运输专业名称

放射性物质运输专用名称如表 8.2 所示。

表 8.2 放射性物质运输专用名称

UN 编号		UN2908	UN2909	UN2909	UN2909
运输专用名称	例外包装件 （DGR 10.3.11.1）	放射性物品， 例外包装件， 空包装	放射性物品， 例外包装件， 贫铀制品	放射性物品， 例外包装件， 天然钍制品	放射性物品， 例外包装件， 天然铀制品

（二）活度的测定

装有放射性物质的包装件，其活度限值根据"特殊形式"放射性物品的活度值和"其他形式"放射性物质的活度值确定。指定特殊形式放射性物质的活度值为 A_1，其他形式放射性物质的活度值为 A_2。

四、放射性物质的包装

（一）放射性物质的包装说明

（1）放射性物质的包装要求随所含放射性核素的不同而变化；
（2）辐射水平由几种因素决定，放射性物质的活度（数量）仅仅是因素之一；
（3）当某种放射性物质已按照这些包装要求进行包装时，在大多数情况下，已完成的包装件必须按照 DGR 的要求给出运输指数；
（4）在大多数情况下还必须将包装好的包装件划分为 DGR 所规定的三个等级中的一种，然后贴上该等级的危险性标签。

(二)包装的一般要求

(1) 放射性物质的包装和包装件必须满足 DGR 的要求;

(2) 含六氟化铀裂变物质的包装件须受附加条件的限制;

(3) 外部污染(任何包装件的任一外表面上的非固着放射性污染)必须保持在尽可能低的水平;

(4) 对于合成包装件和放射性专用箱,内外表面的非固着污染水平不得超过 DGR 所规定的限制;

(5) 若放射性物品同时符合其他类别或项别的标准,则必须根据占主导地位的次要危险性酌情将包装等级划分为Ⅰ、Ⅱ、Ⅲ级,且包装容器的性能标准须满足此次要危险性。

(三)包装类型

1 例外包装件

例外包装件是用于运输放射性物质的一种包装。只可包装微量的放射性物质,其量小到在运输中不可能发生危险。

(1) 包装件外表面任一点的辐射水平不超过 5 μSv/h(0.5 mrem/h);

(2) 若例外包装件中含有裂变物质,则必须符合相关规定,且包装件的最小尺寸不得小于 10 cm;

(3) 例外包装件的任一外表面的非固着放射性污染不超过 DGR 限值。

2 工业包装件

工业包装件只适用于低比活度(LSA)放射性物质和表面污染物体。

IP-1 型工业包装件:符合放射性物质包装件一般要求的标准强度的包装;

IP-2 型工业包装件:必须符合 IP-1 型包装,还应经过相关的跌落和穿透试验;

IP-3 型工业包装件:必须符合装有固体放射性物质的 Type A 型包装的测试标准。

3 A 型包装件

当放射性物质的活度值及辐射水平超过例外包装件时,使用 A 型包装件,A 型包装件所含放射性物质活度不得超过 A_1(特殊形式放射性物质)或 A_2(其他形式放射性物质)。

4 B 型包装件

B 型包装件适用于运输活度值比较高的放射性物质,超过 A 型包装件活度限值的放射性物质使用 B 型包装件。不得超过 B(U)和 B(M)型包装件活度限值。

①对于低弥散放射性物品,包装件设计批准证书上许可的限值;

②对于特殊形式放射性物品,3000A_1 和 100000A_2 中的较小值;

③对于其他形式的放射性物品,3000A_2。

5 C 型包装件

C 型包装件的测试要求比 B 型包装更加严格。C 型包装件所含活度不得超过 A_1（特殊形式放射性物质）或 A_2（其他形式放射性物质）。

6 含裂变物质的包装件

含裂变物质的包装件必须符合所有包装类型对包装件适用的活度限值。

五、相关包装件的活度限值

（一）A 型包装件的活度限值

放射性物质可以有"特殊形式"和"其他形式"两种。特殊形式放射性物质的活度值为 A_1，其他形式放射性物质的活度值为 A_2。

A 型包装件对应的物质的最大活度限值参见 DGR 表 10.3.A。

1 列名的单个放射性核素

常见放射性核素的 A_1、A_2 值如表 8.3 所示。

表 8.3 常见放射性核素的 A_1、A_2 值

放射性核素	元素（原子序数）	A_1（特殊形式）	A_2（其他形式）	豁免物质的活度浓度限值/(Bq/g)	豁免货物的活度限值/Bq
Ac-225[a]	Actinium 锕（89）	0.8	0.006	1×10^1	1×10^4
Ac-227[a]		0.9	0.00009	1×10^{-1}	1×10^3
Ac-228		0.6	0.5	1×10^1	1×10^6
Ag-105	Silver 银（47）	2	2	1×10^2	1×10^6
Ag-108m[a]		0.7	0.7	1×10^{1b}	1×10^{6b}
Ag-110m[a]		0.4	0.4	1×10^1	1×10^6
Ag-111		2	0.6	1×10^3	1×10^6

对于特殊形式的放射性核素 Ag-105，其他形式的放射性核素 Ag-111。它们的 A 型包装件活度限值分别为 2TBq、0.6TBq。

2 未列名的单个放射性核素

对于已知种类，但未在 DGR 表格中列名的单个放射性核素，A_1 和 A_2 的值必须经过多方批准。

3 A 型包装件中不同放射性核素混合物/不同单一放射性核素活度限值

$$z = \sum_i \frac{B(i)}{A_1(i)} + \sum_j \frac{C(j)}{A_2(j)}, \quad z \leq 1$$

式中，$B(i)$ 为放射性核素 i 特殊形式的活度值。$C(j)$ 为放射性核素 j 其他形式的活度值，$A_1(i)$ 为放射性核素的 A_1 值，$A_2(j)$ 为放射性核素的 A_2 值。

（二）例外包装件的活度限值

确定例外包装件的活度限值应考虑：
(1) 是放射性物质本身，还是含有放射性物质的仪器或制品；
(2) 放射性物质的物理状态，如固体、液体或气体；
(3) 放射性物质的形式，如特殊形式、其他形式。
例外包装件的活度限值如表 8.4 所示。

表 8.4　例外包装件的活度限值

内装物性质		物质	仪器和制成品	
		包装件限值	物品限值	包装件限值
固体	特殊形式	$10^{-3} A_1$	$10^{-2} A_1$	A_1
	其他形式	$10^{-3} A_2$	$10^{-2} A_2$	A_2
液体		$10^{-4} A_2$	$10^{-3} A_2$	$10^{-1} A_2$
气体	氚	$2\times 10^{-2} A_2$	$2\times 10^{-2} A_2$	$2\times 10^{-1} A_2$
	特殊形式	$10^{-3} A_1$	$10^{-3} A_1$	$10^{-2} A_1$
	其他形式	$10^{-3} A_2$	$10^{-3} A_2$	$10^{-2} A_2$

例题　判断以下放射性物质(非仪器或制品)包装件是否满足例外包装件的活度限值。
放射性核素：Ag-111；
物理状态：固体；
物质形式：特殊形式；
活度值：2.2 GBq。
解答：Ag-111 的特殊形式放射性物质的活度值 $A_1 = 2$ TBq；
活度限值为 $10^{-3} A_1 = 2\times 10^{-3}$ TBq = 2 GBq；
而 2 GBq < 2.2 GBq；
所以不能使用例外包装件进行运输。

六、放射性物质包装件的标记

托运人负责使每个含放射性物品的包装件、合成包装件或放射性专用货箱上的所有必要的标记和标签都符合 DGR 的规定。

(一) 总则

IP-1、IP-2、IP-3 型工业包装件,A 型、B(U)型、B(M)型、C 型包装件应注明:
(1) 运输名称;
(2) UN 编号;
(3) 托运人和收货人的全称和地址;
(4) 包装件毛重超过 50 kg 时,允许的毛重;
(5) 固体二氧化碳(干冰)作为制冷剂使用时,应标明其净重。

(二) 放射性物品例外包装件

放射性物品例外包装件必须注明:
(1) UN 编号;
(2) 托运人和收货人的全称和地址;
(3) 超过 50 kg 时,允许的毛重;
(4) 需要主管当局设计或装运批准的国际运输包装件,标记必须按照原设计国的证书进行注明。

(三) 工业包装件标记

(1) 符合 IP-1 型工业包装设计的每个包装件都必须标上"TYPE IP-1"字样。
(2) 符合 IP-2 型或 IP-3 型工业包装设计的每个包装件都必须做如下标记:
①相应的"TYPE IP-2"或"TYPE IP-3"字样;
②DGR 中指定的原设计国的国际车辆注册代码(VRI 代码);
③生产厂商的代号或其他包装识别标记。

(四) A 型包装件的规格标记

符合 A 型包装设计的每个包装件,必须标注:
(1) "TYPE A",如图 8.1 所示;
(2) DGR 中指定的原设计国的国际车辆注册代码(VRI 代码);
(3) 原设计国主管当局规定的生产商名称或其他包装识别标记。

(五) B、C 型包装件的规格标记

符合 B、C 型包装设计的每个包装件,必须标注:
(1) "TYPE B(U)"或"TYPE B(M)"或"TYPE C",如图 8.2 所示;
(2) 主管当局为设计指定的识别标记;

(3) 能确认每个包装符合其设计的唯一序号；

(4) 防火、防水的三叶形符号。

TYPE A	TYPE B(U)
GB/Amer sham	GB/0777AG/B(U)

图 8.1　A 型包装件的规格标记　　　　图 8.2　B、C 型包装件的规格标记

（六）合成包装件的标记

交运一个以上合成包装件时，必须在每个合成包装件上标注识别标记以及放射性物质的总量：

(1) 合成包装件"Overpack"字样；

(2) UN 编号、运输专用名称、托运人和收货人的全称和地址；

(3) 详细操作说明显示在合成包装件的外表面上。包装规格标记不需要标在合成包装件外，"Overpack"字样就表明了内包装件符合规格。

七、放射性物质包装件的标签

（一）放射性物质危险性标签

每个放射性包装件必须按照相应的表格中划分的类别粘贴标签，危险性标签分为 Ⅰ 级-白色、Ⅱ 级-黄色、Ⅲ 级-黄色，如图 8.3(a)～(c)所示。此外每个裂变物质包装件必须粘贴临界安全指数(CSI)标签，如图 8.3(d)所示。

（二）操作标签

含放射性物质的 B(M) 型包装件或内装 B(M) 型包装件的放射性物质专用货箱，必须使用"仅限货机"标签，放射性物质外包装件必须粘贴"Radioactive Material, Excepted Package"（放射性物质，例外包装件）的操作标签，如图 8.4 所示。此标签必须粘贴或印刷在颜色对比明显的底面上。

（三）标签的粘贴

1　粘贴的原则

①所有的标签必须牢固地粘贴或印制在包装上，以便清晰可见，且不被包装的任何部分或被其他标签或标记所遮盖；

图 8.3 放射性物质标签

图 8.4 放射性物质例外包装件标签

②每一标签必须粘贴或印制在对比色底面上,或者标签的外边缘必须有虚线或实线;

③标签不得折叠或者把同一标签粘贴在包装件的不同面上;

④如果包装件的形状不规则,其表面无法粘贴或打印标签,可以使用牢固的挂签作为包装件标签;

⑤包装件的尺寸必须能为所有需要的标签提供足够的位置。

2 粘贴的位置

①包装件足够大时,标签应与运输专用名称及 UN 编号贴在同一个面;
②标签应粘贴在包装件上托运人或收货人地址的附近;
③当有次要危险性标签时,应把它们粘贴在主要危险性标签附近;
④在要求贴"CARGO AIRCRAFT ONLY"(仅限货机)操作标签时,必须将其粘贴于邻近每个危险性标签的地方。

3 标签粘贴的数量

①放射性物品标签若带有一个或多个次要危险性标签,临界安全指数标签(如果适用)或"CARGO AIRCRAFT ONLY"(仅限货机)操作标签(如果适用)必须粘贴在包装件的两个相对侧面上;
②对于货箱,标签则粘贴在四个侧面的外边;
③对于钢瓶包装件,必须在正好相对的面粘贴两套标签。钢瓶的尺寸应使贴的两套标签互不重叠;
④对非常小的钢瓶包装件,如果两套标签可能重叠,则可只贴一套,但标签不得自身叠盖;
⑤如果使用硬的合成包装件应至少粘贴两套标签,标签必须粘贴在合成包装件相对的外侧面上;
⑥如果使用非硬质的合成包装件,至少在固定于合成包装件上的耐用挂签上粘贴一套标签。

八、放射性物质的运输文件

(一)托运人责任

(1) 填写托运人危险品申报单;
(2) 填写航空货运单;
(3) 保留一份托运人危险品申报单及相关运输文件,保留至少 3 个月。

(二)危险品申报单

对于放射性货物,各项信息必须严格按下列要求填写,如图 8.5 所示。

1 识别

步骤 1:UN 编号,冠以前缀"UN"。
步骤 2:运输专用名称。
步骤 3:类别号或项别号。

图 8.5　手工格式托运人申报单的填写形式

步骤 4：所有次要危险性类别和项别号必须填写在紧随主要危险性后的括号内。

步骤 5：对于有次要危险性的放射性物品，包装等级，前面应冠以"PG"（例如"PG Ⅱ"）。

2 包装的数量及类型

步骤 6：①每种放射性核素的名称或符号；②"其他形式"的放射性物质的物理和化学形式的描述，或物质是"特殊形式"放射性物质或低弥散物质（UN3332 和 UN3333 除外）的描述。

步骤 7：用包装件数量（相同类别和内装物）、包装件类别及贝克勒尔或其倍数表示的每个包装件内放射性物质的活度。若不同的单独放射性核素包装在一个外包装，应标出每一种放射性核素的放射性活度，"All Packed in One"（装在同一（包装件类型描述）内）的字样必须紧随有关条目，如图 8.6 所示。

UN or ID No.	Proper Shipping Name	Class or Division (Subsidiary Hazard)	Packing Group	Quantity and type of packing	Packing Inst.	Authorization
UN2915	RADIOACTIVE MATERIAL, TYPE A PACKAGE	7		Sr-90, METAL SOLID 1.48 GBq Am-241, METAL SOLID 74 MBq	Ⅱ-YELLOW TI 0.2 Dims (L)20x (W)20x (H)20 cm	
UN1845	CARBON DIOXIDE, SOLID	9		5 kg ALL PACKED IN ONE TYPE A PACKAGE	954	

图 8.6　填妥的申报单实例

步骤 8：当使用合成包装件时，"Overpack Used"的字样必须填入申报单，并紧随合成包装件所有相关条目之后。

3 包装说明

步骤 9：包装件、合成包装件或放射性专用货箱的级别，即"Ⅰ级-白色"或"Ⅱ级-黄色"或"Ⅲ级-黄色"；

步骤 10：主管当局签发的放射性物质运输批准文件的识别编码，以及这些文件随附申报单的声明：

（1）特殊形式批准证书；

（2）低弥散物质批准证书；

（3）B(U)或 B(M)型包装件设计批准证书；

（4）B(M)型包装件装运批准证书；

（5）C 型包装件设计批准证书和装运批准证书；

（6）裂变物质包装件设计批准证书；

（7）裂变物质包装件装运批准证书；

（8）特殊安排批准证书；

（9）其他相关的文件。

步骤 11：当货物需要进行专载运输时，应有"专载运输货物"的声明。

【实例】 UN2916，放射性物质，B(U)型包装件，放射性核素及表明是特殊形式放射物质：Iridium-192, Special Form；包装：1 Type B(U) package；活度：1.925 TBq；标签级别：Ⅲ级-黄色；运输指数：3.0；尺寸：30 cm×30 cm×40 cm。其危险品申报单如图 8.7 所示。

（三）航空货运单

当固体二氧化碳（干冰）用作第 7 类放射性物品例外包装件的制冷剂时，不需要托运人申报单，但必须在"Nature and Quantity of Goods"（货物性质和数量）一栏中说明干冰的详情。对于第 7 类放射性物品例外包装件，必须包含下述信息：

（1）托运人、收货人的姓名、地址；

（2）冠有"UN"前缀的 UN 编号；

（3）运输专用名称；

（4）如相关，每个主管当局证书的识别标记；

（5）包装件数（除非货物中仅含一个包装件）。

放射性物质例外包装件的货运单如图 8.8 所示。

图 8.7 放射性物质危险品申报单实例

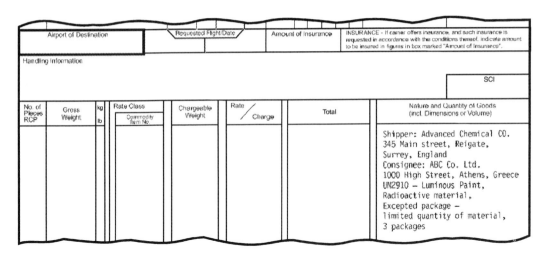

图8.8 放射性物质例外包装件的货运单

任务二 学习操作锂电池的航空运输

■ 导入案例

UPS(美国联合包裹运送服务公司)6号班机是从香港国际机场经过迪拜国际机场飞往德国科隆的定期班机。2010年9月3日,该航班由一架波音747-400F执飞,从迪拜国际机场起飞后不久因货舱失火,失去控制坠毁。机上两名机组人员全部死亡。

事故调查组在外围现场发现了一粒烧焦并炸裂的锂电池。据飞机货舱单显示,UPS6号班机装载了多达8100粒锂电池或含有锂电池的电子产品。而在飞行途中,由于装运问题,锂电池因挤压而起火,导致飞机操作困难,机组人员不得已只能采用自动驾驶来保持平衡。尽管这样,因火势越来越大而得不到控制,飞机最后还是在迪拜一个军事基地的附近坠毁,2名机组人员死亡。但是副驾驶在最后关头避开了迪拜的居民区,避免了更大的伤亡。

资料来源:人人文库网,有改动

一、锂电池的基础知识

(一)锂电池的相关术语和定义

(1)电池芯:由一个正极和一个负极组成且两个电极之间有电位差的单一的、封闭的电化学装置。

（2）电池：用电路连接在一起的两个或多个电池芯，并安装有使用所必须的装置，如外壳、电极端子、标记和保护装置等。

（3）锂金属电池芯或电池：以锂金属或锂合金作为阳极的电池芯或电池。锂金属芯或电池通常是不可充电的一次性电池。

（4）锂离子电池芯或电池：正负电极都没有金属锂，而是将离子态或类原子态锂嵌于正负极电极材料晶格中的电池芯或电池。锂离子电池芯或电池通常是可充电的二次电池。

（5）额定能量：由生产商公布的在规定条件下确定的电池芯或电池的能量值。额定能量的单位为瓦特小时（W·h）。

（6）标称电压：用以标明或识别电池芯或电池的电压的近似值。

（7）锂含量：锂金属或锂合金电池芯或电池阳极中锂的含量。

（8）充电宝：由锂电池芯或电池、相应的电路及外壳组合而成，主要功能是为其他设备提供稳定直流输出的动力源，且可由使用者随身携带的小型移动电源。

纽扣电池和电池组是指总高度小于直径的圆形小电池和电池组。

锂离子电池和电池组是指可再充电的电化学电池或电池组，其正、负电极都夹杂混合物（离子和准原子形态的锂与电极材料网格夹杂在一起），两个电极都没有金属锂。利用锂离子化学性质的锂聚合物电池和电池组在本书中当作锂离子电池和电池组处理。

（二）锂离子电池的特点

1 高能量密度

锂离子电池的重量是相同容量的镍镉电池或镍氢电池的一半，体积是镍镉电池的 40%—50%、镍氢电池的 20%—30%。

2 高电压

一个锂离子电池单体的工作电压为 3.7 V（平均值），相当于三个串联的镍镉或镍氢电池。

3 无污染

锂离子电池不含有镉、铅、汞之类的有害金属物质。

4 不含金属锂

不受禁止在客机携带锂电池等规定的限制。

5 循环寿命高

在正常条件下，锂离子电池的充放电周期可超过 500 次。

6 无记忆效应

记忆效应是指镍镉电池在充放电循环过程中,电池的容量减少的现象。锂离子电池不存在这种效应。

7 快速充电

使用额定电压为 4.2 V 的恒流恒压充电器可以使锂离子电池在一至两个小时内满充。

(三) 锂和锂电池的危险性

1 锂的危险性

锂电池的危险性取决于其所含的锂,锂金属属于 4.3 项危险品。锂是化学周期表上直径最小也最活泼的金属。体积小所以容量密度高,广受消费者和工程师的欢迎。但是化学特性太活泼,则带来了极高的危险性。

锂是一种特别容易发生反应的金属,外观呈银白色,非常柔软、可伸展,且易燃。其特性如下:

(1) 遇水或潮湿空气会释放易燃气体;

(2) 呈固体状态时,当温度超过其熔点 180 ℃时,可自燃;

(3) 呈粉末时,可在环境温度条件下燃烧;可导致严重灼伤及腐蚀。

由于锂金属活性非常高,一旦锂金属电池在运输过程中受到撞击,电池中的锂就会发生剧烈的反应产生大量的热,从而引燃周围的物质,引发火灾。

2 锂电池的危险性

在进行航空运输时,锂电池属于第 9 类危险品,主要危险性如下。

(1) 锂电池自身易燃。

锂离子电池中的钴酸锂在充电状态下容易高温分解,有导致电池爆炸、燃烧的风险。

锂金属电池中的锂是活泼的碱性金属,锂离子电池中的负极在充电后性质类似锂金属,在空气中会迅速氧化,可导致自燃,遇水剧烈反应放出氢气,有爆炸、燃烧的风险。

(2) 短路引发燃爆。

过度的充电、极高或极低的温度、操作错误或其他错误都有可能造成电池的短路,其危害直观地表现为三种:

①造成漏液,电池内部温度上升较慢时,外壳会逐渐熔化,保护层起不到保护的作用,导致有腐蚀性的电解液的泄漏。

②造成锂电池的自燃,由于锂电池的电解液是由易燃的混合溶剂构成的,当电池短路时,产生的火花将会瞬间点燃电解液,燃烧着的电解液会随后引燃塑料机身,导致锂电池的燃烧。

③造成爆炸,锂电池短路时,其内部温度会上升得较快从而导致其内部容纳不了体积过大的膨胀气体,锂电池容器会因压力过大而爆炸。

(3) 过度充电引发燃爆。

电池芯长期过充,锂电池在特殊的温度、湿度以及接触不良等情况或环境下可能瞬间放电产生大量电流,引发自燃或爆炸。过充后极片上到处都是针状锂金属结晶、刺穿点,会发生微短路。因此,电池温度会逐渐升高。最后高温将电解液气化。

不论是温度过高使材料燃烧爆炸,还是外壳先被撑破,空气进去与锂金属发生剧烈氧化,都是以爆炸收场。但是过充引发内部短路造成的爆炸,并不一定发生在充电的当时。有可能电池温度还未高到让材料燃烧、产生的气体也未足以撑破电池外壳时,消费者就终止充电,带手机出门。这时众多的微短路所产生的热量,使电池温度慢慢提高,经过一段时间后,电池才发生爆炸。

(4) 强制放电引发燃爆。

完全放电是指下述两种情况之一:原电池或电池组被放电到失去其标定电容量的100%;或可再充电的电池或电池组被放电到制造商给定的终端电压。强制放电,会造成电池体系破坏,此时电解液中的锂最容易被激发,从而造成危险。

(5) 中毒窒息。

锂金属电池中的亚硫酰氯有毒性、刺激性,有造成中毒、灼伤的风险。此外锂电池燃烧过程中也会产生氰化氢等毒性气体,有造成中毒窒息的风险。

(四) 锂电池相关的法律法规

(1) 联合国(UN)——《关于危险货物运输的建议书——试验和标准手册》;
(2) 国际民航组织(ICAO)——《危险物品安全航空运输技术细则》;
(3) 国际航空运输协会(IATA)——《危险品规则》;
(4) 中华人民共和国民用航空行业标准 MH/T 1030——《旅客和机组携带危险品的航空运输规范》、MH/T 1020—2018——《锂电池航空运输规范》。

二、锂电池航空运输限制要求

(一) 空运限制要求

(1) 电池须通过 UN 38.3 测试要求及 1.2 米的跌落包装试验。
(2) 托运人须提供危险品申报文件,标注 UN 编号。
(3) 外包装均须贴相应的标记和标签。
(4) 其设计应保证在正常运输条件下能防止爆裂,并配置有防止外部短路的有效措施。
(5) 有坚固的外包装。电池应被保护以防止短路,在同一包装内须预防与可引发短路的导电物质接触。
(6) 电池安装在设备中运输的额外要求:
①设备应进行固定以防止电池在包装内移动,包装的方式应防止电池在运输途中意外

启动。

②外包装应能够防水,或通过使用内衬(如塑料袋)的方式达到防水,除非设备本身的构造已经具备防水特性。

(7)锂电池应使用托盘装载,避免搬运过程受到强烈震动,托盘的各垂直和水平边使用护角保护。

(8)单个包装重量小于35 kg。

(9)航空公司操作注意:

①仅限全货机运输;

②锂电池空运信息须出现在机长通知单上;

③须增强机组意识,在紧急情况下的决策可能因此改变;

④告知第一到场人员货舱内电池的种类和数量;

⑤FAA(美国联邦航空管理局)要求锂电池应装载在飞机货舱等级为C级的货舱内,货舱内须有烟雾探测系统、报警系统、灭火系统。

(二)锂电池航空运输的 UN38.3 测试

为确保航空运输安全,并满足客户对含锂电池货物的运输需求,联合国根据国际航协《危险品规则》的相关规定,制定出可充电型锂电池测试,即 UN38.3(UNDOT)测试。

UN38.3 测试一共包括 8 个实验,分别是:

试验 T.1:高度模拟;

试验 T.2:温度试验;

试验 T.3:振动;

试验 T.4:冲击;

试验 T.5:外短路;

试验 T.6:撞击;

试验 T.7:过度充电;

试验 T.8:强制放电。

(三)禁止航空运输的锂电池

由于锂电池易于自燃,容易引发火灾、爆炸、中毒窒息等事故,必须要严格按照规范的要求进行航空运输。根据规范要求,在未经 UN38.3 测试,也未获得 A88 批准文件的情况下,任一特定型号的锂电池芯或锂电池,都不应进行航空运输。

IATA《锂电池航空运输指南(2013)》规定,禁止用客机运输装在设备中或与设备包装在一起的(不可再充电的)锂金属电池和电池芯(UN 3091),除非它们满足下列条件:

(1)设备、电池与电池芯是酌情按照包装说明 969 或 970 运输的;

(2)包装件所含的锂金属电池或电池芯数目不超过为拟供电设备供电所需的数目;

(3)每个电池芯在完全充电时,其锂含量不超过 5 克;

(4)每个电池在完全充电时,电池阳极的合计锂含量不超过 25 克;

(5)锂电池的净重不超过 5 千克(11 磅)。

三、锂电池航空运输方式

（一）锂电池作为货物运输的要求

航空运输是锂电池进出口贸易主要的运输途径，在进行航空运输时，锂电池的运输方式主要有三种：一是单独运输的锂电池或锂电池芯；二是与设备包装在一起；三是安装在设备中。

常见的运输情况中的一种是作为货物运输；另外一种在航空运输中最常见，即作为旅客的行李进行运输。

1 锂电池航空运输适用的 UN 编号和运输专用名称

锂电池作为货物运输时，被分在第 9 类——杂项危险品里，作为货物航空运输时，锂电池分为 6 种情况，UN 编号分别如下：

（1）UN3090，锂金属电池（Lithium metal batteries）；

（2）UN3480，锂离子电池（Lithium ion batteries）；

（3）UN3091，锂金属电池安装在设备中（Lithium metal batteries contained in equipment）；

（4）UN3091，锂金属电池与设备包装在一起（Lithium metal batteries packed with equipment）；

（5）UN3481，锂离子电池安装在设备中（Lithium ion batteries contained in equipment）；

（6）UN3481，锂离子电池与设备包装在一起（Lithium ion batteries packed with equipment）。

2 按包装说明 965—970 第Ⅰ节运输的锂电池的包装要求

锂电池作为货物运输时，除了应有适用的联合国的运输专用名称，还应该按照包装说明 965—970 的要求进行包装。其中按包装说明 965—970 第Ⅰ节（包括ⅠA 和ⅠB）运输的锂电池包装件，应符合 ICAO《危险物品安全航空运输技术细则》和 IATA《危险品规则》包装说明 965—970 第Ⅰ节的相关规定。

符合包装说明 965—970 第Ⅰ节锂电池的运输要求如表 8.5 所示。

表 8.5　符合包装说明 965—970 第Ⅰ节锂电池的运输要求

联合国编号和运输专用名称	锂离子电池			锂金属电池		
	UN3480 锂离子电池	UN3481 锂离子电池与设备包装在一起	UN3481 锂离子电池安装在设备中	UN3090 锂金属电池	UN3091 锂金属电池与设备包装在一起	UN3091 锂离子电池安装在设备中

续表

联合国编号和运输专用名称	锂离子电池			锂金属电池		
	UN3480 锂离子电池	UN3481 锂离子电池与设备包装在一起	UN3481 锂离子电池安装在设备中	UN3090 锂金属电池	UN3091 锂金属电池与设备包装在一起	UN3091 锂金属电池安装在设备中
包装说明	965 ⅠA / ⅠB	966	967	968 ⅠA / ⅠB	969	970
测试要求	— / 包装件1.2 m的跌落试验	—	—	— / 包装件1.2 m的跌落试验	—	—
	锂电池芯或电池 UN38.3 试验					
制造要求	电池芯或电池的制造应按照 TI2;9.3.1e 或 DGR3.9.2.6(e)规定的质量管理体系进行					
锂含量和额定能量限制	锂离子电池芯的额定能量超过20 W·h,锂离子电池的额定能量超过100 W·h	锂离子电池芯的额定能量不超过20 W·h,锂离子电池的额定能量不超过100 W·h,但每个包装件内电池芯或电池的个数及净数量超过了DGR表965Ⅱ允许的数量限制	锂离子电池芯的额定能量超过20 W·h,锂离子电池的额定能量超过100 W·h	锂金属电池芯的锂含量超过1 g,锂金属电池的锂含量超过2 g	锂金属电池芯的锂含量不超过1 g,锂金属电池的锂含量不超过2 g,但每个包装件内电池芯或电池的个数和净数量超过了DGR表968Ⅱ允许的数量限制	锂金属电池芯的锂含量超过1 g,锂金属电池的锂含量超过2 g
荷电状态	不应超过30%	—	—	—	—	—
包装规格	UN规格	—	UN规格	—	UN规格	—

续表

联合国编号和运输专用名称	锂离子电池				锂金属电池			
	UN3480 锂离子电池	UN3481 锂离子电池与设备包装在一起	UN3481 锂离子电池安装在设备中		UN3090 锂金属电池	UN3091 锂金属电池与设备包装在一起	UN3091 锂离子电池安装在设备中	
包装限量	客机禁运。每个包装件中锂电池芯或电池的净数量在货机上不超过35 kg	客机禁运。每个包装件中锂电池芯或电池的净数量在货机上不超过10 kg	每个包装件中锂电池芯或电池的净数量在客机上不超过5 kg，在货机上不超过35 kg	每个包装件中锂电池芯或电池的净数量在客机上不超过5 kg，在货机上不超过35 kg	客机禁运。每个包装件中锂电池芯或电池的净数量在货机上不超过35 kg	客机禁运。每个包装件中锂电池芯或电池的净数量在货机上不超过2.5 kg	每个包装件中锂电池芯或电池的净数量在客机上不超过5 kg，在货机上不超过35 kg	每个包装件中锂电池芯或电池的净数量在客机上不超过5 kg，在货机上不超过35 kg

符合包装说明965—970第Ⅰ节（包括ⅠA和ⅠB）要求运输的锂电池包装件，还应符合以下要求：

（1）锂电池芯和电池应装入能将电池芯或电池完全封装的内包装中，然后再放入坚固、结实的外包装内；应采取措施保护电池芯和电池，防止发生短路；

（2）UN规格包装应符合包装等级Ⅱ级的性能标准；

（3）包装说明969的ⅠA和包装说明968的ⅠA：质量为12 kg或更大的且具有耐冲撞坚固外壳的锂电池或此类电池组件，经始发国有关当局批准，可放在非UN规格的坚固外包装和保护封罩中进行运输；

（4）包装说明969的第Ⅰ部分要求，交付客机运输的锂金属电池芯和电池，应装入中层或外层硬金属包装中，并用不可燃、不导电的衬垫材料将锂金属电池芯和电池裹好，然后将其放入外包装内；

（5）设备应在外包装内得到固定以免发生位移，并配备防止发生意外启动的有效装置；

（6）按包装说明965的ⅠA或ⅠB准备的托运货物，每个集合包装只能放入1件符合包装说明965第Ⅱ节的包装件；按照包装说明968的ⅠA或ⅠB准备托运货物，每个集合包装也只能放入1件符合包装说明968第Ⅱ节的包装件；

（7）锂电池货物按照包装说明965第Ⅰ节和968第Ⅰ节准备时，不应与第1类（1.4S除外）、2.1项、第3类、4.1项和5.1项危险品货物放入同一外包装中；

（8）按包装说明965第Ⅰ节和968第Ⅰ节准备时，锂电池货物包装件不应与第1类（1.4S除外）、2.1项、第3类、4.1项和5.1项危险品包装件做成集合包装件。

3 按包装说明965—970第Ⅱ节运输的锂电池的包装要求

锂电池在作为货物运输时，除了用到符合包装说明965—970第Ⅰ节要求的锂电池包装件外,还会用到符合包装说明965—970第Ⅱ节要求的锂电池包装件。按包装说明965—970第Ⅱ节运输的锂电池包装件,应符合ICAO《危险品安全航空运输技术细则》和IATA《危险品规则》包装说明965—970第Ⅱ节的相关规定。这两份文件对锂电池的试验、制造、运输中的荷电状态,每一包装件的锂含量和额定能量限制、包装规格、包装限制等都提出了各自明确的要求,如表8.6所示。

表8.6 符合包装说明965—970第Ⅱ节锂电池的运输要求

联合国编号和运输专用名称	锂离子电池			锂金属电池		
	UN3480 锂离子电池	UN3481 锂离子电池与设备包装在一起	UN3481 锂离子电池安装在设备中	UN3090 锂金属电池	UN3091 锂金属电池与设备包装在一起	UN3091 锂离子电池安装在设备中
包装说明	965	966	967	968	969	970
测试要求	包装件1.2 m的跌落试验	—	—	包装件1.2 m的跌落试验	—	—
	锂电池芯或电池UN38.3试验					
制造要求	电池芯或电池的制造应按照TI2;9.3.1e或DGR3.9.2.6(e)规定的质量管理体系进行					
锂含量和额定能量限制	锂离子电池芯的额定能量不超过20 W·h,锂离子电池的额定能量不超过100 W·h			锂金属电池芯的锂含量不超过1g,锂金属电池的锂含量不超过2 g		
荷电状态	不应超过30%	—	—	—	—	—
包装规格	可使用非UN规格包装,外包装应坚固、结实,适用的类型为圆形桶、方形桶、箱。					
包装限量	客机禁运。若锂电池芯或锂电池的能量不超过2.7 W·h;个数不限,每个包装件中锂电池芯或电池净数量	每个包装件中锂电池芯或电池的净数量在客机和货机上不超过5 kg	每个包装件内锂电池芯或电池的净数量在客机上不超过5 kg	客机禁运。若锂电池芯或电池的锂含量不超过0.3 g;个数不限,每个包装件中锂电池芯或电池的净数量不超过2.5 kg;若	每个包装件内锂电池芯或电池的净数量在客机和货机上不超过5 kg,同时每个包装件内电池芯或电池的个数不超过设备	每个包装件内锂电池芯或电池的净数量在客机和货机上不超过5 kg

联合国编号和运输专用名称	锂离子电池			锂金属电池		
	UN3480 锂离子电池	UN3481 锂离子电池与设备包装在一起	UN3481 锂离子电池安装在设备中	UN3090 锂金属电池	UN3091 锂金属电池与设备包装在一起	UN3091 锂离子电池安装在设备中
包装限量	不超过 2.5 kg;若锂电池芯的能量超过 2.7 W·h 但不超过 20 W·h,每个包装件最多 8 块电池芯,净数量不限;若锂电池的能量超过 2.7 W·h 但不超过 100 W·h,每个包装件最多 2 块电池,净数量不限。以上数量不应合并用于同一个包装件	的个数不超过设备运行所需的电池数量加上 2 块备用电池		锂电池芯的锂含量超过 0.3 g 但不超过 1 g;每个包装件最多 8 块电池芯,净数量不限;若锂电池的锂含量超过 0.3 g 但不超过 2 g;每个包装件最多 2 块电池,净数量不限。以上数量不应合并用于同一个包装件	运行所需的电池数量加上 2 块备用电池	

符合包装说明 965—970 第Ⅱ节除遵循以上相关运输的运输限制要求外,还应符合:

(1) 锂电池芯和电池应装入能将电池芯或电池完全封装的内包装中,然后再放入坚固、结实的外包装;应采取措施保护电池芯和电池,防止发生短路。

(2) 除安装在设备中的情况外,每个包装件均应能够承受任何方向的 1.2 m 跌落试验,而不损坏包装件内的锂电池芯或电池;未改变包装件内装物的位置以致锂电池芯之间或锂电池之间互相接触;没有内装物自包装件中漏出。

(3) 除安装在设备中的情况外,电池芯和电池应置于可完全封闭的内包装中,且实际采用的包装应与进行 1.2 m 跌落试验所使用的包装一致。

(4) 设备应在外包装内得到固定以免发生移动,并配备防止发生意外启动的有效装置。

(5) 除非安装电池的设备已经对电池提供了等效保护,否则,设备应装在由合适材料制成的坚固的外包装内,材料的强度和设计应与包装容量和用途相符。

(6) 射频识别技术(RFID)标签、手表和温度记录仪等无法产生危险热量的装置,在故意激活状态下可以运输。

(7) 在任何一票货物中,符合包装说明 965 第Ⅱ节要求的锂离子电池(UN3480)货物包装件和/或集合包装件不应超过 1 件。

(8) 每个集合包装件都应符合包装说明 965 第Ⅱ节对锂离子电池(UN3480)货物包装件的要求。每个按包装说明 965 第ⅠA 或ⅠB 节准备的集合包装只能放入 1 件符合包装说明 965 第Ⅱ节要求的包装件。

(9) 符合包装说明 965 第Ⅱ节要求的锂离子电池包装件和集合包装,应与非危险品货物分开交付给经营人,并且在交付给经营人之前不应装入集装器。

(10) 第(7)—(9)条要求也适用于符合包装说明 965 第Ⅱ节要求的锂离子电池(UN3480)托运货物。

(11) 锂电池货物按照包装说明 965 第Ⅱ节和 968 第Ⅱ节准备时,不应与第 1 类(1.4S 除外)、2.1 项、第 3 类、4.1 项和 5.1 项危险品货物放入同一外包装中,也不能做成合成包装件。

4 锂电池包装件的标记和标签

符合包装说明 965—970 第Ⅰ节和第Ⅱ节要求运输的锂电池包装件的标记和标签的不同点包括以下方面。

(1) 粘贴基本标记不同。

符合包装说明 965—970 第Ⅰ节要求的锂电池包装件的标记应包括托运人和收货人全称和地址,以及 UN 编号和运输专用名称,如图 8.9 所示。

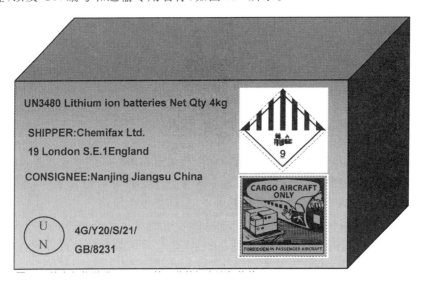

图 8.9 符合包装说明 965—970 第Ⅰ节要求的锂电池包装件

而符合包装说明 965—970 第Ⅱ节要求的锂电池包装件只需要在锂电池标记上添 UN 编号。

(2) 粘贴附加标记、标签不同。

符合包装说明965—970第Ⅰ节要求的锂电池包装件应粘贴第9类锂电池危险性标签、"仅限货机"标签(如适用)。

按照包装说明965和968第ⅠB部分要求运输的包装件还应有填写完整的锂电池标记,如图8.10所示。

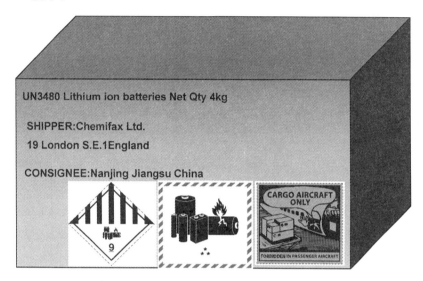

图8.10　符合包装说明965和968第ⅠB部分要求的锂电池包装件

符合包装说明965—970第Ⅱ节要求的锂电池包装件,应粘贴填写完整的大小合适的锂电池标记、"仅限货机"标签(如适用),如图8.11所示。

图8.11　符合包装说明965—970第Ⅱ节要求的锂电池包装件

只有以下两种情况中,符合包装说明965—970第Ⅱ节要求的锂电池包装件可不贴锂电池标记:

①包装件仅含有装在设备(包括线路板)中的纽扣电池;

②每一票货运单托运货物的包装件数不超过两件,并且每个包装件中仅有不超过四个电池芯或不超过两个电池。

合成包装件标记和标签粘贴应同样符合上述规则。

【问题】　包装件内装有1个笔记本电脑,1个锂离子电池和2个锂金属纽扣电池芯被安装在电脑中。在这种情况下这个包装件是否需要粘贴"锂电池"操作标签?

【解答】 在这种情况下这个包装件是不需要粘贴"锂电池"操作标签的。此时,锂离子电池中的电池芯数量不计算在4个电池芯的限制中,因为交运的是安装在设备中的电池。

5 锂电池的运输文件

符合包装说明965—970第Ⅰ节要求的锂电池包装件应填写托运人危险品申报单(见图8.12)、收运检查单、机长通知单等。运输UN3480时,危险品申报单的附加操作说明栏内应注明交运的锂电池芯或锂电池的荷电状态不超过其额定容量的30%。

UN or ID No.	Proper Shipping Name	Class or Division (Subsidiary Hazard)	Packing Group	Quantity and type of packing	Authorization
UN 3480	Lithium ion batteries	9		1 Fibreboard box × 5.5 kg	965 IB

图8.12 锂电池危险品申报单(节选)

在运输符合包装说明965—970第Ⅱ节要求的锂电池包装件时,托运人不必填写托运人危险品申报单,如使用航空货运单(见图8.13),应注明锂电池符合相应包装说明第Ⅱ节的要求。

对于锂电池安装在设备中运输的,如果包装件上未粘贴有锂电池标记,航空货运单上可不注明。运输UN3480时,航空货运单上应注明交运的锂电池芯或锂电池的荷电状态不超过其额定容量的30%。

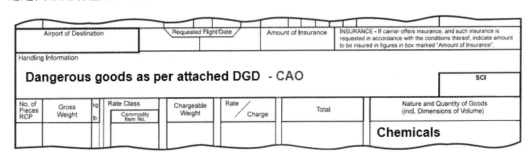

图8.13 航空货运单(节选)

(二)锂电池作为行李运输的要求

1 作为行李运输的锂电池

(1)仅限旅客和机组人员为个人自用目的所携带。

(2)由锂电池驱动的小型含锂电池设备,主要包括:

①便携式电子设备(PED);

②便携式电子吸烟装置;

③便携式电子医疗设备(PMED);

④电动轮椅或类似的代步工具;

⑤保密型设备。

(3)设备所需的备用锂电池(含充电宝)。

2 锂电池的运输限制

《锂电池航空运输规范》(MH/T 1020—2018)对作为行李运输的含锂电池设备和备用锂电池的锂含量、额定能量、每人携带数量、行李类型、保护措施、是否通知机长等都作出了明确规定和限制。

(三)锂电池的安全检查

旅客携带含锂电池设备和备用电池登机时,安检人员应检查其是否符合相关规定要求,尤其是判断锂电池的额定能量/锂含量是否超过携带标准,以及是否需要经营人批准。

$$额定能量(W \cdot h) = 额定容量(Ah) \times 标称电压(V)$$

【例题】 一个充电宝的额定容量为 1600 mAh,标称电压为 3.7 V,该充电宝的额定能量是多少?旅客可以携带登机吗?需要经营人批准吗?

【解答】 额定容量为 $1600/1000 = 1.6$ Ah

充电宝的额定能量 = 额定容量 × 标称电压 = 1.6 Ah × 3.7 V = 5.92 W·h < 100 W·h

因此旅客可以携带登机,不需要经营人批准。

(四)锂电池事故的处理

1 潜在危险

(1)火灾或爆炸。

锂离子电池如果损坏或遭到不当处理(物理损伤或电荷过载),其中的易燃液态电解质可能会泄漏、燃烧,而且在温度高于150 ℃时会产生火花。该类物质可能闪燃,可能会引燃临近的其他电池。

(2)健康。

电池的电解液会刺激皮肤、眼睛和体内黏膜。燃烧可产生刺激性、腐蚀性和/或有毒的气体。电池燃烧后可能产生有毒的氟化氢气体。烟气可能导致头晕或窒息。

(3)公众安全。

出现公众安全问题时,首先拨打货运单或随附应急文件上应急处置电话,如果无法获得电话或无人接听,可以拨打当地应急机构的救援电话。立即在泄漏区四周至少隔离23米,撤离无关人员,停留在上风口。不得进入地势低洼的区域。

2 锂电池货物地面事故的处置措施

在机场运输过程中,一旦发生锂电池的起火/冒烟事件,可采用以下处理措施。

(1) 立即疏散无关人员到安全地点。

(2) 在保障安全的前提下,应通过察看包装的标记、标签或采用其他方法确定燃烧的锂电池种类。

(3) 拨打火警电话并逐级报告,隔离周围未起火的电池或其他物品。

可使用以下灭火器材和灭火措施进行灭火。

① 锂离子电池起火可用干粉、二氧化碳、水或泡沫灭火剂灭火;锂金属电池起火可用干粉灭火剂、石灰或干沙灭火,切记不可用水或泡沫灭火剂灭火。

② 明火熄灭后,观察火情,锂离子电池应用大量的水降温,锂金属电池应用干粉、石灰或沙子完全覆盖,防止复燃。

3 客舱内锂电池事故应急处置措施

可用于灭火的设备和防护设备有以下几类:

(1) 防护设备:防护式呼吸保护装置、防火手套等。

(2) 灭火和冷却物品:碳酸饮料、茶水、咖啡、果汁等。

(3) 防止火势蔓延物品:湿毛毯、湿枕头等。

(4) 冷却或移动相关物品的容器:机供品箱、冰桶、垃圾箱、餐车等。

(5) 隔热防护用品:湿毛巾等。

客舱内锂电池起火/冒烟时,应按照以下步骤应急处理:

(1) 查明原因,明确信息。

(2) 报告情况,保持联络。

(3) 切断电源(适用时)。

(4) 实施灭火处置。

(5) 冷却降温。

(6) 移动和监控。

(7) 落地后处置。

4 驾驶舱内锂电池事故应急处置措施

锂电池燃烧时会释放大量的烟雾和刺激性气体,飞行机组应遵循相关手册要求做好自身防护,驾驶舱内对锂电池或含锂电池设备实施灭火时应使用海伦灭火瓶。注意避开飞行仪表区域,或使用适当方式对飞行仪表区域进行保护。

5 货舱内锂电池事故应急处置措施

当机上载有锂电池货物时,无论是否明确火警是锂电池燃烧引起的,都要将相关情况报告地面相关部门,请求着陆后的地面应急处置救援。

如飞行机组人员需进入货舱确认火源和火情,应在无烟区佩戴好防护式呼吸保护装置、防火手套和其他必要护具,携带手电、灭火瓶等应急设备后,方可进入货舱。飞机着陆后,机组人员需通知地面人员,在所有机上人员撤离且消防等地面救援到位后,才能打开货舱门。

✈ 任务实施

结合所学内容,分小组完成任务。任选一个含锂电池的物品,桌面演练航空运输过程,并进行紧急事件处置。

✈ 任务评价

任务实施检测表如表 8.7 所示。

表 8.7 任务实施检测表

考核内容	分值	自评分	小组评分	教师评分	实得分
分析物品所含锂电池的性质特征	20				
根据锂电池的性质确定航空运输方式(行李运输/货物运输)	40				
锂电池的事故处理	30				
各角色配合流畅	10				
总分	100				

任务三　会操作危险品类航材的运输

■ 导入案例

2009 年春运期间,中国南方航空集团有限公司(简称南航)从广州运往全国各地的危险品航材超过 300 kg,同比增长 300%。

由于危险品航材的特殊性,其收运、仓储、地面运送、装卸机的全过程都必须执行严格的规定和要求。南航货运严格执行《货物运输手册》和《危险品运输手册》的规定,对危险品航材的运输实行专人全程跟踪指导,确保危险品航材的安全运输。

春运期间,南航货运各单位克服时间紧、任务重、人手紧缺等不利因素,保障了大量危险品航材的运输,使每一票危险品航材都能安全、及时运达目的地,有力地保障了南航的春运工作。

来源:民航资源网,有改动

知识讲解

危险品类航材是一种特殊的航材,因为其危险性隐蔽等特点往往使得从业人员在工作中容易犯错导致严重的事故。

一、危险品航材的基础知识

(一) 危险品航材的定义

航材的全称是航空器材,是指用于航空器的动力装置、螺旋桨、机械设备、零部件和其他航空材料等,主要用于维护和修理飞机、发动机等。并不是所有的航材都具有危险性。只有符合《技术细则》对危险品的定义的航材才被称为危险品航材。

(二) 危险品航材的特点

(1) 危险品航材种类"由少变多"。

大部分的航材本身都不是危险品,但由于很多航材的使用会用到燃油、滑油、液压油,而燃油、滑油、液压油属于第 3 类易燃液体。所以,当这些航材使用了这些油品时就变成了危险品,所以这些航材的运输、使用、储存都必须按照危险品的要求来。由于很多航材都会用到这些油品,这样一来,本身较少的种类会增多。而且这还会导致某航材有时候是危险品有时候又不是危险品。例如上述的情况,如果将这类航材中的油全部放掉,并且经过专业的清洗烘干,这类航材又会变回非危险品。所以,这些情况增加了从业人员的识别难度。

(2) 危险品航材识别难。

除了上述因为种类增多而导致从业人员的识别难度增加以外,危险品航材的运输专用名称也会导致识别难度增加。每一种危险品都有一个运输专用名称,这个名称是英文的,而且与它的商品名称、技术名称和化学名称不一样。而我们在生产生活中往往听到的比较多的是商品名称和化学名称。这使得单从名称上难以识别。

同时,某些航材的内部结构是非常复杂的,可能因为内部的一个部件,让整个航材变成危险品。比如救生筏能在危急时刻瞬间充气,就是因为里面含有自动充气装置和气体发生器,而这个气体发生器就属于第 2 类气体中的第 2 项非易燃无毒气体。这种复杂的构造使得从业人员必须有一定的专业知识才能正确识别危险品航材。

(3) 危险品航材通常含有隐性危险品。

通常来说,飞机的零备件和飞机设备中可能含有一些隐性危险品。例如可能含有爆炸品(如飞机在海上迫降时需要的照明弹或其他烟火信号弹)、化学氧气发生器、不能使用的轮胎组件、压缩气(氧气、二氧化碳、氮气或灭火器)钢瓶、油漆、黏合剂、气溶胶、救生用品、急救包、设备中的燃料、湿电池或锂电池、火柴等。

二、危险品航材的分类

近年来随着人们安全意识的不断增强，危险品航材的运输管理逐渐受到重视。危险品航材作为经营人物质的一类，它的运输与商用危险品有所不同。首先风险不同，由于危险品航材是由经营人控制与使用的，危险属性都基本确定，出现恶意瞒报的风险较小；其次危险品属性相对比较集中，危险品分为九类，而危险品航材的危险属性主要集中在不易燃无毒气体、腐蚀性物质与杂项物质；再次航空公司在运输过程中充当的角色不同，在商用危险品的航空运输中，航空公司充当的是经营人的角色，而在危险品航材的运输中，航空公司既充当托运人的角色又充当经营人的角色；最后是对于航空公司的迫切性不同，由于航材的及时供应对于航空公司自身的运行是必不可少的，相对于以取酬为目的的商用危险品的运输，航空公司运输危险品航材的迫切性要远甚于运输商用危险品。

从图 8.14 可以看出，飞机在执行航班任务时，很多的航材都属于危险品航材。许多航材涉及《技术细则》的危险品清单中列明和根据《技术细则》进行分类的物品或物质。常见的危险品航材有爆炸帽、灭火瓶、航空氧气瓶、罐装压缩气体、油脂、油漆、燃油、氧气发生器、电瓶、除冰液、发动机、飞机辅助动力装置、滑梯、救生筏、燃油调节组件等。下面详细地介绍航空公司常用的危险品航材的分类情况。

（一）2.2 项　非易燃无毒气体

1　灭火瓶（Fire-extinguishant bottle）

包括飞机上各个区域和各种功能用途的灭火瓶，UN1044，包装说明代号为 213。若灭火瓶包含爆炸帽，只要爆炸帽所含炸药（分类为 UN0323）量不超过 3.2 克，灭火瓶仍然分类为 2.2 项危险品（非易燃无毒气体）；爆炸帽单独运输按照 UN0323 要求，包装说明按 PI:134 操作，DGR 无详细包装要求，只要求包装在坚实的外包装内，需要防止在运输中被触发（例如应安装爆炸帽保护盖）。对此类航材运输包装建议尽量使用原包装，如果没有原包装，必须使用坚固的外包装箱，瓶体和包装箱间的空间必须用衬垫材料（海绵或者发泡材料）填满，使瓶体在运输的时候不能在包装箱内自由移动。

2　航空氧气瓶（Air gaseous oxygen bottle）

飞机上共有两套供氧系统，供飞行机组人员使用的供氧系统的氧气来源为氧气瓶。氧气瓶在使用时，按 UN1072 和包装说明 200 操作；包装要求简述：同灭火瓶相比，增加瓶体测试周期要求（如果没有其他相关的更严格要求，DGR 的最低要求测试周期是 10 年）；增加瓶体清洁处理要求，要求瓶体和包装材料都不允许沾油。对于所有压缩气体，工作压力都不允许超过测试压力的 2/3，如果瓶体有释压装置或者保险锁销，一定要确保其处于完好状态，并安装应有的安全锁销。

3　罐装压缩气体（Cartridge-pressured gas）

罐装压缩气体是指通过加压方式储存在密封罐中的气体，如便携式氧气瓶中的氧

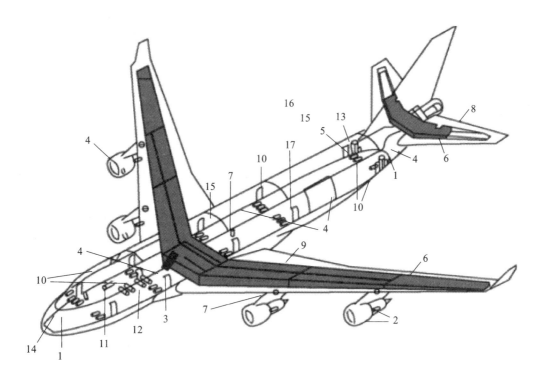

图 8.14　飞机上的危险品

注:①飞机电池;②发动机滑油(仅作为危险性废物);③逃生滑梯/救生筏(所有登机门/选装的救生阀);④灭火瓶(APU,发动机,低部货舱,卫生间废品容器);⑤灭火器(乘务员位,储藏室,厨房等);⑥燃油;⑦储压器里的液压油(仅作为废物);⑧铀(贫化,用于配平);⑨爆破装置(翼上逃生出口);⑩便携式气体氧气瓶;⑪机组系统气体氧气瓶;⑫旅客系统气体氧气瓶(标准配置);⑬氧气发生器(选装:每个PSU;标准配置:每一乘务员位和厕所);⑭排雨剂;⑮制冷剂(位于每个厨房);⑯防烟面罩;⑰氚指示标(过道和应急出口)。

气等。

(二) 第 3 类　易燃液体

航班上,易燃液体比较多,主要包括:

(1) 部分溶解剂(Solvent);

(2) 部分油脂(Grease oil);

(3) 燃油(Fuel);

(4) 洗涤剂(Cleaning agent)(具体的定性依据厂家提供的 MSDS);

(5) 油漆(Paint)。

对于各类油漆、胶等化工品,因为涉及判断具体油漆等的危险性是易燃或者是腐蚀或者两者兼有,并且包装等级是Ⅰ、Ⅱ、Ⅲ级之一,各个具体类别的组合很多,需要根据危险品表具体查明 UN 编号后,根据 DGR 查找包装说明代号。

目前中国民航局运输司使用的Ⅰ、Ⅱ型除冰液不属于民航危险品,运输时候只要求包装达到液体物品的正常包装要求就可以。但是目前的运输实践情况不同,例如在北京运输的时候,收货方(国航和 BGS)要求去 DGM 做产品特性鉴定。如果运输需要必须提前在 DGM 做鉴定,则获得鉴定报告后方可运输。

（三）第5类 氧化剂

1 AB 胶（Ab bond）

AB 胶是两液混合硬化胶的别称，一液是本胶，一液是硬化剂，两液相混才能硬化，是不靠温度来硬应熟成的，所以是常温硬化胶的一种。

A 组分是丙烯酸改性环氧树脂或环氧树脂，或含有催化剂及其他助剂，B 组分是改性胺或其他硬化剂，或含有催化剂及其他助剂，按一定比例混合。催化剂可以控制固化时间，其他助剂可以控制性能（如黏度、刚性、柔性、黏合性等等）。市场上所售 AB 胶性能在配方上已经确定，一般改变不大。若要有较大的改变，需要向生产厂家提出定做。

改性丙烯酸、改性环氧树脂或环氧树脂胶黏剂具有快干特性，A、B 混合后，25 ℃ 时 5 分钟即干透，温度越高干透时间越短。可以黏结塑料与塑料、塑料与金属、金属与金属，黏结后需采用刀具或热熔分离的方法进行分离。

2 化学氧气发生器

化学氧气发生器包括 PBE 和包含在 PSU 中的氧气发生器，其中 PBE 简称为防烟面罩，运输专用名称为 Oxygen generator，Chemical，UN3356，包装说明代号 523。包装要求简述：一般来说，化学氧气发生器仅限货机运输（PBE 按照 A144 特殊规定用客机运输除外）；包装必须进行严格的 1.8 米跌落测试；包装必须有两种以上防止启动装置被意外触发的防护措施，其中保险销（非启动销）可以作为第一种防护措施，原包装的坚固罐体（由铁等材料制成）可以作为第二种防护措施；如果多个化学氧气发生器装在一个包装件内运输，必须保证如果一个化学氧气发生器被触发，不会引起其他的氧气发生器被触发，包装材料不会着火，整个包装件的外表面温度不会超过 100 ℃。对此类器材运输，目前无满足包装要求的包装设计能力的航空公司，一定要保留和使用原包装进行运输（陆运）。

注：A111 特殊规定，禁止运输已经过期的、不能使用的或者使用过的化学氧气发生器。A144 特殊规定：PBE 必须是可用的并且封装在制造商生产的原始、未打开过的内包装内（即真空密封包装和防护容器）；PBE 必须由航空经营人和其代表来办理托运，目的是按照适航和运行规则的要求，替换已经失效或者被使用的 PBE；每一个包装内最多装两个 PBE；需要在托运人危险品申报单和包装上的运输专用名称旁边注明：符合特殊规定 A144 的机组人员呼吸保护设备。并且使用客机运输时候不能粘贴 CAO 标签。

3 氧气面罩（Oxygen mask）

旅客的供氧系统是旅客座椅上方的下落式氧气面罩。飞行在遇到紧急情况时，需要拉下氧气面罩供氧。而且，其实氧气面罩并不是连接一个带有开关阀门的氧气瓶供氧，而是通过化学氧气发生器制氧，利用化学物质燃烧后释放的氧气作为供应源，任何除氧气之外的化学物质都被面具过滤掉，直到化学物质全部燃烧殆尽才停止。

(四)第 8 类 腐蚀性物品

1 电瓶(电池)(Battery)

(1)含酸性电解液的蓄电池 Batteries,Wet,Filled with acid,UN2794,包装说明代号 800。包装要求简述:包装必须满足Ⅱ级包装的性能标准,包装必须有强度足够的酸/碱防护衬里,内包装可以用两层塑料袋来增加防漏性能。包装必须密封,防止电池破损时电解液溢出。必须粘贴向上标签指示操作方向;必须要防止电池短路,对电池两极使用绝缘材料进行包裹,电池必须牢牢固定在包装件内。外包装可以使用的材料为胶合板、塑料、木材、合成木材、纤维板等。每个包装件的限量为:飞机电池毛重 100 千克/包装件(按照 A51 特殊规定),普通非飞机电池蓄电池毛重 30 千克/包装件。

(2)含碱性电解液的蓄电池 Batteries,Wet,Filled with alkali,UN2795,其他的同酸性蓄电池。

(3)不易漏电解液的蓄电池(湿电池)Batteries,Wet,Non-spillable,UN2800,第 8 类,包装说明代号 806。不易漏电解液蓄电池包装的时候只要注意绝缘两极,防止短路即可;要求将电池牢固包装在结实的外包装内,并用衬垫材料防止电池在包装内发生移动。如果满足包装说明代号 806 的规定并且满足 A67 特殊规定:在 55 ℃时电解液不会流出破裂的外壳,则不属于危险品。

(4)ELT,紧急定位发射装置(含锂金属的电池,目前很多含锂电池的应急设备都可以使用此 UN 编号运输,比如飞行记录仪等)Life-saving appliances,Not self-inflating,UN30729,包装说明代号 905。包装要求简述:必须装在坚固的外包装中以防止意外触发,除救生衣外(救生船)必须置于内包装中,以防止发生移动。对此类器材包装没有 UN 规格包装的限制。ELT 开关旋钮必须置于"OFF"状态,并且有防止运输中旋钮拨回"ON"的防护装置。内包装可以使用两层塑料袋以增加安全性(如果 ELT 里的锂金属电池拆下单独运输,它的 UN 编号是 UN3090,运输专用名称为 Lithium metal batteries 第 9 类,包装说明代号 968)。

(5)各类干电池(包括碱锰、锌碳、镍金属氧化物、镍镉电池等)都属于 DGR 不受限制物品,但包装的时候必须注意要做好两极防护,避免短路。

2 消毒剂(Disinfector)

人们也常称消毒剂为化学消毒剂。消毒剂按照其作用的水平可分为灭菌剂、高效消毒剂、中效消毒剂、低效消毒剂。灭菌剂可杀灭一切微生物使其达到灭菌要求,包括甲醛、戊二醛、环氧乙烷、过氧乙酸、过氧化氢、二氧化氯、氯气、硫酸铜、生石灰、乙醇等。

3 胶粘剂

粘剂工业突飞猛进的发展,为社会提供了许多新胶种,同时也给环境带来了新的污染问题。胶粘剂的环保问题主要是对环境的污染和人体健康的危害,这是胶粘剂中的有害物质,如挥发性有机化合物、有毒的固化剂、增塑剂、稀释剂以及其他助剂、有害的填料等所造成的。

很多胶粘剂中都不同程度地存在着对环境污染的潜在因素,只有清楚地了解其中的污染物类型及危害,才能设法消除与预防。胶粘剂中的有害物质主要是苯、甲苯、甲醛、甲醇、苯乙烯、三氯甲烷、四氯化碳、1,2-二氯乙烷、甲苯二异氰酸酯、间苯二胺、磷酸三甲酚酯、乙二胺、二甲基苯胺、防老剂D、煤焦油、石棉粉、石英粉等。

(五) 第 9 类 杂项危险品

1 飞机发动机(Engine)

APU engines,Internal combustion,Flammable gas powered,UN3166,包装说明代号900。包装要求简述:要求其中的燃油系统中的燃油被排空,并尽量密封住液体燃油管线。其他的满足一般包装要求即可,比如用塑料薄膜封盖。A70 特殊规定:单独运输内燃机时,如果它的油箱从来没有装过燃料,整个燃料系统是空的,那么不属于 DGR 限制的范围,可以不作危险品运输。如果按照不受限制物品运输,必须在货运单上注明"NOT RESTRICTED"字样。

2 飞机辅助动力装置(APU)

飞机辅助动力装置是指航空器上主动力装置(发动机)之外可独立压缩空气或供电的小型辅助动力装置。

3 减震支柱(Shockmount)

减震支柱是指航空器起落架减震系统中起到减震效果的重要组成部分。

4 燃油泵(Fuel pump)

燃油泵是指飞机供油系统中控制油量的装置。

5 燃油调节组件(Fuel control assy)

燃油调节组件是指调节发动机燃油的组件。

6 飞机紧急滑梯(Aircraft emergency slide)

飞机紧急滑梯是指紧急情况下使用的逃生通道。

7 救生衣(Life vest),救生筏(Life raft)

救生衣是指飞机上救护生命的服装,能反光并能在水中提供一定浮力,有充气式、脖挂式等;救生筏是指供水上救生用的无自航能力的舟具。

8 紧急定位发射装置(Elt-emergency locator transmitter)

救生衣、救生筏(包括飞机撤离充气滑梯和某些充气飞机救生设备)Life-saving appliances,Self-inflating,UN2990,包装说明代号905,如表8.8所示。包装要求简述:必须装在坚固的外包装中以防止意外触发,除救生衣(救生筏)外必须置于内包装中,以防止发生移动。对此类器材包装没有UN规格包装的限制。

在第9类危险品航材中,有很多属于带油航材(Dangerous goods in apparatus),包括燃油控制组件、燃油泵、带燃油的动力控制组件、燃油热交换器等。在DGR中编号UN3363,包装说明代号916。包装要求简述:必须尽可能地清空燃料系统部件(旧的要求是清空燃油至倒置的情况下残油下滴不再呈线状,并打开部件所有开口,在通风处放置6小时,让燃油充分挥发,新的DGR没有此项要求),并牢固密封所有开孔。有足够的吸附材料,能吸收清空后可能残余的最大量液体;在外包装未采用液体密封的情况下,必须采用防漏密封衬里、塑料袋或者其他有效方式,防止在出现液体泄漏的情况下,液体溢出外包装;外包装必须结实;无UN规格包装的包装要求。

另外有些航材的危险性情况比较复杂,识别困难,例如飞机轮胎的识别,可查阅DGR特殊规定A59。已充气的轮胎组件属于危险品,分类为2.2项,暂无UN编号及运输专用名称。但是,轮胎组件在满足下列条件时可以按照非限制性物品运输:

(1)符合适航标准的可使用的轮胎组件,且轮胎的充气压力未超过最大额定充气压力,并具有保护措施以防止其(包括阀门组件)在运输过程中被损坏;

(2)已放掉气体的不可使用的或破损的轮胎组件。

下列条件的轮胎组件禁止空运:

(1)其轮胎的充气压力已超过最大额定压力的任何轮胎组件;

(2)未放掉气体的不可使用的或破损的轮胎组件。

除此之外还有火警探测器,现在很多民航客机都安装了火灾自动报警系统,常见的火警探测器里面含有少量的放射性物质,作为制成品的火警探测器本身运输时要求申报为放射性物品的例外包装件。考虑到目前北京对于放射性物品的监管要求,中国民航局运输司没有明文规定放射性物品存储、使用等的资质,在北京机场无法以放射性物品例外包装件进行进出口运输。在国内运输时候,使用结实坚固的包装就可以,用来防止运输时候内装物品受到挤压等发生破裂。另外尽量使用原包装。将来可以进出口运输的时候运输专用名称为Radioactive material,Excepted package-instruments,UN2911。

表8.8 常见危险品航材索引

品 名	UN编号	类 别	包装说明
滑梯	UN2990	9	905
氧气瓶	UN1072	2.2(5.1)	200
救生筏	UN2990	9	905
灭火瓶	UN1044	2.2	213
发动机	UN3166	9	900
油漆	UN1263	3	302、305、309
化学氧气发生器	UN3356	5.1	523
救生衣	UN2990	9	905
救生包	UN2990	9	905

三、危险品航材的运输管理

国内对危险品航材类物品,尚未形成规范的、明确的检查方法和检查流程,因此在实际检查中经常遇见由于航材介于危险品与非危险品之间,导致出现无法及时运输或出现不安全事件的情况。

2008年10月,在南航某航材部门送修氧气面罩(件号为E1R124-25,内含化学氧气发生器)的过程中,由于:(1)从该航材的外观和品名上无法判别其是否为危险品;(2)当时的M&E系统并未显示该件号为危险品,又没有该件号的MSDS文件,于是送修人员将其错误地按照非危险品类航材发往美国,被美国有关部门发现,受到经济处罚,并严重影响公司声誉。FAA(美国联邦航空管理局)也于2008年11月就此事致函该公司领导。我国南航还曾在送美国维修一件燃油调节器时,因未对其进行放油处理,导致器材中残留的燃油渗漏,造成一起未申报危险品事故,为此南航被FAA处以1万美元的罚款。

由此可以看出部分航空公司在危险品航材的识别、入库、存放、标识以及出库发运等环节的工作程序不完善;个别危险品航材没有物质安全数据表,M&E系统中个别已立卡的危险品件号没有UN编码;个别员工对危险品的识别能力欠缺,业务技能有待提高。由于危险品航材的管理既要符合危险品有关规定的要求,又要满足飞机正常维护的需要,具有很强的专业性,技术难度大,安全责任大,关系到航空公司的飞行保障能力,处理不好会直接影响航空公司的正常运营和飞行安全。那么如何做好危险品类航材的运输、储存、使用,是摆在危险品类航材管理人员面前的重要课题。下面详细介绍危险品航材的储存、运输等内容。

(一)危险品航材的储存

1 危险品航材库的要求

危险品航材应存放于危险品专用的仓库或是局方认可的指定区域,与其他仓库或区域有明显的分隔,和普通航材分开存放。按其危险性的不同类别、项别分别放置在不同的区域中。

库区内有醒目的标志,工作场所张贴有危险品标签识别图,便于工作人员识别危险品标签。

库区应具备如下条件:通风良好,无阳光直射,远离各种热源,夏季温度不宜过高;消防设备完善,消防器材齐备;离其他货物较远,出事故时便于迅速抢运出库。

危险品专用的仓库由消防部门和安全生产监督部门批准许可。

危险品仓库内外明显位置应有应急电话号码。危险物品仓库内还应配备必要的报警设施。

危险品仓库的每一库房必须有相应的通风设施,以有效地消除危险物品散发出的化学物品气味。

根据消防部门要求,危险品仓库应配备个人专用防护用品,如防护服、防毒面具、工作帽、橡皮手套等。危险品仓库必须保证稳定水源及一定数量的各类灭火瓶,以确保在发生意外时,能够及时采取措施。

2 不同类别危险品航材储存的要求

对于存放第 7 类放射性物质的仓库,其墙壁及仓库大门必须在一定程度上具有降低放射性物质辐射水平的功能。

带有液体(如燃油)的器材以及气动部件的所有出入口都应封闭,应使用堵盖将连接口封严再装入塑料包中,将此件包一圈包好,然后用海绵包装或泡沫塑料上下左右再包装一次,以防受到碰撞。

氧气面罩和呼吸管应用塑料包包装,避免变形,而且要存放在凉爽干燥的区域,远离任何油液及油脂。

机轮和轮胎应竖立存放,最好存放在带空调的仓库内。轮胎必须充气并且按照维护手册进行维护。

作动连杆和驱动轴的两端应使用塑料箔加以保护。它们应该存放在瓦楞纸板上或者类似的软材料上,以避免受到来自贮存架及邻近设备的外部损伤。

镍镉电池应该存放在干燥、充分通风的仓库内,还必须和铅酸电池及其他部件分开存放。

氧气瓶应当包装于可以预防放电及刮伤的软性材料中,最后用纸箱或木箱装钉好(一般保持原始付给包装),并在外包装箱贴上向上标签及标记,还须存放在泡沫橡胶或类似的材料上,贮存货架不应有锋利边缘,并且应避免互相接触,须与油脂、涂抹了油脂或润滑油的部件分开存放;搬运时应避免擦损。便携式氧气设备仅在贮存及运输时可以用袋子来进行包裹。

灭火器应当包在塑料箔中并存放在容器中。灭火器可以和已引爆的爆炸帽一起存放,其出口应用合适的盖子盖好。未引爆的爆炸帽应按照当地或国际的有关 C 等级易爆物的规定进行贮存和装运。

减震支柱在存放时应完全压缩,无任何充气压力。应将其加好油,并且保护其免受损伤。裸露金属部位应当根据有关的翻修手册进行保护以使其免受腐蚀。

可充气救生筏、救生衣以及滑梯应当存放在黑暗、干燥的区域;为了延长贮存时间,还应存放在无臭氧区域。如有要求,滑梯的气瓶应当分开存放。

用于救生筏和逃生滑梯的压力气瓶,如果要求分开存放,则应当使用专门容器来存放和装运,存放场所不应有腐蚀性蒸气存在。压力气瓶在存放时应去除触发索。瓶子的出口阀应用盖子盖好。

油液、油脂、溶解剂和清洁剂必须存放在其原有的容器中,并分别标上以下内容:件号、名称、批号、规格说明。并确保容器不会倾斜、翻倒、翻滚或跌落。

(二) 危险品航材的出入库的管理

1 收料和入库

在装有危险品的包装件、合成包装件和装有放射性物质的专用货箱进入库区之前,应当检查其是否有泄漏和破损的迹象。泄漏或破损的包装件、合成包装件或专用货箱不得进入库区。

任何包装件,如果发生泄漏或损坏,必须根据公司、机场和政府的程序妥善处理。如果放射性物质或感染性物质泄漏,应通知相应的国家行业主管部门。

库房管理员(收料人员)应根据待收料航材包装上的标记、标签把危险品航材和普通航材隔离存放;并按照不同类别危险品的隔离要求对性质相抵触的危险品按照 2 米距离隔离存放。

库房管理员对危险品航材进行收料检查时应遵守危险品器材操作原则,对于各类有保险装置或者压力释放装置的航材要特别检查其保险装置是否完好。

库房管理员打开包装的时候尽量不要破坏原包装,如果原包装完好,尽量采用原包装上架位。

危险品航材上架位进行库房存储时要遵守隔离原则,存放危险品航材的架位要与普通航材隔离,化工品存放在化工品库。

航材入库流程如图 8.15 所示。

2 退料和退库

机务人员将旧件退回库房时,库房管理员需要对旧件进行检查。查询公司软件系统定义和危险品网站上"危险品清单",确认旧件是否属于危险品,属于哪一类危险品航材。在挂签上"危险品"处打"×",并写明属于哪一类危险品航材及 UN 编号。

(1)带油航材。

如果是带油的航材,对于所有危险清单中的危险品,机务人员拆下旧件后,需要将里面的油放掉(倒置时流出来不能呈线状),用堵头堵好所有的接头,拧紧堵头后,才可以退库。

退库时,航材库房发料组人员需要检查此航材里的油是否放掉(倒置时流出来不能呈线状),航材表面是否擦干净,如果里面的油还呈线状向外流,机务人员必须重新进行放油后才能退库,当里面的油不呈线状向外流时,发料组人员将此件接收入库。

库房发料组人员接收入库后,必须通知库房包装组或相关值班员将此航材放油口打开,再放油 6 小时(视情)。

库房发料组人员进行危险品识别,UN 编号为 3363。将 UN 编号标在挂签上,并在挂签上"危险品"处打"×"。

包装规范如下。

①包装材料:木箱、纸箱、海绵、塑料薄膜。

②包装步骤:

a. 确认放油时间达到 6 小时(视情);

b. 将器材装入透明的塑料薄膜中,并使用封口机封口;

c. 在外包装(木箱或纸箱)中放入一层塑料薄膜,再放入海绵或牛皮纸作吸附材料和衬垫材料(注意:放入的吸附材料应能吸干剩余的所有油液);

d. 将封口后的器材放入其中;

e. 用衬垫材料将器材固定,令其不晃动。将木箱扣紧或用胶带将纸箱封好。

(2)发动机和 APU。

对于所有 APU 和发动机,机务人员拆下旧件后,需要将油管和油箱里面的油放掉,用

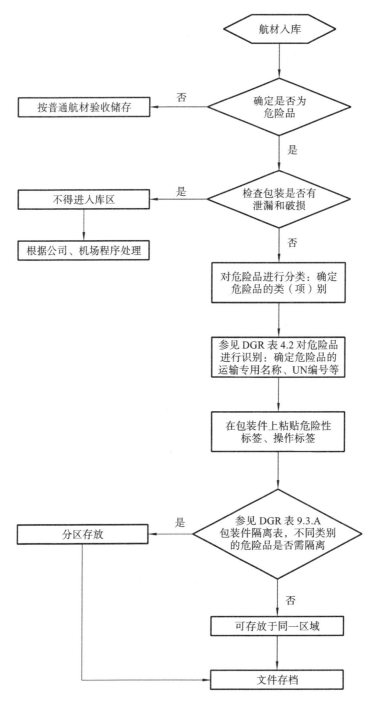

图 8.15 危险品航材入库流程

堵头堵好所有的接头并拧紧,才可以退库。退库时,航材库房发料组人员需要检查所有堵头是否堵好,如果全部堵好,并确定没有油液流出,发料组人员将此件接收入库。

库房发料组人员进行危险品识别,UN 编号为 3166,将 UN 编号标在挂签上,并在挂签上"危险品"处打"×"。

包装规范如下。

①使用原包装箱；

②用塑料薄膜将 APU 或发动机包好；

③在箱底放入一层塑料薄膜,再放入海绵或牛皮纸作吸附材料和衬垫材料(注意:放入的吸附材料应能吸干剩余的所有油液)；

④用发泡衬垫将货物固定,扣紧包装箱。

对于使用运输托架裸装的发动机,必须用塑料薄膜包装完好后才能运输。按照第9类危险品进行标识和标签；按照要求进行危险品运输申报。

（3）压力容器和救生设备。

对于所有压力容器(包含在救生艇、救生衣、应急逃离滑梯等),机务人员拆下的不可用件退库后,航材库房人员需要将氧气瓶里面的氧气放掉,对于可以放掉氮气的气瓶要将氮气放掉(大于 50 psi 小于 100 psi)。

库房发料组人员进行危险品识别,UN 编号如下:自动充气的救生设备为 UN2990；氧气瓶为 UN1072；灭火瓶为 UN1044。将 UN 编号标在挂签上,并在挂签上"危险品"处打"×"。

包装规范如下。

①包装材料:木箱或者符合要求的纤维板箱、海绵、发泡材料。

②包装步骤：

a. 检查确认各个要求的保险销扣已经按照要求扣好；

b. 定做木箱或者使用合格的纤维板箱；

③将海绵或发泡衬垫放入木箱中；

④将器材放入其中固定,令其不晃动,将木箱扣紧；

⑤按照危险品进行标识、标签；

⑥按照危险品进行运输申报。

（4）氧化剂。

对于氧化剂:包括 PBE、带有氧气发生器的 PSU 等。

机务人员拆下旧件,需按照维护手册中的规定对 PSU 上的氧气发生器安装保险销。对 PBE 等含有氧化剂的航材应轻拿轻放,放入航材库房危险品包装区域。

对于拆掉氧气发生器的 PSU 按非危险品正常运输。

库房发料组人员进行危险品识别,UN 编号为 UN3356。将 UN 编号标在挂签上,并在挂签上"危险品"处打"×"。

包装规范如下。

①包装材料:木箱、海绵。

②包装步骤：

a. 检查氧气发生器上是否已经扣上保险销,如果没有,应通知机务人员打上保险；

b. 定做合格的木箱或者使用原包装箱；

c. 在箱中装入海绵；

d. 放入航材,用海绵固定,令其不晃动,扣紧木箱。

按照《危险品规则》中的规定粘贴合适的标识和标签,填开危险品托运人申报单申报运输。

满足运输规定的 PBE 可以用客机运输；带有氧气发生器的 PSU 只能用货机运输,上述包装规定如果没有使用厂家原包装,仅限车辆陆运。

(5)腐蚀品和易燃液体。

腐蚀品主要指飞机电瓶中的电解液,常用电瓶主要有以下几类:

①充有酸性电解液的电瓶:属于第8类危险品,UN编号为2794;

②充有碱性电解液的电瓶:属于第8类危险品,UN编号为2795;

③有液体但不外溢的电瓶:属于第8类危险品,UN编号为2800。

库房发料组人员进行危险品识别,UN编号为UN2794/2795/2800。将UN编号标在挂签上,并在挂签上"危险品"处打"×"。

包装规范如下。

①包装材料:UN规格木箱、纤维板箱、海绵。

②包装步骤:

a.定做木箱;

b.将海绵放入木箱中;

c.将航材放入其中,用海绵固定,令其不晃动;

d.将木箱扣紧,并在正对的两面分别贴"包装件方向"标签。

e.按照规定粘贴标记、标签后填开托运人危险品申报单托运。

易燃液体主要包含清漆UN2931、清洗剂UN1139、电瓶(酸性)UN2794、电瓶(碱性)UN2795、油漆(易燃)UN1263、油漆(腐蚀性)UN3066航材。

易燃液体包装规范如下。

①包装材料:UN规格木箱、纤维板箱、不易燃烧海绵;

②不允许使用单一包装,必须使用组合包装,至少有内、外两层包装和吸附材料;

③按照规定贴标记、标签(包括"包装件方向"标签)后填开托运人危险品申报单托运。

3 危险品航材的托运

在进行危险品航材托运时,重要的环节在于危险品航材的识别,避免将危险品航材按普通航材进行运输,引发不安全事故。另外在进行托运的时候还要注意的一个问题就是航空公司危险品运输批准许可的确认。航空公司的航材一般都是航空公司自行运输,但是对于危险品航材的运输还须确认危险品航材的类别和项别是否在航空公司运输许可范围内,如果不在运输许可范围内,要通过其他运输方式或者是其他航空公司的航班进行运输。

危险品航材的托运流程如图8.16所示。

任务实施

结合所学内容,分小组完成任务。

(1)放射性物质的概念、分类和相关文件填写;

(2)锂电池的基础知识、运输限制要求和相关文件填写;

(3)危险品类航材的基础知识、分类和运输管理方法。

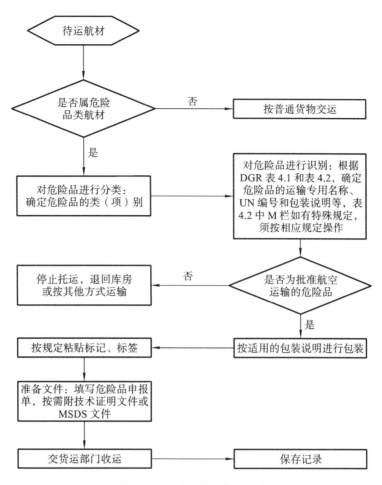

图 8.16 危险品航材托运流程

任务评价

任务实施检测表如表 8.9 所示。

表 8.9 任务实施检测表

考核内容	分值	自评分	小组评分	教师评分	实得分
放射性物质的基本概念、分类和相关文件填写	40				
锂电池的基础知识、运输限制要求和相关文件填写	30				
危险品航材的基础知识、分类和运输管理方法	30				
总分	100				

民航危险品运输思政

福岛核事故是迄今全球发生的严重核事故之一,造成大量放射性物质泄漏,对海洋环境、食品安全和人类健康产生了深远影响。国际原子能机构专家组评估报告明确指出,如果福岛核电站含氚废水排入海洋,将对周边国家海洋环境和公众健康造成影响,同时现有经过处理的废水中仍含有其他放射性核素,需进一步净化处理。联合国原子能辐射效应科学委员会也在报告中提出,福岛核电站事故核废水对海洋生态环境的影响需持续跟踪观察。东京电力公司此前表示,经过处理,核废水当中的绝大部分放射性元素都可以清除,但是"氚"没有办法清除。他们会把废水里氚的浓度稀释到日本国家标准的1/40,不会对海洋造成污染。但此前媒体披露,即使经过处理,污水中也不可能只含有"氚",里面还有碳-14、钴-60、锶-90等放射性物质残留。德国海洋科学研究机构指出,福岛沿岸拥有世界上最强的洋流,从排放之日起57天内,放射性物质将扩散至太平洋大半区域,10年后蔓延全球海域。绿色和平组织核专家指出,日核废水所含碳-14在数千年内都存在危险,并可能造成基因损害。

职业启示:民航危险品运输工作与各类危险品息息相关,民航危险品运输一线员工在工作中需尤其注意放射性物质,它不仅关系到个人的安全,也和国家财产和人民安全密不可分。我们要时刻秉持严肃认真的工作作风,培养良好的职业素养,建立国家安全意识,坚决捍卫国家和人民生命财产安全。

项目学习效果综合测试

一、选择题

1. 满足包装说明967的第Ⅱ部分要求的与设备安装在一起的锂离子电池是否需要危险品申报单?(   )

   A.需要　　　　　B.不需要　　　　C.可有可无

2. 满足包装说明968的第Ⅱ部分要求的锂金属电池,其包装件外应粘贴(   )。

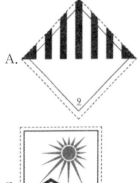

3. 下列哪些属于航空禁运的锂电池？（　　　）

A. 存在安全缺陷或已经损坏的　　　B. 因安全原因被制造商召回的

C. 未通过 UN38.3 测试的　　　　　D. 加以保护防止短路的

二、思考题

1. 一个锂离子电池的额定电压为 7.4 V，额定容量为 4400 mA，请计算它的额定能量。

2. 禁止运输的锂电池有哪些？

3. 如何对电池进行有效的防短路保护？

4. 航空运输锂电池的形式有哪几种？

三、完成任务

任务标题	项目八　航空运输特殊危险品		
工种	危险品运输专员	工作区域	
工时	30 分钟		
任务描述	1. 对放射性危险品进行包装和准备运输文件，不仅是为了保护货物的价值不受损失，而且也是为了防止放射性物质在运输过程中，对人员和其他物品等产生辐射核污染。 2. 限制锂电池航空运输的条件，是为了保证航空运输的安全。		
任务要求	1. 能对放射性物质进行分类、识别、包装、做标记、贴标签和准备其运输文件； 2. 能准确对锂电池进行分类、识别、包装、做标记、贴标签和准备其运输文件。		
实训室"6S"管理要求	1. 实训桌台面整洁，不放置与本实训任务无关的物品； 2. 工具、配件摆放整齐； 3. 保证工具、物料、设备齐全，数量足够； 4. 安全用电，规范操作。		

所用物料：				清点者签字		组长签字	
类别	名称	规格型号	单位	数量			
第1—9类危险品危险性标签							
民航危险品操作性标签							

续表

所用物料：					清点者签字	组长签字
类别	名称	规格型号	单位	数量		
UN规格包装箱						
限量包装箱						
DGR手册						

对放射性物质、锂电池进行包装、加标记、贴标签过程

操作过程中遇到的困难及解决方法

实训心得体会

本次实训任务组内分工情况					
姓名					
分工					

考核评价意见及得分（满分100分）		
组内自评	组间互评（注明执行评价工作的小组班级和组号）	教师评价
合计		

班级：_____ 组号：_____ 小组成员签字：_____

项目九 处置民航危险品运输紧急情况

知识目标

1. 了解危险品运输检查的基本要求。
2. 掌握危险品事故和事件的含义。
3. 了解第1—9类危险品事故的应急处理要求。
4. 了解常见急救措施。

技能目标

1. 能对第1—9类危险品事故进行紧急情况处理。
2. 熟练运用三类应急响应程序。
3. 对危险品事故案例有一定的分析能力。

思政目标

1. 在实操环节注意处置程序的细节,培养安全责任意识。
2. 秉持空防安全无小事的原则,争做一名合格的民航货运员。

■ 导入案例

2018年5月3日,随着SC4077烟台至台北航班顺利起飞,山航货运部迈出了运输干冰作为制冷剂货物的第一步,实现了低危危险品运输从0到1的突破。

据悉,山航年初计划开始承运低危危险品货物,山航货运部为此做了充分准备。4月16日,山航《关于低风险商业危险品运输的通告》发布并试验运行,确定以烟台为试点,开始收运以干冰作为制冷剂的货物。山航烟台货运对此类货物的包装检查、货单信息收录、收运检查单、特种货物机长通知单的填写和货物的存储、分舱以及出库等环节逐项梳理,多次进行收运、装机以及应急处理演练和验证,确保各岗位人员熟练掌握运输要求。

来源:民航资源网,有改动

知识讲解

在危险品事件发生时,货运人员应根据事件的具体情况采取有效的措施,尽量把危害、损失控制在最低限度内。发生危险品事件,应在安全距离范围立即设立隔离区域,严禁无关人员靠近。破损的危险品包装件不得装入飞机或集装器,已经装入飞机或集装器的破损包装件,必须卸下,并要检查同一批货物的其他包装件是否有相似的损坏情况,将破损情况通知托运人或收货人,未经货运部门主管领导和技术主管部门同意,该包装件不得运输。毒性物质和感染性物质、放射性物质必须待专业人员到来进行处理。

任务一 掌握 DGR 对紧急情况处置的要求

一、危险品事故和事件

1 危险品事故

危险品事故指与危险品航空运输有关联,致人死亡或造成严重人身伤害或财产损失的事故。

2 危险品事件

危险品事件不同于危险品事故,但与危险品航空运输有关联。它不一定发生在航空器上,但造成人员受伤、财产损失、起火、破损、溢出、液体或放射性物质渗漏或包装未能保持完好的其他情况。其他与危险品运输有关并严重危及航空器或机上人员的事件也被视为危险品事件。

二、危险品事故和事件的报告

当发生危险品事故和事件时,必须按照主管当局的要求向经营人所在的国家的主管当局和发生的事故和事件所在的国家主管当局进行报告。

(一)危险品事故和事件报告规定

事件信息收集分为紧急事件报告和非紧急事件报告,实行分类管理。

1 报告在我国境内发生的事件的相关规定

(1)紧急事件发生后,事发相关单位应当立即通过电话向事发地监管局报告事件信息(空管单位向所属地监管局报告);监管局在收到事件信息后,应当立即报告所属民航地区管理局;地区管理局在收到事件信息后,应当立即报告民航局民用航空安全信息主管部门;

(2)紧急事件发生后,事发相关单位应当在 12 小时内,按规范如实填报民用航空安全信息报告表,主报事发地监管局,抄报事发地民航地区管理局、所属地监管局及地区管理局;

(3)非紧急事件发生后,事发相关单位(外国航空公司除外)应当参照事件样例在 48

小时内,按规范如实填报民用航空安全信息报告表,主报事发地监管局,抄报事发地民航地区管理局、所属地监管局及地区管理局。

2 报告在我国境外发生的事件的相关规定

(1)紧急事件发生后,事发相关单位应当立即通过电话向所属地监管局报告事件信息;监管局在收到事件信息后,应当立即报告给所属民航地区管理局;地区管理局在收到事件信息后,应当立即报告民航局民用航空安全信息主管部门;

(2)紧急事件发生后,事发相关单位应当在24小时内,按规范如实填报民用航空安全信息报告表,主报所属地监管局,抄报所属民航地区管理局;

(3)非紧急事件发生后,事发相关单位应当在48小时内,按规范如实填报民用航空安全信息报告表,主报所属地监管局,抄报所属民航地区管理局。

(二)未申报或误报的危险品的报告

当经营人在货物中发现任何危险品未被申报或申报有误,必须及时向经营人所在国的主管当局和事故发生所在国的主管当局报告。当在旅客行李中发现了不允许携带的危险品时,也必须及时向事故所在国的主管当局报告。

(三)关于危险品的事故和事件的报告程序

危险物品发生事故或事件(包括在货物中发现夹带有未申报或误报的危险品以及在旅客行李中发现DGR2.3中禁止携带的危险品)时,经营人必须及时向政府主管当局报告,并执行以下程序。

(1)如果可能,应获取以下信息:
①日期、时间、地点、航空器和航班号(机上或是在航班结束后发现时);
②旅客、机组人员的姓名、住址;
③涉及的危险品数量、种类、UN编码、运输专用名称;
④涉及的危险品容器、材料、体积、标识、标签、泄漏地点的描述,可能的情况下附照片;
⑤举报人和证人的姓名、住址。

(2)事件发生后须立即向航空公司SOC、危险品管理部门、航空安全监察部门和主管业务部门报告;公司在6小时内至少以口头方式向局方报告上述信息。

(3)局方批准前不得包装,也不得向经营人和收货人交付所含物品。

(4)将上述信息整理成书面材料,并向航空公司安全监察管理机构报送复印件。根据事件和事故性质,航空公司在《民用航空安全信息管理规定》(CCAR-396)规定的时限内向局方提交以下书面报告。

①飞行事故信息的报告。

飞行事故发生后,事发相关单位应当立即向民航局和事发地民航地区管理局报告事故信息;在事故发生后12小时内,事发单位向局方填报民用航空飞行不安全事件初始报告表。事发地民航地区管理局应当在事发后24小时内将审核后的初始报告表上报民航局。事发单位不能因为信息不全而推迟上报民用航空飞行不安全事件初始报告表;在上报民用航空飞行不安全事件初始报告表后如果获得新的信息,应当及时补充报告。

②航空地面事故信息的报告。

航空地面事故发生后,事发相关单位应当立即向事发地民航地区管理局报告事故信息。在事故发生后 12 小时内,事发单位向局方填报民用航空地面不安全事件初始报告表;事发地民航地区管理局应当在事发后 24 小时内将审核后的初始报告表上报民航局。事发单位上报航空地面事故初始报告表后如果获得新的信息,应当及时补充报告。

③飞行事故征候信息的报告。

飞行事故征候发生后,事发相关单位应当尽快向事发地民航地区管理局报告事故征候信息。在事故发生后 24 小时内,事发单位向局方填报民用航空飞行不安全事件初始报告表;事发地民航地区管理局应当在事发后 48 小时内将审核后的初始报告表上报民航局。

④其他不安全事件信息的报告。

其他不安全事件发生后,应当尽快向事发地民航地区管理局报告。如果发生的是飞行不安全事件,事发单位应当于事发后 24 小时内向事发地民航地区管理局填报民用航空飞行不安全事件初始报告表;如果发生的是航空地面不安全事件,应当于事发后 24 小时内向事发地民航地区管理局填报民用航空地面不安全事件初始报告表。事发地民航地区管理局应当在事发后 48 小时内将审核后的初始报告表上报民航局。

(5)保存好记录并等待进一步调查通知。

(四)关于飞机发生事故或事件的通告

(1)载运危险品的航空器发生危险品事故或事件时,飞行机组立即按照《机上危险物品事故应急处理指南》要求,向事故发生地所在国当局空管部门和航空公司 SOC 发出通告,通告内容包括危险品的运输专用名称及 UN 编号、危险品的类别和次要危险性、第 1 类危险品的配装组、包装等级及包装件数量和机上位置。同时,必须尽快将机上危险品的信息提供给处理机载危险品的应急服务机构,该信息应与向机长提供的书面资料(NOTOC)相同。飞机落地后,机长应为地面事故调查和救援组织提供 NOTOC。

(2)载运危险品的航空器发生事件时,如有要求,航空公司必须立即将机上危险品的信息提供给处理机载危险品的应急服务机构和事件发生地所在国当局,该信息应与向机长提供的书面资料(NOTOC)相同。

(3)载运危险物品在国内发生严重事故时,一旦机场或机上发生或可能发生危险品的严重事故,除了积极地采取应急措施之外,还必须立即向本单位的上级主管部门(如航空公司的运行控制中心、值班经理等)报告。并应根据事故的性质和严重程度酌情向如下部门报告:机场方面、机场公安局、机场消防部门、卫检、动植检部门。有关部门的电话号码应醒目地贴在仓库、办公室及作业现场以备急用。

 任务二 处置九类危险品紧急情况

在事件发生时,货运人员应根据事件的具体情况采取有效的措施,尽量把危害、损失控制在最低限度。危险品事件发生后,应立即在安全距离范围设立隔离区域,严禁无关人员靠近。破损的危险品包装件不得装入飞机或集装器,已经装入飞机或集装器的破损包装件,必须卸下,并要检查同一批货物的其他包装件是否有相似的损坏情况,将破损情况通知托运人或收货人。未经货运部门主管领导和技术主管部门同意,该包装件不得运输。毒性物质和感染性物质、放射性物质必须待专业人员到来进行处理。

对于急需中转运输的危险物品,如果包装件破损,应拍发电报通知第一经营人支付更换包装的全部费用,得到该经营人的确认后,按照经营人的指示处理。处理破损危险品和危险品事故时所使用的工具等应由专业技术部门进行处理。如人员受到污染或损害,应:

(1) 进行紧急包扎或冲淋。
(2) 通知防疫和急救部门。
(3) 若情况紧急,应立即送往医院急救。

若飞机或集装器(包括拖斗)被污染或损害,应:

(1) 立即通知机长,飞机不得起飞,同时,通知航空公司 SOC,启动紧急程序。
(2) 装卸部门关闭被污染的舱门,以防污染扩散。
(3) 由专业机构对飞机污染进行清除,直至确保不会再对航空公司员工以及旅客健康造成危害。
(4) 在航空公司运行控制部门通告飞机适航前,不得进行商务操作。

不同类别的危险品,因其自身的危险特性和反应特性不一样,处理方法也不一样,现在详细叙述如下。

一、第 1 类　爆炸品

1 进行无火花操作

进行爆炸品作业时,要进行无火花操作。在地面作业时,应轻装轻放,切勿震动、撞击,以防引起爆炸。不得猛力敲打。机械工具应有防火装置。

2 收运后发现包装件破损

(1) 破损包装件不得装入飞机或集装器。
(2) 已经装入飞机或集装器的破损包装件,必须卸下。
(3) 检查同一批货物的其他包装件是否有相似的损坏情况。
(4) 破损包装件附近严禁烟火。
(5) 将破损包装件及时转移到安全地点,并立即通知货运部门进行事故调查和处理。
(6) 通知托运人或收货人。未经货运部门主管领导和技术主管部门同意,该包装件不得运输。

3 发生火灾并可能危及爆炸品包装件

(1) 立即报火警,并说明现场存在爆炸品以及爆炸品的分类和数量。
(2) 报火警时,说明现场所备有的消防器材。
(3) 将爆炸品包装件抢运到安全距离之外。

4 散漏处理

(1) 这里所指的散漏处理是对运输的某一环节而言的,在危险品的运送作业已经完成后,对运送作业环境,如货舱、车厢或仓库内的危险品残余物的处理。

(2) 对爆炸品的散漏物,应及时用水润湿,撒以锯末或棉絮等松软物品,轻轻收集并保持相当湿度,报请消防人员或公安部门处理。

5 注意事项

(1) 对于1.4项的爆炸品包装件,除了含卤素灭火剂的灭火器之外,所有灭火器均可以使用。对于在特殊情况下运输的1.1、1.2、1.3或1.5项爆炸品,应由政府主管部门预先指定可使用的灭火器的种类。

(2) 属于1.4S配装组的爆炸品,发生事故时,其爆炸和喷射波及范围很小,不会妨碍在附近采取消防或其他应急措施。

(3) 对于1.4S配装组之外的1.4项爆炸品,外部明火难以引起其包装件内装物品的瞬时爆炸。

二、第 2 类 气体

1 收运后发现包装损坏,或有气味,或有气体逸漏迹象

(1) 破损包装件不得装入飞机或集装器。

(2) 已经装入飞机或集装器的破损包装件,必须卸下。

(3) 检查同一批货物的其他包装件是否有相似的损坏情况。

(4) 包装件有逸漏迹象时,人员应避免在附近吸入漏出气体。如果易燃气体或非易燃气体包装件在库房内或在室内发生逸漏,必须打开所有门窗,使空气充分流通。然后由专业人员将其移至室外。如果毒性气体包装件发生逸漏,应由戴防毒面具的专业人员处理。

(5) 在易燃气体破损包装件附近,不准吸烟,严禁任何明火,不得开启任何电器开关,任何机动车辆不得靠近。

(6) 通知货运主管部门进行事故调查和处理。

(7) 通知托运人或收货人。未经货运部门主管领导和技术主管部门同意,该包装件不得运输。

2 发生火灾并可能危及易燃气体或毒性气体包装件

(1) 立即报火警,说明现场有易燃气体或毒性气体包装件存在。

(2) 报火警时,说明现场所备有的消防器材。

(3) 将气体包装件抢运到安全距离之外。

3 注意事项

(1) 装有深冷液体的非压力包装件,如在开口处有少量的气体逸出,放出可见蒸气并在包装附近形成较低温度,属正常现象,不应看作事故。包装件可按DGR的要求装载。

(2) 在漏气包装件附近因吸入气体而出现中毒症状的人员,应立即送往医疗部门急救。

三、第 3 类　易燃液体

1　收运之后发现包装件漏损

(1) 漏损包装件不得装入飞机和集装器。
(2) 已经装入飞机或集装器的漏损包装件,必须卸下。
(3) 检查同一批货物的其他包装件是否有相似的损坏情况。
(4) 在漏损包装件附近,不准吸烟,严禁任何明火,不得开启任何电器开关。
(5) 如果库房内或机舱内有易燃液体漏出,应通知消防部门,并应清除掉漏出的易燃液体。在机舱被清理干净之前,飞机不准起飞。
(6) 将漏损包装件移至室外,通知货运部门和技术部门主管领导进行事故调查和处理。
(7) 通知托运人或收货人。未经货运部门和技术部门主管领导同意,该包装件不得运输。

2　发生火灾并可能危及易燃液体包装件

(1) 立即报火警,说明现场有易燃液体包装件存在,并应进一步具体说明其性质(包括易燃液体的 UN 或 ID 编号、运输专用名称、包装等级等)及数量。
(2) 报火警时,说明现场所备有的消防器材。
(3) 将易燃液体包装件抢运到安全距离之外。

四、第 4 类　易燃固体、易自燃物质、遇水放出易燃气体的物质

1　破损

(1) 在破损包装件附近,不准吸烟,严禁任何明火;
(2) 使所有热源远离破损的包装件;
(3) 对于遇水燃烧物品的破损包装件,应该避免与水接触,用防水帆布盖好。

2　发生火灾并可能危及本类危险物品包装件

(1) 值班经理立即报火警,说明现场有易燃固体(或易自燃物质或遇水释放易燃气体的物质)包装件存在,并应进一步具体说明其性质(包括其 UN 或 ID 编号、运输专用名称、包装等级等)及数量;
(2) 报火警时,说明现场所备有的消防器材;
(3) 在安全前提下,现场操作人员将此类危险品包装件抢运到安全距离之外。

3 注意事项

如果包装件自身起火,所使用的灭火剂不得与内装物品的性质相抵触。对于第4.3项遇水释放易燃气体的物质的包装件,不准用水灭火而应按照消防部门根据危险品性质指示的方法灭火。

五、第5类 氧化剂和有机过氧化物

1 收运后发现包装件漏损

(1)漏损包装件不得装入飞机或集装器。
(2)已经装入飞机或集装器的漏损包装件,必须卸下。
(3)检查同一批货物的其他包装件是否有相似的损坏情况。
(4)在漏损包装件附近,不准吸烟,严禁任何明火。
(5)其他危险品(即使是包装完好的)与所有易燃的材料(如纸、硬纸板、碎布等)不准靠近漏损的包装件。
(6)使所有热源远离有机过氧化物的包装件。
(7)通知货运部门和技术部门主管领导进行事故调查和处理。
(8)通知托运人或收货人。未经货运部门和技术部门主管领导同意,该包装件不得运输。

2 发生火灾并可能危及氧化剂或有机过氧化物包装件

(1)立即报火警,说明现场有氧化剂或有机过氧化物包装件的存在,并应进一步说明其性质及数量。
(2)报火警时,说明现场所备有的消防器材。
(3)将氧化剂或有机过氧化物的包装件抢运到安全距离之外。

3 散漏处理

(1)对较大量的氧化剂散漏,应轻轻扫起,另行灌装。这些从地上扫起重新包装的氧化剂,因接触过空气,为防止发生变化,应储存在适当地方,观察24小时以后,才能重新入库堆存,而后再另行处理。
(2)对散漏的少量氧化剂或残留物应清扫干净,进行深埋处理。

4 注意事项

有机过氧化物的包装件在靠近较强热源时,即使包装完好无损,里面的有机过氧化物的化学性质也会变得不稳定,随时都有爆炸的危险。当发生火灾时,应在确保安全前提下将这种包装件移至安全的地方,必须由消防部门对其进行处理。

六、第 6 类　毒性物质和感染性物质

1 收运后发现毒性物质包装件漏损，或有气味，或有轻微的渗漏

（1）漏损包装件不得装入飞机或集装器。
（2）已经装入飞机或集装器的漏损包装件，必须卸下。
（3）检查同一批货物的其他包装件是否有相似的损坏情况。
（4）现场人员避免皮肤接触漏损的包装件，避免吸入有毒蒸气。
（5）搬运漏损包装件的人员，必须戴上专用的橡胶手套，使用后扔掉；并且在搬运后 5 分钟内必须用流动的水把手洗净。
（6）如果库房内或机舱内毒害品的液体或粉末漏出，应通知卫生检疫部门，由其消除被污染的库房、机舱及其他货物或行李的污染。在消除机舱的污染之前，飞机不准起飞。
（7）将漏损包装单独存入小库房内，然后通知货运部门和技术部门主管领导进行事故调查和处理。
（8）通知托运人或收货人。未经货运部门和技术部门主管领导同意，漏损的包装件不得运输。
（9）毒性物质发生漏损事故时，意外沾染上毒性物质的人员，无论是否有中毒症状，均应立即送往医疗部门进行检查和治疗。为了帮助检查和治疗，应向医生说明毒性物质的运输专用名称。在紧急情况下，必须及时通知最近的医疗抢救部门。急救部门的电话号码应长期写在库房、办公室和可能发生事故地点的明显之处，以备急用。

2 收运后发现感染性物质包装件漏损或有轻微的渗漏

（1）漏损包装件不得装入飞机或集装器。
（2）已经装入飞机或集装器的漏损包装件，必须卸下。
（3）检查同一批货物的其他包装件是否有相似的损坏情况。
（4）对漏损包装件最好不移动或尽可能少移动。在不得不移动的情况下，如从飞机上卸下，为降低感染的风险，只由一人进行搬运。
（5）搬运漏损包装件的人员，严禁皮肤直接接触包装件，必须戴上专用的橡胶手套。手套在使用后用火烧毁。
（6）距漏损包装件至少 5 米范围内，禁止任何人进入，最好用绳索将这一区域拦截起来。
（7）及时向环境保护部门和卫生防疫部门报告，并说明如下情况：
①危险品申报单上所述的有关包装件的情况；
②与漏损包装件接触过的全部人员名单；
③漏损包装件在运输过程中已经过的地点，即该包装件可能影响的范围。
（8）通知货运部门和技术部门主管领导进行事故调查和处理。
（9）严格按照环保部门和检疫部门的要求，消除货物对机舱、其他货物和行李以及运输设备的污染，对接触过感染性物质包装件的人员进行身体检查，对这些人员的衣服进行处理，对该包装件进行处理。

（10）通知托运人和收货人。未经检疫部门的同意,该包装件不得运输。

3 散漏处理

（1）如果库房内或机舱内毒害品的液体或粉末漏出,应通知卫生检疫部门,并由其对污染的库房、机舱及其他货物或行李进行处理。在消除污染之前,飞机不准起飞,一般来说,对固体毒害品,通常扫集后装入其他容器中。液体货物应以砂土、锯末等松软材料吸附,而后扫集盛入容器中。毒害品的散漏物不能任意乱丢或排放,以免扩大污染,甚至造成不可估量的危害。

（2）应严格按照环保部门和检疫部门的要求消除感染性物质散漏物对机舱、其他货物和行李以及运输设备的污染,对接触过感染性物质包装件的人员进行身体检查,对这些人员的衣服及该包装件进行处理。

七、第7类　放射性物质

1 收运后,发现运输指数有变化

收运后,包装件无破损、无渗漏现象,且封闭完好,但经仪器测定,发现运输指数有变化。如果包装件的运输指数大于申报的1.2倍,应将其退回。

2 收运后发现包装件破损,或有渗漏现象,或封闭不严

（1）破损包装件不得装入飞机或集装器。

（2）已经装入飞机或集装器的破损包装件,必须卸下。搬运人员必须戴上手套作业,避免被放射性物质污染。

（3）检查同一批货物其他包装件是否有相似的损坏情况。

（4）将破损包装件卸下飞机之前,应该划出它在机舱中的位置,以便检查和消除污染。

（5）除了检查和搬运人员之外,任何人不得靠近破损包装件。

（6）查阅危险物品申报单,按照"ADDITIONAL HANDLING INFORMATION"栏中的文字说明,采取相应的具体措施。

（7）破损包装件应放入机场专门设计的放射性物质库房内。如果没有专用库房,应放在室外,距破损包装件至少5米之内,禁止任何人员靠近。应该用绳子将这一区域拦起来并要做出表示危险的标记。

（8）通知环境保护部门和(或)辐射防护部门,由相关人员对货物、飞机及环境的污染程度进行测量和做出判断。

（9）必须按照环保部门和(或)辐射防护部门提出的要求,消除货物对机舱、其他货物和行李以及运输设备造成的污染。在消除机舱的污染之前,飞机不准起飞。

（10）通知货运部门和技术部门主管领导对事故进行调查。

（11）通知托运人或收货人。未经货运部门和技术部门主管领导同意,该包装件不得运输。

3 注意事项

(1) 在测量完好包装件的运输指数或破损包装件的放射性污染程度时,应注意使用不同的仪器。

(2) 根据国际民航组织和国际原子能机构的规定,飞机的任何可接触表面的辐射剂量当量率不得超过 $5~\mu Sv/h$,并且非固着放射性污染不得超过表9.1中的标准,否则飞机必须停止使用。

表 9.1 飞机或飞机设备的非固着放射性污染的适用限量

污 染 物	适用限量* /(Bq/cm^2)
Beta 和 Gamma 辐射源	4.0
所有其他的 Alpha 辐射源	0.4

* 上述限量适用于任何大小为 300 cm^2 的表面上的平均值。

(3) 受放射性污染影响的人员必须立即送往卫生医疗部门进行检查。

八、第 8 类 腐蚀性物质

1 收运后发现包装件漏损

(1) 漏损包装件不得装入飞机或集装器。

(2) 已经装入飞机或集装器的漏损包装件,必须卸下。

(3) 检查同一批货物的其他包装件是否有相似的损坏情况。

(4) 现场人员避免皮肤接触漏损的包装件和漏出的腐蚀性物质,避免吸入其蒸气。

(5) 搬运漏损包装件的人员,必须戴上专用的橡胶手套。

(6) 如果腐蚀性物质漏洒到飞机的结构部分上,必须尽快对这一部分进行彻底清洗。从事清洗的人员应戴上手套,避免皮肤与腐蚀性物质接触。一旦发生这种事故应立刻通知飞机维修部门,说明腐蚀性物质的运输专用名称,以便及时做好彻底的清洗工作。

(7) 其他危险品(即使是包装完好的)不准靠近该漏损包装件。

(8) 通知货运部门和技术部门主管领导进行事故调查和处理。

(9) 通知托运人或收货人。未经货运部门和技术部门主管领导同意,该包装件不得运输。

2 散漏处理

腐蚀性物质散漏时,应用干沙、干土覆盖吸收后再清扫干净,最后用水冲刷。当大量溢出或干沙、干土量不足以吸收时,可视货物的酸碱性,分别用稀碱、稀酸中和,中和时注意不要使反应太剧烈;用水冲刷时,不能直接喷射上去,而只能缓缓地浇洗,防止带腐蚀性水珠飞溅伤人。

3 注意事项

(1) 发生散漏事故后,如果清洗不彻底而飞机的结构部分上仍残留少量的腐蚀性物质,很可能削弱飞机结构的强度,其后果是不堪设想的。因此,要通知飞机维修部门仔细检查飞机的结构部分,应该拆除地板或某些部件。

(2) 为了彻底清洗,有必要使用化学中和剂。

九、第 9 类　杂项危险物品

收运后发现包装件破损:
(1) 破损包装件不准装入飞机或集装器。
(2) 已经装入飞机或集装器的破损包装件,必须卸下。
(3) 检查同一批货物的其他包装件是否有相似的损坏情况。
(4) 检查飞机是否有损坏情况。
(5) 通知货运部门和技术部门主管领导进行事故调查和处理。
(6) 通知托运人或收货人。未经货运部门和技术部门主管领导同意,该包装件不得运输。

任务实施

结合所学内容,分小组完成九类危险品的应急处置方法。

任务评价

任务实施检测表如表 9.2 所示。

表 9.2　任务实施检测表

考核内容	分值	自评分	小组评分	教师评分	实得分
第 1 类危险品的应急处置方式	10				
第 2 类危险品的应急处置方式	10				
第 3 类危险品的应急处置方式	10				
第 4 类危险品的应急处置方式	10				
第 5 类危险品的应急处置方式	10				
第 6 类危险品的应急处置方式	10				
第 7 类危险品的应急处置方式	10				
第 8 类危险品的应急处置方式	10				
第 9 类危险品的应急处置方式	10				
各类危险品起火灭火的异同处	10				
总分	100				

■ **民航危险品运输思政**

民航局发布《关于 2017 年危险品航空运输违规行为行政处罚情况的公告》,深圳市旭

威供应链管理有限公司、揭阳惠航国际货运代理有限公司等13家单位因存在危险品航空运输违规行为受到行政处罚。

公告显示,13家受到处罚的单位主要包括货物托运人、代理人及航空公司,受处罚的原因涉及"将危险品匿报、瞒报为普通货物进行航空运输""未确保相关人员按照要求进行危险品培训"等。公告详细注明了对相关责任单位的处罚事由、处罚依据、处罚日期以及实施处罚的行政机关。

民航局运输司相关负责人表示,2017年,民航局下发《关于进一步加强对有违规记录托运人及代理人安全管理工作的通知》,一是要求各航空公司、机场公司进一步完善货物收运检查措施、严格落实收运检查要求,对有违规记录企业交运的货物采取更严格的检查措施,并拒绝收运存在严重安全隐患的托运人及代理人交运的货物;二是要求民航各地区管理局、监管局进一步加大监督检查力度,要求中航协加强对持有销售代理资质企业的监督管理。以上措施有效丰富了管理手段,提高了违规企业的成本,进一步规范了危险品航空运输秩序,加强了危险品航空运输管理,保障了危险品航空运输安全。

下一步,民航局将继续汇总分析民航管理部门对违规运输航空危险品责任单位的行政处罚情况,及时在行业内通报,加强对违规企业的管理;同时将结合法规修订,加强对货物托运人及代理人的管理,推进信用体系建设,对违规企业采取综合管控措施。

职业启示:随着经济发展不断向好,民航危险品运输需求随之增大,站在民航危险品运输第一线的工作人员应时刻牢记"空防安全无小事",除了掌握充足的理论知识和实操技能,还应具备安全责任意识,牢记应急响应方法,以应对突发的危险品事故和事件,时刻把国家安全放在第一位。

项目学习效果综合测试

一、判断题

1. 危险品航材的运输不受DGR的限制。(　　)
2. 航空公司的危险品航材都是由航空公司自己运输的。(　　)
3. MSDS是由使用者编制的。(　　)
4. 危险品航材进行托运的时候应附带安全技术说明书。(　　)
5. 装卸人员在卸机时,应严格按规定操作,同时应检查包装件是否有破损或泄漏的迹象。如发现破损或泄漏迹象,应立即报告货运调度室,由其报请机务部对飞机载运危险品的部位进行破损或污染的检查。(　　)

二、说明下列危险品航材的类别或项别

1. 逃生滑梯　　　　　　　2. 使用过的发动机
3. 化学氧气发生器　　　　4. 航空汽油
5. 润滑油　　　　　　　　6. 电池
7. 氧气面罩　　　　　　　8. AB胶

三、思考题

1. 危险品航材托运流程中需要注意的问题有哪些?

2. 说明航材类中的电池有哪些常见的类型,哪些不受 DGR 的限制?
3. 可以从哪些途径获取 MSDS?

四、完成任务

任务标题	项目九:处置民航危险品运输紧急情况		
工种	危险品运输专员	工作区域	
工时	_____分钟		
任务描述	1. 常见的危险品航空运输紧急情况处置情况; 2. 第1—9类危险品航空运输过程中的事故案例分析; 3. 分析第1—9类危险品火灾事故案例及其正确的处置方式。		
任务要求	1. 准备好相应的危险品紧急情况案例; 2. 分组准备好第1—9类危险品航空运输过程中的事故案例及火灾事故案例; 3. 正确处置九类民航危险品运输紧急情况。		
实训室"6S"管理要求	1. 实训桌台面整洁,不放置与本实训任务无关的物品; 2. 工具、配件摆放整齐; 3. 保证工具、物料、设备齐全,数量足够; 4. 安全用电,规范操作。		
桌面演练九类危险品民航运输紧急情况的处置方式			
操作过程中遇到的困难及解决方法			
实训心得体会			

续表

本次实训任务组内分工情况								
姓名								
分工								
考核评价意见及得分(满分100分)								
组内自评	组间互评(注明执行评价工作的小组班级和组号)						教师评价	
合计								

班级：_____ 组号：_____ 小组成员签字：_____

附录 A / 危险品品名表

节选自 IATA DGR 4.2

UN/ID no.	Proper Shipping Name/Description	Class or Div. (Sub Hazard)	Hazard Label(s)	PG	EQ see 2.6	Passenger and Cargo Aircraft Ltd Qty Pkg Inst	Passenger and Cargo Aircraft Ltd Qty Max Net Qty/Pkg	Passenger and Cargo Aircraft Pkg Inst	Passenger and Cargo Aircraft Max Net Qty/Pkg	Cargo Aircraft Only Pkg Inst	Cargo Aircraft Only Max Net Qty/Pkg	S.P. see 4.4	ERG Code
A	B	C	D	E	F	G	H	I	J	K	L	M	N
	Accellerene, see p-Nitrosodimethylaniline (UN 1369)												
	Accumulators, electric, see Batteries, wet, filled with acid † (UN 2794) or Batteries, wet, filled with alkali † (UN 2795) or Batteries, wet, non-spillable † (UN 2800)												
	Accumulators, pressurized, hydraulic (containing non-flammable gas), see Articles, pressurized, hydraulic (UN 3164)												
	Accumulators, pressurized, pneumatic (containing non-flammable gas), see Articles, pressurized, pneumatic (UN 3164)												
1088	Acetal	3	Flamm. liquid	II	E2	Y341	1 L	353	5 L	364	60 L		3H
1089	Acetaldehyde	3	Flamm. liquid	I	E0	Forbidden		Forbidden		361	30 L	A1	3H
1841	Acetaldehyde ammonia	9	Miscellaneous	III	E1	Forbidden		956	200 kg	956	200 kg		9L
2332	Acetaldehyde oxime	3	Flamm. liquid	III	E1	Y344	10 L	355	60 L	366	220 L		3L
2789	Acetic acid, glacial	8 (3)	Corrosive & Flamm. liquid	II	E2	Y840	0.5 L	851	1 L	855	30 L		8F
2790	Acetic acid solution more than 10% but less than 50% acid, by weight	8	Corrosive	III	E1	Y841	1 L	852	5 L	856	60 L	A803	8L
2789	Acetic acid solution more than 80% acid, by weight	8 (3)	Corrosive & Flamm. liquid	II	E2	Y840	0.5 L	851	1 L	855	30 L		8F
2790	Acetic acid solution not less than 50% but not more than 80% acid, by weight	8	Corrosive	II	E2	Y840	0.5 L	851	1 L	855	30 L		8L
1715	Acetic anhydride	8 (3)	Corrosive & Flamm. liquid	II	E2	Y840	0.5 L	851	1 L	855	30 L		8F
	Acetic oxide, see Acetic anhydride (UN 1715)												
	Acetoin, see Acetyl methyl carbinol (UN 2621)												
1090	Acetone	3	Flamm. liquid	II	E2	Y341	1 L	353	5 L	364	60 L		3H
1541	Acetone cyanohydrin, stabilized	6.1				Forbidden		Forbidden		Forbidden		A2	6L
1091	Acetone oils	3	Flamm. liquid	II	E2	Y341	1 L	353	5 L	364	60 L		3L
1648	Acetonitrile	3	Flamm. liquid	II	E2	Y341	1 L	353	5 L	364	60 L		3L
1716	Acetyl bromide	8	Corrosive	II	E2	Y840	0.5 L	851	1 L	855	30 L		8L
1717	Acetyl chloride	3 (8)	Flamm. liquid & Corrosive	II	E2	Y340	0.5 L	352	1 L	363	5 L		3C
	Acetyl cyclohexanesulphonyl peroxide, more than 82%, wetted with less than 12% water					Forbidden		Forbidden		Forbidden			
	Acetylene dichloride, see 1,2-Dichloroethylene (UN 1150)												
1001	Acetylene, dissolved	2.1	Flamm. gas		E0	Forbidden		Forbidden		200	15 kg	A1	10L
	Acetylene (liquefied)					Forbidden		Forbidden		Forbidden			
	Acetylene silver nitrate					Forbidden		Forbidden		Forbidden			
3374	Acetylene, solvent free	2.1	Flamm. gas		E0	Forbidden		Forbidden		200	15 kg	A1	10L
	Acetylene tetrabromide, see Tetrabromoethane (UN 2504)												

UN/ ID no.	Proper Shipping Name/Description	Class or Div. (Sub Hazard)	Hazard Label(s)	PG	EQ see 2.6	Passenger and Cargo Aircraft Ltd Qty		Passenger and Cargo Aircraft		Cargo Aircraft Only		S.P. see 4.4	ERG Code
						Pkg Inst	Max Net Qty/Pkg	Pkg Inst	Max Net Qty/Pkg	Pkg Inst	Max Net Qty/Pkg		
A	B	C	D	E	F	G	H	I	J	K	L	M	N
	Acetylene tetrachloride, see **1,1,2,2-Tetrachloroethane** (UN 1702)												
1898	Acetyl iodide	8	Corrosive	II	E2	Y840	0.5 L	851	1 L	855	30 L		8L
2621	Acetyl methyl carbinol	3	Flamm. liquid	III	E1	Y344	10 L	355	60 L	366	220 L		3L
	Acetyl oxide, see **Acetic anhydride** (UN 1715)												
	Acid butyl phosphate, see **Butyl acid phosphate** (UN 1718)												
	Acid, liquid, n.o.s., see **Corrosive liquid, acidic, inorganic, n.o.s.** ★ (UN 3264) or **Corrosive liquid, acidic, organic, n.o.s.** ★ (UN 3265)												
	Acid mixture, hydrofluoric and sulphuric, see **Hydrofluoric acid and sulphuric acid mixture** (UN 1786)												
	Acid mixture, nitrating acid, see **Nitrating acid mixture** † (UN 1796)												
	Acid mixture, spent, nitrating acid, see **Nitrating acid mixture, spent** (UN 1826)												
	Acid, picric, see **Picric acid** (UN 0154) or **Trinitrophenol** (UN 0154)												
	Acid potassium sulphate, see **Potassium hydrogen sulphate** (UN 2509)												
	Acid, sludge, see **Sludge acid** † (UN 1906)												
	Acraldehyde, stabilized, see **Acrolein, stabilized** (UN 1092)												
2713	Acridine	6.1	Toxic	III	E1	Y645	10 kg	670	100 kg	677	200 kg		6L
2607	Acrolein dimer, stabilized	3	Flamm. liquid	III	E1	Y344	10 L	355	60 L	366	220 L	A209	3L
	Acrolein dimer, unstabilized					Forbidden		Forbidden		Forbidden			
1092	Acrolein, stabilized	6.1 (3)				Forbidden		Forbidden		Forbidden		A209	6H
	Acrolein, unstabilized					Forbidden		Forbidden		Forbidden			
2074	Acrylamide, solid	6.1	Toxic	III	E1	Y645	10 kg	670	100 kg	677	200 kg		6L
3426	Acrylamide solution	6.1	Toxic	III	E1	Y642	2 L	655	60 L	663	220 L	A3	6L
2218	Acrylic acid, stabilized	8 (3)	Corrosive & Flamm. liquid	II	E2	Y840	0.5 L	851	1 L	855	30 L	A209	8F
	Acrylic acid, unstabilized					Forbidden		Forbidden		Forbidden			
1093	Acrylonitrile, stabilized	3 (6.1)	Flamm. liquid & Toxic	I	E0	Forbidden		Forbidden		361	30 L	A209	3P
	Acrylonitrile, unstabilized					Forbidden		Forbidden		Forbidden			
	Actinolite, see **Asbestos amphibole** † (UN 2212)												
	Activated carbon, see **Carbon, activated** (UN 1362)												
	Activated charcoal, see **Carbon, activated** (UN 1362)												
	Actuating cartridge, explosive, see **Cartridges, power device** † (UN 0275, UN 0276, UN 0323, UN 0381)												
1133	**Adhesives** containing flammable liquid	3	Flamm. liquid	I II III	E3 E2 E1	Forbidden Y341 Y344	 1 L 10 L	351 353 355	1 L 5 L 60 L	361 364 366	30 L 60 L 220 L	A3	3L 3L 3L
2205	Adiponitrile	6.1	Toxic	III	E1	Y642	2 L	655	60 L	663	220 L		6L

UN/ID no.	Proper Shipping Name/Description	Class or Div. (Sub Hazard)	Hazard Label(s)	PG	EQ see 2.6	Passenger and Cargo Aircraft Ltd Qty Pkg Inst	Passenger and Cargo Aircraft Ltd Qty Max Net Qty/Pkg	Passenger and Cargo Aircraft Pkg Inst	Passenger and Cargo Aircraft Max Net Qty/Pkg	Cargo Aircraft Only Pkg Inst	Cargo Aircraft Only Max Net Qty/Pkg	S.P. see 4.4	ERG Code
A	B	C	D	E	F	G	H	I	J	K	L	M	N
3511	Adsorbed gas, n.o.s. ★	2.2	Non-flamm. gas		E0	Forbidden		219	75 kg	219	150 kg		2L
3510	Adsorbed gas, flammable, n.o.s. ★	2.1	Flamm. gas		E0	Forbidden		Forbidden		219	150 kg		10L
3513	Adsorbed gas, oxidizing, n.o.s. ★	2.2 (5.1)	Non-flamm. gas & Oxidizer		E0	Forbidden		219	75 kg	219	150 kg		2X
3512	Adsorbed gas, toxic, n.o.s. ★	2.3			E0	Forbidden		Forbidden		Forbidden		A2	2P
3516	Adsorbed gas, toxic, corrosive, n.o.s. ★	2.3 (8)			E0	Forbidden		Forbidden		Forbidden		A2	2CP
3514	Adsorbed gas, toxic, flammable, n.o.s. ★	2.3 (2.1)			E0	Forbidden		Forbidden		Forbidden		A2	10P
3517	Adsorbed gas, toxic, flammable, corrosive, n.o.s. ★	2.3 (2.1, 8)			E0	Forbidden		Forbidden		Forbidden		A2	10C
3515	Adsorbed gas, toxic, oxidizing, n.o.s. ★	2.3 (5.1)			E0	Forbidden		Forbidden		Forbidden		A2	2PX
3518	Adsorbed gas, toxic, oxidizing, corrosive, n.o.s. ★	2.3 (5.1, 8)			E0	Forbidden		Forbidden		Forbidden		A2	2PX
	Aeroplane flares, see Flares, aerial † (UN 0093, UN 0403, UN 0404, UN 0420, UN 0421)												
1950	Aerosols, flammable	2.1	Flamm. gas		E0	Y203	30 kg G	203	75 kg	203	150 kg	A145 A167 A802	10L
	Aerosols, flammable, containing substances in Class 8, Packing Group I					Forbidden		Forbidden		Forbidden			
1950	Aerosols, flammable, containing substances in Class 8, Packing Group II	2.1 (8)				Forbidden		Forbidden		Forbidden			10C
1950	Aerosols, flammable, containing substances in Class 8, Packing Group III	2.1 (8)	Flamm. gas & Corrosive		E0	Y203	30 kg G	203	75 kg	203	150 kg	A145 A167 A802	10C
	Aerosols, flammable, containing substances in Division 6.1, Packing Group I					Forbidden		Forbidden		Forbidden			
1950	Aerosols, flammable, containing substances in Division 6.1, Packing Group II	2.1 (6.1)				Forbidden		Forbidden		Forbidden			10P
1950	Aerosols, flammable, containing substances in Division 6.1, Packing Group III	2.1 (6.1)	Flamm. gas & Toxic		E0	Y203	30 kg G	203	75 kg	203	150 kg	A145 A167 A802	10P
1950	Aerosols, flammable, containing substances in Division 6.1, Packing Group III and substances in Class 8, Packing Group III	2.1 (6.1, 8)	Flamm. gas & Toxic & Corrosive		E0	Y203	30 kg G	203	75 kg	203	150 kg	A145 A167 A802	10C
1950	Aerosols, flammable, containing toxic gas	2.3 (2.1)				Forbidden		Forbidden		Forbidden			10P
1950	Aerosols, flammable (engine starting fluid)	2.1	Flamm. gas		E0	Forbidden		Forbidden		203	150 kg	A1 A145 A167 A802	10L
1950	Aerosols, non-flammable	2.2	Non-flamm. gas		E0	Y203	30 kg G	203	75 kg	203	150 kg	A98 A145 A167 A802	2L
1950	Aerosols, non-flammable (containing biological products or a medicinal preparation which will be deteriorated by a heat test)	2.2	Non-flamm. gas		E0	Y203	30 kg G	203	75 kg	203	150 kg	A98 A145 A167 A802	2L
1950	Aerosols, non-flammable (tear gas devices)	2.2 (6.1)	Non-flamm. gas & Toxic		E0	Forbidden		Forbidden		203	50 kg	A1 A145 A167 A802	2P

UN/ID no.	Proper Shipping Name/Description	Class or Div. (Sub Hazard)	Hazard Label(s)	PG	EQ see 2.6	Passenger and Cargo Aircraft Ltd Qty Pkg Inst	Passenger and Cargo Aircraft Ltd Qty Max Net Qty/Pkg	Passenger and Cargo Aircraft Pkg Inst	Passenger and Cargo Aircraft Max Net Qty/Pkg	Cargo Aircraft Only Pkg Inst	Cargo Aircraft Only Max Net Qty/Pkg	S.P. see 4.4	ERG Code
A	B	C	D	E	F	G	H	I	J	K	L	M	N
	Aerosols, non-flammable, containing substances in Class 8, Packing Group I					Forbidden		Forbidden		Forbidden			
1950	Aerosols, non-flammable, containing substances in Class 8, Packing Group II	2.2 (8)				Forbidden		Forbidden		Forbidden			2C
1950	Aerosols, non-flammable, containing substances in Class 8, Packing Group III	2.2 (8)	Non-flamm. gas & Corrosive		E0	Y203	30 kg G	203	75 kg	203	150 kg	A145 A167 A802	2C
	Aerosols, non-flammable, containing substances in Division 6.1, Packing Group I					Forbidden		Forbidden		Forbidden			
1950	Aerosols, non-flammable, containing substances in Division 6.1, Packing Group II	2.2 (6.1)				Forbidden		Forbidden		Forbidden			2P
1950	Aerosols, non-flammable, containing substances in Division 6.1, Packing Group III	2.2 (6.1)	Non-flamm. gas & Toxic		E0	Y203	30 kg G	203	75 kg	203	150 kg	A145 A167 A802	2P
1950	Aerosols, non-flammable, containing substances in Division 6.1, Packing Group III and substances in Class 8, Packing Group III	2.2 (6.1, 8)	Non-flamm. gas & Toxic & Corrosive		E0	Y203	30 kg G	203	75 kg	203	150 kg	A145 A167 A802	2CP
1950	Aerosols, non-flammable, containing toxic gas	2.3				Forbidden		Forbidden		Forbidden			2P
1950	Aerosols, non-flammable, oxidizing	2.2 (5.1)	Non-flamm. gas & Oxidizer		E0	Forbidden		203	75 kg	203	150 kg	A145 A167 A802	2X
0331	Agent, blasting type B †	1.5D				Forbidden		Forbidden		Forbidden			1L
0332	Agent, blasting type E †	1.5D				Forbidden		Forbidden		Forbidden			1L
	Air bag inflators, see **Safety devices, pyrotechnic** † (UN 0503) or **Safety devices** † (UN 3268)												
	Air bag modules, see **Safety devices, pyrotechnic** † (UN 0503) or **Safety devices** † (UN 3268)												
1002	Air, compressed	2.2	Non-flamm. gas		E1	Forbidden		200	75 kg	200	150 kg	A302	2L
	Aircraft, see **Vehicle, flammable gas powered** (UN 3166) or **Vehicle, flammable liquid powered** (UN 3166)												
	Aircraft engines (including turbines), see **Engine, internal combustion, flammable liquid powered** † (UN 3528) or **Engine, internal combustion, flammable gas powered** † (UN 3529) or **Engine, internal combustion** (UN 3530)												
	Aircraft evacuation slides, see **Life-saving appliances, self-inflating** (UN 2990)												
3165	Aircraft hydraulic power unit fuel tank (containing a mixture of anhydrous hydrazine and methyl hydrazine) (M86 fuel)	3 (6.1, 8)	Flamm. liquid & Toxic & Corrosive	I	E0	Forbidden		Forbidden		372	42 L	A1 A48	3CP
	Aircraft survival kits, see **Life-saving appliances, self-inflating** (UN 2990) or **Life-saving appliances, not self-inflating** (UN 3072)												
1003	Air, refrigerated liquid	2.2 (5.1)	Non-flamm. gas & Oxidizer & Cryogenic liquid		E0	Forbidden		Forbidden		202	150 kg	A1	2X
3274	Alcoholates solution, n.o.s. ★ in alcohol	3 (8)	Flamm. liquid & Corrosive	II	E2	Y340	0.5 L	352	1 L	363	5 L		3C
	Alcohol, denatured, see **Alcohols, flammable, toxic, n.o.s.** ★ (UN 1986) or **Alcohols, n.o.s.** ★ (UN 1987)												
3065	Alcoholic beverages containing 70% or less but more than 24% of alcohol by volume, in receptacles, each having capacities of more than 5 Litres	3	Flamm. liquid	III	E1	Y344	10 L	355	60 L	366	220 L	A9 A58	3L

UN/ID no.	Proper Shipping Name/Description	Class or Div. (Sub Hazard)	Hazard Label(s)	PG	EQ see 2.6	Passenger and Cargo Aircraft Ltd Qty Pkg Inst	Passenger and Cargo Aircraft Ltd Qty Max Net Qty/Pkg	Passenger and Cargo Aircraft Pkg Inst	Passenger and Cargo Aircraft Max Net Qty/Pkg	Cargo Aircraft Only Pkg Inst	Cargo Aircraft Only Max Net Qty/Pkg	S.P. see 4.4	ERG Code
A	B	C	D	E	F	G	H	I	J	K	L	M	N
3065	Alcoholic beverages containing more than 70% alcohol by volume	3	Flamm. liquid	II	E2	Y341	1 L	353	5 L	364	60 L		3L
	Alcoholic beverages, containing 24% or less alcohol by volume					Not Restricted		Not Restricted		Not Restricted			
	Alcohol, industrial, see Alcohols, flammable, toxic, n.o.s. ★ (UN 1986) or Alcohols, n.o.s. ★ (UN 1987)												
1987	Alcohols, n.o.s. ★	3	Flamm. liquid	II	E2	Y341	1 L	353	5 L	364	60 L	A3	3L
				III	E1	Y344	10 L	355	60 L	366	220 L	A180	3L
1986	Alcohols, flammable, toxic, n.o.s. ★	3 (6.1)	Flamm. liquid & Toxic	I	E0	Forbidden		Forbidden		361	30 L	A3	3HP
				II	E2	Y341	1 L	352	1 L	364	60 L		3HP
				III	E1	Y343	2 L	355	60 L	366	220 L		3P
	Aldehyde, see Aldehydes, n.o.s. ★ (UN 1989)												
	Aldehyde ammonia, see Acetaldehyde ammonia (UN 1841)												
1989	Aldehydes, n.o.s. ★	3	Flamm. liquid	I	E3	Forbidden		351	1 L	361	30 L	A3	3H
				II	E2	Y341	1 L	353	5 L	364	60 L		3H
				III	E1	Y344	10 L	355	60 L	366	220 L		3L
1988	Aldehydes, flammable, toxic, n.o.s. ★	3 (6.1)	Flamm. liquid & Toxic	I	E0	Forbidden		Forbidden		361	30 L	A3	3HP
				II	E2	Y341	1 L	352	1 L	364	60 L		3HP
				III	E1	Y343	2 L	355	60 L	366	220 L		3P
2839	Aldol	6.1	Toxic	II	E4	Y641	1 L	654	5 L	662	60 L		6L
3206	Alkali metal alcoholates, self-heating, corrosive, n.o.s. ★	4.2 (8)	Spont. comb. & Corrosive	II	E2	Forbidden		466	15 kg	470	50 kg	A3 A84	4C
				III	E1	Forbidden		468	25 kg	471	100 kg	A803	4C
1421	Alkali metal alloy, liquid, n.o.s.	4.3	Dang. when wet	I	E0	Forbidden		Forbidden		480	1 L	A84	4W
1389	Alkali metal amalgam, liquid	4.3	Dang. when wet	I	E0	Forbidden		Forbidden		480	1 L	A84	4W
3401	Alkali metal amalgam, solid	4.3	Dang. when wet	I	E0	Forbidden		Forbidden		487	15 kg	A84	4W
1390	Alkali metal amides	4.3	Dang. when wet	II	E2	Y475	5 kg	483	15 kg	489	50 kg	A84	4W
1391	Alkali metal dispersion	4.3	Dang. when wet	I	E0	Forbidden		Forbidden		480	1 L	A84	4W
3482	Alkali metal dispersion, flammable	4.3 (3)	Dang. when wet & Flamm. liquid	I	E0	Forbidden		Forbidden		480	1 L	A84	4W
	Alkaline corrosive battery fluid, see Battery fluid, alkali (UN 2797)												
	Alkaline corrosive liquid, n.o.s., see Caustic alkali liquid, n.o.s. ★ (UN 1719)												
	Alkaline corrosive solid, n.o.s., see Corrosive solid, basic, inorganic, n.o.s. ★ (UN 3262) or Corrosive solid, basic, organic, n.o.s. ★ (UN 3263)												
3205	Alkaline earth metal alcoholates, n.o.s. ★	4.2	Spont. comb.	II	E2	Forbidden		467	15 kg	470	50 kg	A3 A85 A803	4L
				III	E1	Forbidden		469	25 kg	471	100 kg		4L
1393	Alkaline earth metal alloy, n.o.s.	4.3	Dang. when wet	II	E2	Y475	5 kg	484	15 kg	490	50 kg	A85	4W
1392	Alkaline earth metal amalgam, liquid	4.3	Dang. when wet	I	E0	Forbidden		Forbidden		480	1 L	A85	4W
3402	Alkaline earth metal amalgam, solid	4.3	Dang. when wet	I	E0	Forbidden		Forbidden		487	15 kg	A85	4W
1391	Alkaline earth metal dispersion	4.3	Dang. when wet	I	E0	Forbidden		Forbidden		480	1 L	A85	4W
3482	Alkaline earth metal dispersion, flammable	4.3 (3)	Dang. when wet & Flamm. liquid	I	E0	Forbidden		Forbidden		480	1 L	A85	4W

UN/ID no.	Proper Shipping Name/Description	Class or Div. (Sub Hazard)	Hazard Label(s)	PG	EQ see 2.6	Passenger and Cargo Aircraft Ltd Qty Pkg Inst	Passenger and Cargo Aircraft Ltd Qty Max Net Qty/Pkg	Passenger and Cargo Aircraft Pkg Inst	Passenger and Cargo Aircraft Max Net Qty/Pkg	Cargo Aircraft Only Pkg Inst	Cargo Aircraft Only Max Net Qty/Pkg	S.P. see 4.4	ERG Code
A	B	C	D	E	F	G	H	I	J	K	L	M	N
3140	Alkaloid salts, liquid, n.o.s. ★	6.1	Toxic	I	E5	Forbidden		652	1 L	658	30 L	A3	6L
				II	E4	Y641	1 L	654	5 L	662	60 L	A4	6L
				III	E1	Y642	2 L	655	60 L	663	220 L	A6 A801	6L
1544	Alkaloid salts, solid, n.o.s. ★	6.1	Toxic	I	E5	Forbidden		666	5 kg	673	50 kg	A3	6L
				II	E4	Y644	1 kg	669	25 kg	676	100 kg	A5	6L
				III	E1	Y645	10 kg	670	100 kg	677	200 kg	A6 A801	6L
3140	Alkaloids, liquid, n.o.s. ★	6.1	Toxic	I	E5	Forbidden		652	1 L	658	30 L	A3	6L
				II	E4	Y641	1 L	654	5 L	662	60 L	A4	6L
				III	E1	Y642	2 L	655	60 L	663	220 L	A6 A801	6L
1544	Alkaloids, solid, n.o.s. ★	6.1	Toxic	I	E5	Forbidden		666	5 kg	673	50 kg	A3	6L
				II	E4	Y644	1 kg	669	25 kg	676	100 kg	A5	6L
				III	E1	Y645	10 kg	670	100 kg	677	200 kg	A6 A801	6L
	Alkyl aluminium halides, see **Organometallic substance, solid, pyrophoric, water-reactive** ★ (UN 3393) or **Organometallic substance, liquid, pyrophoric, water-reactive** ★ (UN 3394)												
3145	Alkylphenols, liquid, n.o.s. (including C_2 - C_{12} homologues)	8	Corrosive	I	E0	Forbidden		850	0.5 L	854	2.5 L	A3	8L
				II	E2	Y840	0.5 L	851	1 L	855	30 L	A803	8L
				III	E1	Y841	1 L	852	5 L	856	60 L		8L
2430	Alkylphenols, solid, n.o.s. (including C_2 - C_{12} homologues)	8	Corrosive	I	E0	Forbidden		858	1 kg	862	25 kg	A3	8L
				II	E2	Y843	1 kg	859	15 kg	863	50 kg	A803	8L
				III	E1	Y845	5 kg	860	25 kg	864	100 kg		8L
2586	Alkylsulphonic acids, liquid with 5% or less free sulphuric acid	8	Corrosive	III	E1	Y841	1 L	852	5 L	856	60 L	A803	8L
2584	Alkylsulphonic acids, liquid with more than 5% free sulphuric acid	8	Corrosive	II	E2	Y840	0.5 L	851	1 L	855	30 L		8L
2585	Alkylsulphonic acids, solid with 5% or less free sulphuric acid	8	Corrosive	III	E1	Y845	5 kg	860	25 kg	864	100 kg	A803	8L
2583	Alkylsulphonic acids, solid with more than 5% free sulphuric acid	8	Corrosive	II	E2	Y844	5 kg	859	15 kg	863	50 kg		8L
2571	Alkylsulphuric acids	8	Corrosive	II	E2	Y840	0.5 L	851	1 L	855	30 L		8L
	Allene, see **Propadiene, stabilized** (UN 2200)												
2333	Allyl acetate	3 (6.1)	Flamm. liquid & Toxic	II	E2	Y341	1 L	352	1 L	364	60 L		3P
1098	Allyl alcohol	6.1 (3)				Forbidden		Forbidden		Forbidden			6F
2334	Allylamine	6.1 (3)				Forbidden		Forbidden		Forbidden			6H
1099	Allyl bromide	3 (6.1)	Flamm. liquid & Toxic	I	E0	Forbidden		Forbidden		361	30 L		3P
1100	Allyl chloride	3 (6.1)	Flamm. liquid & Toxic	I	E0	Forbidden		Forbidden		361	30 L		3P
	Allyl chlorocarbonate, see **Allyl chloroformate** (UN 1722)												
1722	Allyl chloroformate	6.1 (3, 8)				Forbidden		Forbidden		Forbidden			6CF
2335	Allyl ethyl ether	3 (6.1)	Flamm. liquid & Toxic	II	E2	Y341	1 L	352	1 L	364	60 L		3P
2336	Allyl formate	3 (6.1)	Flamm. liquid & Toxic	I	E0	Forbidden		Forbidden		361	30 L		3P
2219	Allyl glycidyl ether	3	Flamm. liquid	III	E1	Y344	10 L	355	60 L	366	220 L		3L

UN/ID no.	Proper Shipping Name/Description	Class or Div. (Sub Hazard)	Hazard Label(s)	PG	EQ see 2.6	Passenger and Cargo Aircraft Ltd Qty Pkg Inst	Passenger and Cargo Aircraft Max Net Qty/Pkg	Passenger and Cargo Aircraft Pkg Inst	Passenger and Cargo Aircraft Max Net Qty/Pkg	Cargo Aircraft Only Pkg Inst	Cargo Aircraft Only Max Net Qty/Pkg	S.P. see 4.4	ERG Code
A	B	C	D	E	F	G	H	I	J	K	L	M	N
1454	Calcium nitrate	5.1	Oxidizer	III	E1	Y546	10 kg	559	25 kg	563	100 kg	A83 A803	5L
1910	Calcium oxide	8	Corrosive	III	E1	Y845	5 kg	860	25 kg	864	100 kg	A803	8L
1455	Calcium perchlorate	5.1	Oxidizer	II	E2	Y544	2.5 kg	558	5 kg	562	25 kg		5L
1456	Calcium permanganate	5.1	Oxidizer	II	E2	Y544	2.5 kg	558	5 kg	562	25 kg		5L
1457	Calcium peroxide	5.1	Oxidizer	II	E2	Y544	2.5 kg	558	5 kg	562	25 kg		5L
1360	Calcium phosphide	4.3 (6.1)	Dang. when wet & Toxic	I	E0	Forbidden		Forbidden		487	15 kg		4PW
1855	Calcium, pyrophoric	4.2				Forbidden		Forbidden		Forbidden			4W
1313	Calcium resinate	4.1	Flamm. solid	III	E1	Y443	10 kg	446	25 kg	449	100 kg	A803	3L
1314	Calcium resinate, fused	4.1	Flamm. solid	III	E1	Y443	10 kg	446	25 kg	449	100 kg	A803	3L
	Calcium selenate, see Selenates ★ (UN 2630)												
	Calcium selenite, see Selenites ★ (UN 2630)												
1405	Calcium silicide	4.3	Dang. when wet	II	E2	Y475	5 kg	484	15 kg	490	50 kg	A3 A803	4W
				III	E1	Y477	10 kg	486	25 kg	491	100 kg		4W
	Calcium silicon, see Calcium silicide (UN 1405)												
	Calcium superoxide, see Calcium peroxide (UN 1457)												
	Calor gas †, see Hydrocarbon gas mixture, compressed, n.o.s. † ★ (UN 1964) or Hydrocarbon gas mixture, liquefied, n.o.s. † ★ (UN 1965)												
	Camphanone, see Camphor (UN 2717)												
2717	Camphor synthetic	4.1	Flamm. solid	III	E1	Y443	10 kg	446	25 kg	449	100 kg	A803	3L
1130	Camphor oil	3	Flamm. liquid	III	E1	Y344	10 L	355	60 L	366	220 L		3L
	Camping gas, see Receptacles, small, containing gas (UN 2037)												
	Candles, gas, see Lighters (UN 1057)												
	Cannon primers, see Primers, tubular † (UN 0319, UN 0320, UN 0376)												
3508	Capacitor, asymmetric (with an energy storage capacity greater than 0.3 Wh)	9	Miscellaneous		E0	Forbidden		971	No limit	971	No limit	A196	9L
3499	Capacitor, electric double layer (with an energy storage capacity greater than 0.3 Wh)	9	Miscellaneous		E0	Forbidden		971	No limit	971	No limit	A186	9L
2829	Caproic acid	8	Corrosive	III	E1	Y841	1 L	852	5 L	856	60 L	A803	8L
	Caps, blasting, see Detonators, electric † (UN 0030, UN 0255, UN 0456)												
	Caps, primer, see Primers, cap type † (UN 0044, UN 0377, UN 0378)												
	Caps, toy †, see Fireworks † (UN 0333, UN 0336, UN 0337)												
2758	Carbamate pesticide, liquid, flammable, toxic ★ flash point less than 23°C	3 (6.1)	Flamm. liquid & Toxic	I	E0	Forbidden		Forbidden		361	30 L	A4	3P
				II	E2	Y341	1 L	352	1 L	364	60 L		3P
2992	Carbamate pesticide, liquid, toxic ★	6.1	Toxic	I	E5	Forbidden		652	1 L	658	30 L	A3	6L
				II	E4	Y641	1 L	654	5 L	662	60 L	A4	6L
				III	E1	Y642	2 L	655	60 L	663	220 L		6L

UN/ID no.	Proper Shipping Name/Description	Class or Div. (Sub Hazard)	Hazard Label(s)	PG	EQ see 2.6	Passenger and Cargo Aircraft Ltd Qty Pkg Inst	Passenger and Cargo Aircraft Ltd Qty Max Net Qty/Pkg	Passenger and Cargo Aircraft Pkg Inst	Passenger and Cargo Aircraft Max Net Qty/Pkg	Cargo Aircraft Only Pkg Inst	Cargo Aircraft Only Max Net Qty/Pkg	S.P. see 4.4	ERG Code
A	B	C	D	E	F	G	H	I	J	K	L	M	N
0050	Cartridges, flash †	1.3G	Explosive		E0	Forbidden		Forbidden		135	75 kg	A802	1L
0014	Cartridges for tools, blank †	1.4S	Explosive 1.4		E0	Forbidden		130	25 kg	130	100 kg	A802	3L
0006	Cartridges for weapons † with bursting charge	1.1E				Forbidden		Forbidden		Forbidden			1L
0005	Cartridges for weapons † with bursting charge	1.1F				Forbidden		Forbidden		Forbidden			1L
0321	Cartridges for weapons † with bursting charge	1.2E				Forbidden		Forbidden		Forbidden			1L
0007	Cartridges for weapons † with bursting charge	1.2F				Forbidden		Forbidden		Forbidden			1L
0412	Cartridges for weapons † with bursting charge	1.4E	Explosive 1.4		E0	Forbidden		Forbidden		130	75 kg	A802	1L
0348	Cartridges for weapons † with bursting charge	1.4F				Forbidden		Forbidden		Forbidden			1L
0326	Cartridges for weapons, blank †	1.1C				Forbidden		Forbidden		Forbidden			1L
0413	Cartridges for weapons, blank †	1.2C				Forbidden		Forbidden		Forbidden			1L
0327	Cartridges for weapons, blank †	1.3C				Forbidden		Forbidden		Forbidden			1L
0338	Cartridges for weapons, blank †	1.4C	Explosive 1.4		E0	Forbidden		Forbidden		130	75 kg	A802	1L
0014	Cartridges for weapons, blank †	1.4S	Explosive 1.4		E0	Forbidden		130	25 kg	130	100 kg	A802	3L
0328	Cartridges for weapons, inert projectile †	1.2C				Forbidden		Forbidden		Forbidden			1L
0417	Cartridges for weapons, inert projectile †	1.3C				Forbidden		Forbidden		Forbidden			1L
0339	Cartridges for weapons, inert projectile †	1.4C	Explosive 1.4		E0	Forbidden		Forbidden		130	75 kg	A802	1L
0012	Cartridges for weapons, inert projectile †	1.4S	Explosive 1.4		E0	Forbidden		130	25 kg	130	100 kg	A802	3L
	Cartridges, illuminating, see Ammunition, illuminating † (UN 0171, UN 0254, UN 0297)												
0277	Cartridges, oil well †	1.3C				Forbidden		Forbidden		Forbidden			1L
0278	Cartridges, oil well †	1.4C	Explosive 1.4		E0	Forbidden		Forbidden		134	75 kg	A802	1L
0381	Cartridges, power device †	1.2C				Forbidden		Forbidden		Forbidden			1L
0275	Cartridges, power device †	1.3C	Explosive		E0	Forbidden		Forbidden		134	75 kg	A802	1L
0276	Cartridges, power device †	1.4C	Explosive 1.4		E0	Forbidden		Forbidden		134	75 kg	A802	1L
0323	Cartridges, power device †	1.4S	Explosive 1.4		E0	Forbidden		134	25 kg	134	100 kg	A165 A802	3L
	Cartridges, safety, see Cartridges for weapons, inert projectile † (UN 0012)												
	Cartridges, safety, blank, see Cartridges for weapons, blank † (UN 0014)												
0054	Cartridges, signal †	1.3G	Explosive		E0	Forbidden		Forbidden		135	75 kg	A802	1L
0312	Cartridges, signal †	1.4G	Explosive 1.4		E0	Forbidden		Forbidden		135	75 kg	A802	1L
0405	Cartridges, signal †	1.4S	Explosive 1.4		E0	Forbidden		135	25 kg	135	100 kg	A802	3L
0417	Cartridges, small arms †	1.3C				Forbidden		Forbidden		Forbidden			1L
0339	Cartridges, small arms †	1.4C	Explosive 1.4		E0	Forbidden		Forbidden		130	75 kg	A802	1L
0012	Cartridges, small arms †	1.4S	Explosive 1.4		E0	Forbidden		130	25 kg	130	100 kg	A802	3L

附录 A 的更多内容可扫描二维码查看

附录 B 包装说明

节选自 IATA DGR 5.3

PACKING INSTRUCTION Y341

STATE VARIATIONS: BEG-03, SAG-01

OPERATOR VARIATIONS: 5X-01, AA-01, AM-03, AS-02, BW-01, CX-02, DE-01, FX-02, GA-03, GF-04, HA-01, IR-06, JU-06, KA-02, KC-11, KE-07, KQ-08, LD-02, LH-01, LX-02, MH-14, OS-01, OU-04, PX-10, SW-02, TN-04, UX-02, VT-01, WY-04, X5-02, XK-03, XQ-01

This instruction applies to Limited Quantities of flammable liquids with no subsidiary hazard or a subsidiary hazard of Division 6.1 in Packing Group II.

The General Packing Requirements of Subsections 2.7.5, 5.0.2 to 5.0.4 (with the exception of 5.0.2.3, 5.0.2.5, 5.0.2.11 and 5.0.2.14.2) must be met except that the packagings do not have to meet the marking and testing requirements of 6.0.4 and Subsection 6.3. Packagings must meet the construction criteria specified in Subsections 6.1 and 6.2 and the test criteria specified in Subsection 6.6.

Compatibility Requirements
- substances must be compatible with their packagings as required by 5.0.2.6.

Closure Requirements
- closures must meet the requirements of 5.0.2.7.

Limited Quantity Requirements

The requirements of Subsection 2.7 must be met including:
- the capability of the package to pass a drop test of 1.2 m;
- a 24 hour stacking test;
- inner packagings for liquids must be capable of passing a pressure differential test (5.0.2.9);
- the gross weight of the completed package must not exceed 30 kg.

Single packagings are not permitted.

COMBINATION PACKAGINGS		
Inner Packaging (see 6.1)	Net quantity per inner packaging	Total net quantity per package
Glass	0.5 L	1.0 L
Metal	0.5 L	
Plastic	0.5 L	

OUTER PACKAGINGS													
Type	Drums					Jerricans			Boxes				
Desc.	Steel	Aluminium	Plywood	Fibre	Plastic	Other metal	Steel	Aluminium	Plastic	Steel	Aluminium	Wood	Plywood	Reconstituted wood	Fibreboard	Plastic	Other metal

PACKING INSTRUCTION Y344

STATE VARIATIONS: BEG-03, SAG-01, USG-04

OPERATOR VARIATIONS: AM-03, CX-02, DE-01, FX-02, GA-03, GF-04, JU-06, KA-02, KC-11, KE-07, KQ-08, LD-02, LH-01, LX-02, MH-14, OS-01, OU-04, PX-10, SW-02, TN-04, UX-02, VT-01, WY-04, X5-02, XK-03, XQ-01

This instruction applies to Limited Quantities of flammable liquids with no subsidiary hazard in Packing Group III.

The General Packing Requirements of Subsections 2.7.5, 5.0.2 to 5.0.4 (with the exception of 5.0.2.3, 5.0.2.5, 5.0.2.11 and 5.0.2.14.2) must be met except that the packagings do not have to meet the marking and testing requirements of

6.0.4 and Subsection 6.3. Packagings must meet the construction criteria specified in Subsections 6.1 and 6.2 and the test criteria specified in Subsection 6.6.

Compatibility Requirements
- substances must be compatible with their packagings as required by 5.0.2.6.

Closure Requirements
- closures must meet the requirements of 5.0.2.7.

Limited Quantity Requirements

The requirements of Subsection 2.7 must be met including:
- the capability of the package to pass a drop test of 1.2 m;
- a 24 hour stacking test;
- inner packagings for liquids must be capable of passing a pressure differential test (5.0.2.9);
- the gross weight of the completed package must not exceed 30 kg.

Single packagings are not permitted.

COMBINATION PACKAGINGS		
Inner Packaging (see 6.1)	Net quantity per inner packaging	Total net quantity per package
Glass	2.5 L	10.0 L
Metal	5.0 L	
Plastic	5.0 L	

OUTER PACKAGINGS													
Type	Drums					Jerricans			Boxes				
Desc.	Steel	Aluminium	Plywood	Fibre	Plastic	Other metal	Steel	Aluminium	Plastic	Steel	Aluminium	Wood	Plywood	Reconstituted wood	Fibreboard	Plastic	Other metal

PACKING INSTRUCTION 355

STATE VARIATIONS: BEG-03, SAG-01, USG-04/13

OPERATOR VARIATIONS: 2K-10, 4C-11, 4M-11, 5X-01, 7L-04, AA-01, AM-03, AS-02, AV-10, AY-04, BW-01, CA-10, CX-02/05, FX-02, GU-10, JJ-11, JL-09, KA-02/05, KC-06, KE-07, KZ-07, L7-11, LA-17, LD-02, LP-11, LR-10, LU-11, M3-11, M6-01, M7-11, MK-12, NH-06, OM-06, PZ-11, QT-09, SU-01, TA-10, TG-02, UA-01, UC-11, UL-09, UX-04, WC-10, X5-04, XL-11

This instruction applies to flammable liquids with no subsidiary hazard or a subsidiary hazard of Division 6.1 in Packing Group III on passenger aircraft.

The General Packing Requirements of 5.0.2 must be met.

Compatibility Requirements
- substances must be compatible with their packagings as required by 5.0.2.6.

Closure Requirements
- closures must meet the requirements of 5.0.2.7.

Combination and single packagings are permitted.

COMBINATION PACKAGINGS		
Inner Packaging (see 6.1)	Net quantity per inner packaging	Total net quantity per package
Glass	2.5 L	60.0 L
Metal	10.0 L	
Plastic	10.0 L	

OUTER PACKAGINGS

Type	Drums						Jerricans			Boxes						
Desc.	Steel	Aluminium	Plywood	Fibre	Plastic	Other metal	Steel	Aluminium	Plastic	Steel	Aluminium	Wood	Plywood	Reconstituted wood	Fibreboard	Plastic	Other metal
Spec.	1A1 1A2	1B1 1B2	1D	1G	1H1 1H2	1N1 1N2	3A1 3A2	3B1 3B2	3H1 3H2	4A	4B	4C1 4C2	4D	4F	4G	4H1 4H2	4N

SINGLE PACKAGINGS

Type	Drums				Jerricans			Cylinders
Desc.	Steel	Aluminium	Plastic	Other metal	Steel	Aluminium	Plastic	
Spec.	1A1 1A2	1B1 1B2	1H1 1H2	1N1 1N2	3A1 3A2	3B1 3B2	3H1 3H2	As permitted in 5.0.6.6

Composites

Type	Drums					Boxes					
Desc.	Steel	Aluminium	Plywood	Fibre	Plastic	Steel	Aluminium	Wood	Plywood	Fibreboard	Plastic
Spec.	6HA1	6HB1	6HD1	6HG1	6HH1	6HA2	6HB2	6HC	6HD2	6HG2	6HH2

PACKING INSTRUCTION 364

STATE VARIATION: BEG-03

OPERATOR VARIATIONS: 2K-10, 4C-11, 4M-11, 5X-01, 7L-04, AV-10, AY-04, CA-10, CX-02/05, FX-02, GU-10, IR-06, JJ-11, JL-09, KE-07, KZ-07, L7-11, LA-17, LD-02/05, LP-11, LR-10, LU-11, M3-11, M6-01, MK-12, NH-06, OZ-08, PZ-11, QT-09, SU-01, TA-10, TG-02, UC-11, WC-10, XL-11

This instruction applies to flammable liquids with no subsidiary hazard or a subsidiary hazard of Division 6.1 in Packing Group II on Cargo Aircraft Only.

The General Packing Requirements of 5.0.2 must be met.

Compatibility Requirements
- substances must be compatible with their packagings as required by 5.0.2.6;

Closure Requirements
- closures must meet the requirements of 5.0.2.7.

Additional Packing Requirements
- UN 1308, **Zirconium suspended in a flammable liquid**, only combination packagings are permitted. The completed package must not have a gross weight exceeding 75 kg.

Combination and single packagings are permitted.

COMBINATION PACKAGINGS		
Inner Packaging (see 6.1)	Net quantity per inner packaging	Total net quantity per package
Glass	2.5 L	60.0 L
Metal	10.0 L	
Plastic	5.0 L	

OUTER PACKAGINGS															
Type		Drums					Jerricans			Boxes					
Desc.	Steel	Aluminium	Plywood	Fibre	Plastic	Other metal	Steel	Aluminium	Plastic	Steel	Aluminium	Wood	Plywood	Reconstituted wood	Fibreboard	Plastic	Other metal
Spec.	1A1 1A2	1B1 1B2	1D	1G	1H1 1H2	1N1 1N2	3A1 3A2	3B1 3B2	3H1 3H2	4A	4B	4C1 4C2	4D	4F	4G	4H1 4H2	4N

SINGLE PACKAGINGS								
Type		Drums			Jerricans			Cylinders
Desc.	Steel	Aluminium	Plastic	Other metal	Steel	Aluminium	Plastic	
Spec.	1A1	1B1	1H1	1N1	3A1	3B1	3H1	As permitted in 5.0.6.6

Composites										
Type		Drums					Boxes			
Desc.	Steel	Aluminium	Plywood	Fibre	Plastic	Steel	Aluminium	Wood	Plywood	Fibreboard	Plastic
Spec.	6HA1	6HB1	6HD1	6HG1	6HH1	6HA2	6HB2	6HC	6HD2	6HG2	6HH2

PACKING INSTRUCTION 366

STATE VARIATIONS: BEG-03, SAG-01, USG-04

OPERATOR VARIATIONS: 2K-10, 4C-11, 4M-11, 5X-01, 7L-04, AV-10, AY-04, CA-10, CX-02/05, FX-02, GU-10, JJ-11, JL-09, KE-07, KZ-07, L7-11, LA-17, LD-02/05, LP-11, LR-10, LU-11, M3-11, M6-01, M7-11, MK-12, NH-06, OZ-08, PZ-11, QT-09, TA-10, TG-02, UC-11, WC-10, XL-11

This instruction applies to flammable liquids with no subsidiary hazard or a subsidiary hazard of Division 6.1 in Packing Group III on Cargo Aircraft Only.

The General Packing Requirements of 5.0.2 must be met.

Compatibility Requirements
- substances must be compatible with their packagings as required by 5.0.2.6.

Closure Requirements
- closures must meet the requirements of 5.0.2.7.

Combination and single packagings are permitted.

COMBINATION PACKAGINGS		
Inner Packaging (see 6.1)	Net quantity per inner packaging	Total net quantity per package
Glass	5.0 L	220.0 L
Metal	25.0 L	
Plastic	10.0 L	

OUTER PACKAGINGS

Type	Drums					Jerricans			Boxes						
Desc.	Steel	Aluminium	Plywood	Fibre	Plastic	Other metal	Steel	Aluminium	Plastic	Steel	Aluminium	Wood	Plywood	Reconstituted wood	Fibreboard	Plastic	Other metal
Spec.	1A1 1A2	1B1 1B2	1D	1G	1H1 1H2	1N1 1N2	3A1 3A2	3B1 3B2	3H1 3H2	4A	4B	4C1 4C2	4D	4F	4G	4H1 4H2	4N

SINGLE PACKAGINGS								
Type	Drums				Jerricans			Cylinders
Desc.	Steel	Aluminium	Plastic	Other metal	Steel	Aluminium	Plastic	
Spec.	1A1 1A2	1B1 1B2	1H1 1H2	1N1 1N2	3A1 3A2	3B1 3B2	3H1 3H2	As permitted in 5.0.6.6

Composites										
Type	Drums					Boxes				
Desc.	Steel	Aluminium	Plywood	Fibre	Plastic	Steel	Aluminium	Wood	Plywood	Fibreboard	Plastic
Spec.	6HA1	6HB1	6HD1	6HG1	6HH1	6HA2	6HB2	6HC	6HD2	6HG2	6HH2

PACKING INSTRUCTION Y642

STATE VARIATION: USG-04

OPERATOR VARIATIONS: 5X-01, AA-01, AM-06, AS-02, BW-01, CX-02, DE-01, FX-02, GA-03, GF-04, HA-01, JU-06, KA-02, KC-11, KE-07, KQ-08, LA-06, LD-02, LH-01, LX-02, MH-14, OS-01, OU-04, PX-10, SW-02, TN-04, UA-02, UX-02, VT-01, WY-04, X5-02, XK-03, XQ-01

This instruction applies to Limited Quantities of Division 6.1 liquids in Packing Group III.

The General Packing Requirements of Subsections 2.7.5, 5.0.2 to 5.0.4 (with the exception of 5.0.2.3, 5.0.2.5, 5.0.2.11 and 5.0.2.14.2) must be met except that the packagings do not have to meet the marking and testing requirements of 6.0.4 and Subsection 6.3. Packagings must meet the construction criteria specified in Subsections 6.1 and 6.2 and the test criteria specified in Subsection 6.6.

Compatibility Requirements
- substances must be compatible with their packagings as required by 5.0.2.6;
- metal packagings must be corrosion resistant or with protection against corrosion for substances with a Class 8 subsidiary hazard.

Closure Requirements
- closures must meet the requirements of 5.0.2.7.

Limited Quantity Requirements

The requirements of Subsection 2.7 must be met including:
- the capability of the package to pass a drop test of 1.2 m;
- a 24 hour stacking test;
- inner packagings for liquids must be capable of passing a pressure differential test (5.0.2.9);
- the gross weight of the completed package must not exceed 30 kg.

Single packagings are not permitted.

COMBINATION PACKAGINGS		
Inner Packaging (see 6.1)	Net quantity per inner packaging	Total net quantity per package
Glass	0.5 L	2.0 L
Metal	0.5 L	
Plastic	0.5 L	

OUTER PACKAGINGS														
Type	Drums						Jerricans			Boxes				
Desc.	Steel	Aluminium	Plywood	Fibre	Plastic	Other metal	Steel	Aluminium	Plastic	Steel	Aluminium	Wood	Plywood	Reconstituted wood	Fibreboard	Plastic	Other metal

PACKING INSTRUCTION 677

STATE VARIATION: USG-04
OPERATOR VARIATIONS: 5X-01, FX-02, JL-09, KZ-07, LA-06, NH-06, QR-09, TG-02
This instruction applies to Division 6.1 solids in Packing Group III on Cargo Aircraft Only.
The General Packing Requirements of 5.0.2 must be met.

Compatibility Requirements
- substances must be compatible with their packagings as required by 5.0.2.6;
- metal packagings must be corrosion resistant or with protection against corrosion for substances with a Class 8 subsidiary hazard.

Closure Requirements
- closures must meet the requirements of 5.0.2.7.

Additional Packing Requirements
- fibre, fibreboard, wood and plywood single packagings must be fitted with a suitable liner.

Combination and single packagings are permitted.

COMBINATION PACKAGINGS		
Inner Packaging (see 6.1)	Net quantity per inner packaging	Total net quantity per package
Fibre	5.0 kg	
Glass	5.0 kg	
Metal	10.0 kg	200.0 kg
Paper bag	5.0 kg	
Plastic	10.0 kg	
Plastic bag	5.0 kg	

OUTER PACKAGINGS															
Type	Drums						Jerricans			Boxes					
Desc.	Steel	Aluminium	Plywood	Fibre	Plastic	Other metal	Steel	Aluminium	Plastic	Steel	Aluminium	Wood	Plywood	Reconstituted wood	Fibreboard	Plastic	Other metal
Spec.	1A1 1A2	1B1 1B2	1D	1G	1H1 1H2	1N1 1N2	3A1 3A2	3B1 3B2	3H1 3H2	4A	4B	4C1 4C2	4D	4F	4G	4H1 4H2	4N

SINGLE PACKAGINGS																		
Type	Drums						Jerricans			Boxes							Bags			Cylinders
Desc.	Steel	Aluminium	Plywood	Fibre	Plastic	Other metal	Steel	Aluminium	Plastic	Steel	Aluminium	Wood	Plywood	Reconstituted wood	Fibreboard	Plastic	Other metal	Textile	Plastic	Paper	
Spec.	1A1 1A2	1B1 1B2	1D	1G	1H1 1H2	1N1 1N2	3A1 3A2	3B1 3B2	3H1 3H2	4A	4B	4C1 4C2	4D	4F	4G	4H2	4N	5L3	5H3 5H4	5M2	As permitted in 5.0.6.6

Composites										
Type	Drums					Boxes				
Desc.	Steel	Aluminium	Plywood	Fibre	Plastic	Steel	Aluminium	Wood	Plywood	Fibreboard	Plastic
Spec.	6HA1	6HB1	6HD1	6HG1	6HH1	6HA2	6HB2	6HC	6HD2	6HG2	6HH2

PACKING INSTRUCTION Y841

OPERATOR VARIATIONS: 5X-01, AA-01, AM-08, AS-02, BW-01, BY-01, CI-04, CX-02, DE-01, FX-02, GA-03, GF-04, HA-01, JU-06, KA-02, KC-11, KE-07, KQ-08, LD-02, LH-01, LX-02, MH-14, O3-03, OS-01, OU-04, PX-10, SW-02, TN-04, UX-02, VT-01, WY-04, X5-02, XK-03, XQ-01

This instruction applies to Limited Quantities of Class 8 liquids in Packing Group III.

The General Packing Requirements of Subsections 2.7.5, 5.0.2 to 5.0.4 (with the exception of 5.0.2.3, 5.0.2.5, 5.0.2.11 and 5.0.2.14.2) must be met except that the packagings do not have to meet the marking and testing requirements of 6.0.4 and Subsection 6.3. Packagings must meet the construction criteria specified in Subsections 6.1 and 6.2 and the test criteria specified in Subsection 6.6.

Compatibility Requirements
- substances must be compatible with their packagings as required by 5.0.2.6;
- metal packagings must be corrosion resistant or with protection against corrosion;
- substances of Class 8 are permitted in glass inner packagings only if the substance is free from hydrofluoric acid.

Closure Requirements
- closures must meet the requirements of 5.0.2.7.

Limited Quantity Requirements

The requirements of Subsection 2.7 must be met including:
- the capability of the package to pass a drop test of 1.2 m;
- a 24 hour stacking test;
- inner packagings for liquids must be capable of passing a pressure differential test (5.0.2.9);
- the gross weight of the completed package must not exceed 30 kg.

Single packagings are not permitted.

COMBINATION PACKAGINGS		
Inner Packaging (see 6.1)	Net quantity per inner packaging	Total net quantity per package
Glass	0.5 L	
Metal	0.5 L	1.0 L
Plastic	0.5 L	

OUTER PACKAGINGS														
Type	Drums					Jerricans			Boxes					
Desc.	Steel	Aluminium	Plywood	Fibre	Plastic	Other metal	Steel	Aluminium	Plastic	Steel	Aluminium	Wood	Plywood	Reconstituted wood	Fibreboard	Plastic	Other metal

PACKING INSTRUCTION 855

OPERATOR VARIATIONS: 2K-10, 5X-01, 7L-04, AV-10, AY-04, BR-12, CA-10, CI-04, CX-02/05, EK-02, FX-02/04, GU-10, JL-09, KE-07, L7-11, LA-17, LD-02/05, LR-10, M3-11, M6-01, M7-11, MK-12, NH-06, O3-03, OZ-08, QT-09, TA-10, TG-02, UC-11, WC-10

This instruction applies to Class 8 liquids in Packing Group II on Cargo Aircraft Only.

The General Packing Requirements of 5.0.2 must be met.

Compatibility Requirements
- substances must be compatible with their packagings as required by 5.0.2.6;
- metal packagings must be corrosion resistant or with protection against corrosion;
- substances of Class 8 are permitted in glass inner packagings only if the substance is free from hydrofluoric acid.

Closure Requirements
- closures must meet the requirements of 5.0.2.7.

Combination and single packagings are permitted.

COMBINATION PACKAGINGS		
Inner Packaging (see 6.1)	Net quantity per inner packaging	Total net quantity per package
Glass	2.5 L	30.0 L
Metal	2.5 L	
Plastic	2.5 L	

OUTER PACKAGINGS

Type	Drums					Jerricans			Boxes						
Desc.	Steel	Aluminium	Plywood	Fibre	Plastic	Other metal	Steel	Aluminium	Plastic	Steel	Aluminium	Wood	Plywood	Reconstituted wood	Fibreboard	Plastic	Other metal
Spec.	1A1 1A2	1B1 1B2	1D	1G	1H1 1H2	1N1 1N2	3A1 3A2	3B1 3B2	3H1 3H2	4A	4B	4C1 4C2	4D	4F	4G	4H1 4H2	4N

SINGLE PACKAGINGS								
Type	Drums				Jerricans			Cylinders
Desc.	Steel	Aluminium	Plastic	Other metal	Steel	Aluminium	Plastic	
Spec.	1A1	1B1	1H1	1N1	3A1	3B1	3H1	As permitted in 5.0.6.6

Composites										
Type	Drums					Boxes				
Desc.	Steel	Aluminium	Plywood	Fibre	Plastic	Steel	Aluminium	Wood	Plywood	Fibreboard	Plastic
Spec.	6HA1	6HB1	6HD1	6HG1	6HH1	6HA2	6HB2	6HC	6HD2	6HG2	6HH2

PACKING INSTRUCTION 952

OPERATOR VARIATIONS: 2K-09, 5X-08, AC-08, AM-09, AV-09, BR-16, CI-01, FX-04, GU-09, KE-06, LH-09, LR-09, LX-07, MH-12, NO-02, OS-09, PX-16, QK-08, RS-08, RV-08, SN-04/12, TA-09, UA-05, XQ-09

This instruction applies to UN 3171 **Battery-powered equipment** and **Battery-powered vehicle** on passenger aircraft and Cargo Aircraft Only. This applies to vehicles and equipment that are powered by wet batteries or sodium batteries and to vehicles powered by lithium batteries and which are transported with these batteries installed. Examples of such vehicles and equipment are electrically powered cars, lawn mowers, wheelchairs and other mobility aids. Vehicles that also contain an internal combustion engine or fuel cell engine must be consigned under UN 3166 (see PI 950 or PI 951).

Where vehicles could possibly be handled in other than an upright position, the vehicle must be secured in a strong, rigid outer packaging of the type below. The vehicle must be secured by means capable of restraining the vehicle in the outer packaging to prevent any movement during transport which would change the orientation or cause the vehicle to be damaged.

Vehicles must be packed to prevent accidental activation.

Note:
As set out in Special Provision A182 equipment powered only by lithium batteries must be classified as either UN 3091, Lithium metal batteries contained in equipment, or UN 3481, Lithium ion batteries contained in equipment.

Battery-powered vehicles, machines or equipment must meet the following requirements:

(a) **Batteries**. All batteries must be installed and securely fastened in the battery holder of the vehicle, machinery or equipment and be protected in such a manner as to prevent damage and short circuits. In addition:

1. if spillable batteries are installed and it is possible for the vehicle, machine or equipment to be handled in such a way that batteries would not remain in their intended orientation, they must be removed and packed according to Packing Instruction 492 or 870, as applicable;
2. if lithium batteries are installed in a vehicle, they must meet the provisions of 3.9.2.6.1, unless otherwise approved by the appropriate national authority of the State of origin. Lithium batteries identified by the manufacturer as being defective for safety reasons, or that have been damaged, that have the potential of producing a dangerous evolution of heat, fire or short circuit are forbidden for transport (e.g. those being returned to the manufacturer for safety reasons). Lithium batteries which have been removed from the vehicle and are packed separate from the vehicle in the same outer packaging must be offered for transport as UN 3481, **Lithium ion batteries packed with equipment** or UN 3091, **Lithium metal batteries packed with equipment** and packed according to Packing Instruction 966 or Packing Instruction 969, as applicable;
3. if sodium batteries are installed they must conform to the requirements of Special Provision A94.

(b) **Other operational equipment**:

1. dangerous goods required for the operation or safety of the vehicle, machine or equipment, such as fire extinguishers, tyre inflation canisters or safety devices, must be securely mounted in the vehicle, machine or equipment. Aircraft may also contain other articles and substances which would otherwise be classified as dangerous goods but which are installed in that aircraft in accordance with the pertinent airworthiness requirements and operating regulations. If fitted, life-rafts, emergency escape slides and other inflation devices must be protected such that they cannot be activated accidentally. Vehicles containing dangerous goods identified in Subsection 4.2—List of Dangerous Goods as forbidden on passenger aircraft may only be transported on cargo aircraft;
2. vehicles equipped with theft-protection devices, installed radio communications equipment or navigational system must have such devices, equipment or system disabled.

Note:
Replacements for the dangerous goods permitted in paragraphs (a) and (b) must not be carried under this packing instruction.

UN number	Quantity per package Passenger aircraft	Quantity per package Cargo Aircraft Only
UN 3171, **Battery-powered equipment**, or **Battery-powered vehicle**	No limit	No limit

OUTER PACKAGINGS—Strong outer packagings, such as:													
Type	Drums					Jerricans			Boxes				
Desc.	Steel	Aluminium	Plywood	Fibre	Plastic	Other metal	Steel	Aluminium	Plastic	Steel	Aluminium	Wood	Plywood	Reconstituted wood	Fibreboard	Plastic	Other metal

附录 B 的更多内容可扫描二维码查看

附录 C 国家差异

节选自 IATA DGR 2.8

CNG (China)

CNG-01 Operators wishing to carry dangerous goods in aircraft to, from or over China must obtain prior written permission from the Civil Aviation Administration of China. Further information may be obtained from:

Department of Air Transport
Civil Aviation Administration of China
155 Dongsi St. West
PO Box 644
Beijing
CHINA
Tel: +86 10 6409 1929
 +86 10 6409 1918
Fax: +86 10 6409 1968

DEG (Germany)

DEG-01 Fissile materials as specified under **(1)** and large sources as specified under **(2)** shall not be accepted for carriage to/from or through Germany without prior permission by the:

Bundesamt für Strahlenschutz
Postfach 10 01 49
D-38201 Salzgitter
GERMANY
Tel: +49 (30) 18 333 1770
Fax: +49 (30) 18 333 1705

1. For the purpose of this variation fissile materials (nuclear fuels), as defined in paragraph 2.1 of the German law on atomic energy are:

   (a) plutonium 239 and plutonium 241;

   (b) uranium enriched with the isotopes uranium 235 or uranium 233;

   (c) any material containing one or more of the materials given in a) and b); and

   (d) materials of such kind as to enable a continuous self-sustaining chain reaction to be maintained in a suitable installation (reactor) and which are defined in a legal degree.

   Materials (other than solidified high radioactive fission product solutions from reprocessing of nuclear fuels) containing the isotopes uranium 233, uranium 235, plutonium 239 and plutonium 241 in such quantities that the total quantity of all these isotopes is not more than 15 g or the concentration of all these isotopes in total is not greater than 15 g per 100 kg are exempted from this variation and therefore do not need prior permission.

2. A shipment is to be treated as a large source if the activity per package exceeds 1,000 TBq.

DEG-02 Applications for approval of Type B packages, packages containing fissile materials, shipments, special arrangements and notifications should be addressed to:

Bundesamt für kerntechnische Entsorgungssicherheit
Willy-Brandt-Straße 5
D-38226 Salzgitter
GERMANY
Tel: +49 (30) 18 767676 5000
E-mail: info@bfe.bund.de

DEG-03 Applications for approval of Special Form radioactive material should be addressed to:

Bundesanstalt Für Materialforschung und Prüfung
Fachgruppe III.3
D-12200 Berlin
GERMANY
Tel: +49 (30) 8104 1330
 +49 (30) 8104 1237

DEG-04 For exemptions to the Regulations, the following authority should be contacted for all classes:

Luftfahrt-Bundesamt
Außenstelle Frankfurt
Sachgebiet Gefahrgut
Kelsterbacher Str. 23
D-65479 Raunheim
GERMANY
Tel: +49 531 2355 3302
Fax: +49 531 2355 3398

DEG-05 A substance, mixture or solution, liquid or solid, classified as UN 3077 **Environmentally hazardous substance, solid, n.o.s.** or UN 3082 **Environmentally hazardous substance, liquid, n.o.s.** by the regulations of other modes of transport must also be transported by air under these entries.

DKG (Denmark)

DKG-01 The carriage by aircraft to, from, through or over the Kingdom of Denmark including Greenland and the Faeroe Islands of:

(a) Fissile radioactive material, as defined in **Appendix A** in quantities exceeding the limits set out in **10.5.13**; and

(b) Radioactive material:

- in a Type B(U) package containing more than 3,000 A_1 or 3,000 A_2 or 1,000 TBq, whichever is lower; or
- in a Type B(M) package; or
- in a Type C package containing more than 3,000 A_1 or 3,000 A_2, as appropriate, or 1,000 TBq, whichever is the lower; or
- as a special arrangement in the sense of the transport regulations;

Beyond the approval, such shipments must be notified at least 48 hours in advance to ISPRA. Application for shipment approval and notification can be made at the following address:

> Institute for Environmental Protection and Research (ISPRA)
> Department of Nuclear, Technological and Industrial Risk
> Radioactive Material Transport Division
> Via Vitaliano Brancati 48
> I-00144 Roma
> ITALY
>
> Tel: +39 06 5007 2978
> Fax: +39 06 5007 2941
> E-mail: trasporti@isprambiente.it

ITG-03 Application for approval of special form radioactive material, Type B and Type C packages, packages containing fissile material should be addressed to ISPRA at the address shown in ITG-02.

ITG-04 Further utilization of an aircraft having undergone radioactive contamination must be certified by a qualified expert and registered on the efficiency technical book **(see 10.9.4.4)**.

ITG-05 Authorizations for transport of weapons, ammunitions and explosives to/from/through Italian territory must be requested as described in the GEN Section of AIP Italia.

When these Regulations require that a prior approval or authorization or exemption must be granted by Italy for the safe transport of dangerous goods by air, including for weapons, ammunitions and explosives, it must be requested from:

> Ente Nazionale per l'Aviazione Civile (ENAC)
> Flight Operations & Dangerous Goods Unit
> Personnel Licensing & Operations Regulation Department
> Viale Castro Pretorio, 118
> Via Gaeta 3
> 00185 Rome
> ITALY
>
> Tel: +39 (6) 445 961
> Fax: +39 06 4459 6731
> E-mail: merci.pericolose@enac.gov.it
> E-mail: m.tortorici@enac.gov.it

ITG-06 Not used.

ITG-07 The transport of dangerous goods in portable tanks is subjected to a prior approval of the shipment by the Italian Competent Authority. Application for the approval, together with a safety analysis, must be made at the address shown in ITG-05.

JMG (Jamaica)

JMG-01 Applications for approval to transport dangerous goods under Special Provisions A1 or A2 and exemption applications must be directed to:

> The Director General
> Jamaica Civil Aviation Authority
> 4 Winchester Road
> Kingston 10
> JAMAICA, WEST INDIES

JMG-02 On shipments to, from, within or transiting through Jamaica, emergency response information, as described in JMG-03, must be provided for all dangerous goods other than magnetized material and dangerous goods for which no Shipper's Declaration is required.

JMG-03 Emergency Response Information. The Shipper's Declaration for Dangerous Goods must include a 24-hour emergency response telephone number (including all area codes and for international numbers for locations outside Jamaica, the international access code and country and city codes needed to complete the call from within Jamaica). The number **must** be monitored by an individual who:

1. speaks English fluently;
2. is knowledgeable of the hazards and characteristics of the dangerous good(s) being transported;
3. has comprehensive emergency response and accident mitigation information for the dangerous good(s); or
4. has immediate access to a person who possesses such knowledge and information.

JMG-04 Transport of dangerous goods by air must be in accordance with the current edition of the ICAO Technical Instructions for the Safe Transport of Dangerous Goods by Air (Doc 9284). Failure to comply with the Technical Instructions is a violation of the Jamaica Civil Aviation Regulations, 2012.

Editorial Note:
The IATA Dangerous Goods Regulations are fully in compliance with ICAO Annex 18 and its associated Technical Instructions.

JPG (Japan)

JPG-01 Not used.

JPG-02 The maximum dose rate at any point on any external surface of packages, overpacks or freight containers must not exceed 2 mSv/h even if those are being transported under exclusive use **(see 10.5.3 to 10.5.7)**.

JPG-03 "Excepted radioactive material" must not contain pyrophoric or explosive radioactive material **(see 10.5.8)**.

JPG-04 Not used.

JPG-05 Not used.

JPG-06 Not used.

JPG-07 Not used.

JPG-08 All the Type B(U) and Type B(M) packages and packages containing 0.1 kg or more of uranium hexafluoride require both package design approvals and shipment approvals of the appropriate authorities of Japan **(see 10.5.11.2 and 10.5.11.3)**.

JPG-09 The labels shall be affixed to two opposite sides of the outside of a unit load device (ULD) containing radioactive material **(see 10.7.2)**.

JPG-10 "Excepted radioactive material" must not be carried in the cabin or cockpit of an aircraft **(see Subsection 9.3)**.

JPG-11 Radioactive material (Class 7), except for "Excepted radioactive material", must not be stowed in the same cargo compartment together with packages containing explosives (Class 1, except compatibility group S) **(see 10.9.3)**.

JPG-12 Handling and loading of radioactive material must be made in such manner that no person other than ground handling and loading staff can have access to the area **(see 9.3.4)**.

JPG-13 Not used.

JPG-14 Not used.

JPG-15 Not used.

JPG-16 Not used.

JPG-17 The maximum dose rate at a distance of 1 m from the external surfaces of packages, overpacks or freight containers containing radioactive materials must not exceed 0.1 mSv/h, except when overpacks or freight containers are transported under exclusive use with the prior notification to the Civil Aviation Bureau of Japan **(see 10.5.14 and 10.5.15)**.

JPG-18 Not used.

JPG-19 Not used.

JPG-20 Not used.

JPG-21 Not used.

JPG-22 Not used.

JPG-23 Radioactive material of Class 7 in excepted packages with an associated hazard of another class specified in **Subsection 2.6**.must be subject to the provisions of **10.5.8**.and to the Variations JPG-03 and JPG-09.

JPG-24 Any substance bearing the "Toxic (Poisonous)" or "Toxic (Poisonous) Gas" label including subsidiary hazard label must not be packed in the same outer packaging with foodstuffs, feed or other edible substances intended for consumption by humans or animals.

JPG-25 Not used.

JPG-26 Neither packages containing fissile material (excluding fissile material meeting one of the provisions 10.3.7.2.1 to 10.3.7.2.6, 10.6.2.8.1.3 or 10.6.2.8.1.4) nor packages having greater radioactivity than the following values shall be transported by air within the territorial airspace of Japan:

1. for Special Form radioactive material—3,000 A_1 or 100,000 A_2, whichever is the lower; or
2. for all other radioactive material—3,000 A_2.

KGG (Kyrgyz Republic)

KGG-01 Radioactive material in any quantity may not be transported by aircraft to, from, within or over Kyrgyz Republic without prior permission of the Civil Aviation Authority of the Kyrgyz Republic (CAAKR).

KGG-02 A person must not handle or offer for transport explosives classified as Class 1 in these Regulations to, from, within or over Kyrgyz Republic without prior permission of the CAAKR.

KGG-03 All requests for permission or approval shall be lodged with CAAKR eight (8) days prior to the proposed flight, addressed to:

Civil Aviation Authority
Ministry of Transport and Communications
1, Ajibek Batyra St.
Bishkek, 720044
KYRGYZ REPUBLIC
Tel: +996 (312) 542 140, 542 141, 542 135
Fax: +996 (312) 542 140, 542 141, 542 135

KHG (Cambodia)

KHG-01 Operators wishing to carry dangerous goods in aircraft to/from or via the Kingdom of Cambodia must obtain prior written approval from the State Secretariat of Civil Aviation.

Applications must be made on prescribed forms which can be obtained from the State Secretariat of Civil Aviation. They must be addressed to:

Secretary of State
State Secretariat of Civil Aviation
No. 62, Preah Norodom Blvd., Phnom Penh
Kingdom of Cambodia
cc: Air Transport Department

(see 1.2.8 and 8.1.6.9.4)

KPG (Democratic People's Republic of Korea)

KPG-01 The Flight Safety Standard Department of General Administration of Civil Aviation of the Democratic People's Republic of Korea will be responsible for ensuring compliance with Annex 18 and the Technical Instructions in the Democratic People's Republic of Korea.

Fax: +850 2 381 4625
E-mail: gaca@sillibank.com

KPG-02 Dangerous goods requiring exemption or approval under Special Provisions A1 or A2 may be carried on a passenger aircraft or cargo aircraft to/from/over the Democratic People's Republic of Korea only with the permission of the Flight Safety Standard Department. Applications for permission for this purpose should be submitted at least ten working days prior to the intended flight.

附录 C 的更多内容可扫描二维码查看

附录 D 经营人差异

节选自 IATA DGR 2.8

- For UPS Small Package service, shipments of UN 3171, **Battery-powered vehicle**, will only be accepted under the following conditions:
  - Package is limited to a maximum gross weight of 30 kg;
  - Not accepted as CAO;
  - For vehicles containing lithium battery or batteries therein that would separately be classified as UN 3480 or UN 3090. The battery contained in the vehicle is limited to 5 kg maximum net weight;
  - For packages of UN 3171 powered by lithium batteries, UPS requires the additional marking, "Contains Lithium Batteries." The marking must meet the requirements as stated in 7.1.4.4.1 and be near the proper shipping name mark;
  - For vehicles containing a wet, non-spillable battery or batteries therein that would separately be classified as UN 2800. The battery contained in the vehicle is limited to 25 kg maximum net weight.
- Shipments of UN 3171, **Battery-powered vehicle**, containing defective or damaged batteries are not accepted by UPS.

All customers who wish to ship UN 3090 Lithium Metal Batteries without equipment via UPS Air services must obtain pre-approval from UPS Airlines. UPS limits transport of UN 3090 Lithium Metal Batteries to shipments prepared under Section IA or IB of Packing Instruction 968. This approval is separate and in addition to any other required UPS agreement.

More information regarding the approval program may be found at the following link: https://www.ups.com/us/en/help-center/packaging-and-supplies/special-care-shipments/hazardous-materials/lithium-battery-preapproval.page

5X-09 UPS Airline Approvals: For items requiring UPS Airline approvals; such as data loggers remaining active in flight, low production or prototype batteries, UN 3090 Lithium Metal Batteries, batteries shipped under a Competent Authority approval, or any other commodity requiring approval; Contact UPS Airlines Dangerous Goods at dangerousgoods@ups.com.

6O (Orbest Airlines)

6O-01 Dangerous goods are not accepted in consolidated shipments.

6O-02 UN 2814 and UN 2900 are not accepted.

6O-03 Class 7 shipments are prohibited.

7H (Era Aviation)

7H-01 Shipments under US DOT exemption (DOT-E) must be accompanied by one copy of the exemption document describing the regulation that is exempt and the conditions/provisions thereof **(see 1.2.6.3 and 8.1.6.9.4).**

7H-02 Hazardous waste may not be accepted. Thirty (30) days written notification required for determination **(see Packing Instruction 621 and 8.1.3.4).**

7L (Silkway West Airlines)

7L-01 Lithium ion and lithium metal cells and batteries (UN 3480, UN 3481, UN 3090, UN 3091 Section I, IA, Section IB and Section II PI 965-PI 970), including those approved by an appropriate authority under special provisions A88 or A99, will not be accepted for carriage by Silk Way West Airlines, with the exception of those consigned by pre-approved shippers.

7L-02 A shipper built unit load device (ULD) will not be accepted without prior approval.

7L-03 Substances and mixtures classified under GHS (see Appendix B.4) must be accompanied with a safety data sheet (SDS). The SDS is not required for consumer products in retail packaging.

7L-04 Liquids, including dangerous goods, will only be accepted in combination packaging and must be completely surrounded with a sufficient quantity of absorbent material to absorb the entire liquid contents of the inner packagings. Liquids in single packaging will not be accepted for carriage. Certain substances and mixtures may be exempted from this variations with advance approval from Silkway West Airlines. Contact local Airlines office for details.

8V (Astral Aviation)

8V-01 The shipper must provide a 24-hour emergency telephone number of a person/agency, who is knowledgeable of the hazards, characteristics and actions to be taken in case of an accident or incident concerning each of the dangerous goods being transported. This telephone number, including the country and area code, preceded by the words "Emergency Contact" or "24-Hour Number" should be shown in the Additional Handling Information box of the DGD and on the package **(see 8.1.6.11 and 10.8.3.11).**

8V-02 Interline transfer of dangerous goods will only be accepted if a copy of the acceptance checklist accompanies the consignment together with the DGD and the AWB.

8X (Air Caraibes Atlantique)

8X-01 Only radioactive material Category I-White (IMP code RRW, see B.2.2.4) where the maximum dose rate at any point on any external surface of a package or overpack does not exceed 0.005 mSv/h is accepted for transport.

AA (American Airlines)

AA-01 Substances with a primary or subsidiary hazard of Division 6.1, including Excepted Quantities, will not be accepted for carriage.

AA-02 Hazardous waste in any form, as defined by any regulation, will not be accepted for carriage **(see Packing Instruction 621 and 8.1.3.4).**

AA-03 Mercurial barometers will not be accepted for carriage as carry-on or checked baggage, except for persons identified in Section 2.3.3.1 of the IATA DGR.

AA-04 Salvage packagings will not be accepted for carriage **(see 5.0.1.6, 6.0.6, 6.7, 7.1.4, 7.2.3.10)**.

AA-05 Division 2.2 non-flammable gases with a subsidiary hazard of 5.1 will not be accepted for carriage. (Exception: COMAT parts and supplies only when offered in DOT31FP compliant containers or articles tendered in accordance with U.S. DOT CA2003100009).

AA-06 Division 6.2 Category A, infectious substance affecting animals (UN 2900) and humans (UN 2814) will not be accepted for carriage (see Packing Instruction 620).

AA-07 For Division 4.3 solids, packagings must meet Packing Group I package testing standards, the additional 49 CFR 173.13 packaging requirements, and be marked with the following statement: "This package conforms to 49 CFR 173.13".

AA-08 For radioactive materials the shipper must confirm that that the materials are for research, medical diagnosis or treatment by including the following statement on the Shipper's Declaration: "This shipment contains radioactive material intended for use in or incident to research, medical diagnosis or treatment."

AA-09 UN 2211 **Polymeric beads, expandable**, evolving flammable vapour (PI 957) will not be accepted for carriage.

AC (Air Canada)

AC-01 When a Shipper's Declaration is required for interline shipments, three (3) original copies must be provided with each shipment at the origin location **(see 8.1.2.3, 10.8.1.4)**.

AC-02 The shipper must provide a 24-hour emergency telephone number of a person/agency who is knowledgeable of the hazards, characteristics and actions to be taken in the case of an accident or incident concerning each of the dangerous goods being transported. This telephone number, including the country and area code, preceded by the words "24-hour number", must be inserted on the Shipper's Declaration for Dangerous Goods, preferably in the "Handling Information" box.

AC-03 Salvage packaging will not be accepted for carriage **(see 5.0.1.6, 6.0.6, 6.7, 7.1.4 and 7.2.3.10)**.

AC-04 Airmail containing dangerous goods is not accepted for carriage **(see 2.4 and 10.2.2)**.

AC-05 Special provision A70 may only be used for Aircraft engines. All other internal combustion engines, being shipped either separately or incorporated into a vehicle, machine or other apparatus, the fuel tank or fuel system of which contains or has contained fuel must be classified in accordance with these regulations.

AC-06 For shipments of Section II of the packing instructions 966, 967, 969 and 970, the number of packages (unless these are the only packages within the consignment) must be added in the "Nature and quantity of goods" box of the air waybill.

AC-07 Lithium Batteries transported under Section II of PI 966, 967, 969 and 970 will only be accepted for carriage with a duly completed "Lithium Battery Section II–Shippers Transport Document" available on the Air Canada Cargo website, see: www.aircanada.com/cargo/en/tools-forms/#tab_forms-reference. The document provided by the shipper must be in the format shown on the Air Canada website but may have the shipper's logo in place of that of Air Canada.

AC-08 UN 3171, **Battery-powered vehicle**, that are powered by lithium batteries, will not be accepted for carriage.

AC-09 Used and/or refurbished lithium batteries packed with or contained in equipment, Section II, packed in an overpack are not accepted for carriage as cargo.

AD (Azul)

AD-01 The following items/goods are not permitted to be carried by passengers or crew:
- avalanche rescue backpacks;
- heat producing articles such as underwater torches (diving lamps) and soldering irons;
- insulated packages containing refrigerated liquid nitrogen (dry shipper);
- internal combustion or fuel cell engines;
- non-infectious specimens packed with small quantities of flammable liquid;
- oxygen or air, gaseous, cylinders required for medical use;
- permeation devices for calibrating air quality monitoring equipment;
- spare fuel cell cartridges for portable electronic devices in checked baggage.

AD-02 Passengers and crew are not permitted to carry matches or liquefied gas lighters.

AD-03 Unit load devices (ULD) or freight containers containing dangerous goods described in 9.1.4 will not be accepted unless is has been prepared by Azul employees, or by companies working on Azul's behalf.

AD-04 Azul will only transport as commercial cargo, COMAT or AOG, lithium batteries classified as UN 3480 and UN 3090 on Cargo Aircraft Only (CAO).

AD-05 Radioactive materials offered for transport as cargo will be accepted only with prior review, approval and advance arrangements of the Manager Cargo Standard and Safety. An application for approval must be submitted at least 10 working days prior to the scheduled date for the flight. Application should be addressed to: E-mail: cargostandard@voeazul.com.br

AF (Air France)

AF-01 Packages and overpacks containing Lithium batteries–UN 3480 (Packing Instruction 965), Lithium ion batteries packed with/contained in equipment–UN 3481 (respectively Packing instruction 966 and 967), Lithium metal batteries packed with/contained in equipment–UN 3091 (respectively Packing Instruction 969 and 970) shall not exceed a max height of 1.60 m.

AF-02 Irrespective of variation AF-03, Lithium ion batteries–UN 3480 and Lithium metal batteries–UN 3090

CA (Air China)

CA-01 Dangerous goods in consolidations will not be accepted for carriage, except for:
- consolidations with only one house air waybill;
- consolidations having one master air waybill with more than one house air waybill which have the same shipper and different consignees containing only dangerous goods of Class 9, (excluding UN 3480 Lithium ion batteries and UN 3090 Lithium metal batteries);
- consolidations having multiple house air waybills with different shippers/consignees containing only ID 8000, Consumer commodity and/or UN 1266, Perfumery products and/or UN 1845, dry ice.

(see 1.3.3, 8.1.2.4, 9.1.8 and 10.8.1.5).

CA-02 Not used.

CA-03 Not used.

CA-04 Sufficient absorbent material to absorb the contents of all inner packagings must be used for combination packagings containing corrosive liquids in Packing Groups I, II and III.

CA-05 The telephone or facsimile number of the consignee must be shown on the Air Waybill **(see 8.2 and 10.8.8)**.

CA-06 Dangerous goods originating from China will not be accepted for carriage in air mail, except for radioactive materials in excepted packages which meet the requirement of 2.4.1 in these regulations **(see 2.4 and 10.2.2)**.

CA-07 Dangerous goods in excepted quantities originating from China will not be accepted, except for radioactive materials in excepted packages **(see 2.6 and 10.5.8)**.

CA-08 Cold storage for dangerous goods is not available, except when Carbon dioxide, solid (Dry ice) is used as a refrigerant for non dangerous goods **(see Packing Instruction 954)**.

CA-09 Fireworks originating from China will not be accepted for carriage **(see Packing Instruction 135)**.

CA-10 Single packagings including composite packagings containing liquid dangerous goods are not accepted for carriage unless overpacks are used. Such overpacks must be strong enough for carriage.

CA-11 The following dangerous goods are not accepted for carriage on Air China's international and domestic passenger flights:
- Class 1 explosives with exception of 1.4S.
- Division 2.3 toxic gas with exception of aerosols.
- Division 6.1 toxic substance of Packing Group I.
- Division 6.2 category A infectious substance, except when transported under the needs of the Ministry of Health of China, the CDC of China and the Ministry of Forest of China.
- Class 7 Radioactive Material in Type B or in Type C packaging with III-yellow category.

CA-12 Oxygen or air, gaseous cylinders required for medical use are not permitted in passengers' checked or carry-on baggage and on one's person. Should a passenger require supplementary oxygen, a prior request must be made to Air China Limited **(see 2.3.4.1)**.

CA-13 UN 3480, lithium ion batteries (Section IA, Section IB and Section II) prepared in compliance with PI 965, UN 3090 Lithium Metal Batteries (Section IA, Section IB and Section II) prepared in compliance with PI 968 are not accepted as cargo.

CA-14 Each passenger and crew member is not permitted to carry more than 8 spare batteries in total. Included in the total of eight spare batteries are:
- not more than 2 lithium ion batteries with a watt-hour rating exceeding 50 Wh but not exceeding 100 Wh or 2 lithium metal batteries, with a lithium metal content exceeding 1 g but not exceeding 2 g;

Notes:
1. *No more than two power banks are permitted.*
2. *Lithium ion batteries, lithium metal batteries or power banks without any clear marks of the Watt-hour or lithium metal content or where the Watt-hour rating can't be calculated are forbidden.*
3. *Medical devices such as Portable Oxygen Concentrators (POC), which are permitted to be used on board, are specified in the relevant manuals or documents of Air China. The number of spare batteries for the devices mentioned above shall also be complied with the regulations in the relevant manuals or documents of Air China.*

- the permitted number of spare lithium batteries for wheelchairs or other mobility aids is included in the total of 8 spare batteries, and must comply with the relevant requirements for wheelchairs and other mobility aids.

CA-15 Small vehicles powered by lithium batteries such as balance wheel, air wheel, solo wheel, hoverboard, bike etc. are forbidden to be transported in the passengers luggage either as checked or carry-on baggage.

CC (Air Atlanta Icelandic)

CC-01 Lithium ion cells and batteries (UN 3480), including those approved by an appropriate authority under special provisions A88 or A99, packed in accordance with PI 965 will not be accepted for carriage on Air Atlanta Icelandic aircraft, with the exception of those consigned by pre-approved shippers. This prohibition does not apply to:
- lithium ion cells and batteries packed with or contained in equipment (UN 3481) in accordance with PI 966 or PI 967.

CC-02 Lithium metal cells and batteries (UN 3090), including those approved by an appropriate authority under special provisions A88 or A99, packed in accordance with PI 968 are prohibited from carriage on Air Atlanta Icelandic aircraft. This prohibition does not apply to:

CX-05 Liquid dangerous goods in single packagings of drums and jerricans of any material must be prepared as follows:
1. the steel drums/plastic drums/plastic jerricans must be protected by other strong outer packaging, for example fibreboard box; or
2. if prepared as an open overpack, a suitably sized plastic, foam or wooden pallet must be used to protect at least the top and bottom of the packaging.

CX-06 In addition to the requirements of 8.2.5, the UN number(s) of all shipments of dangerous goods in excepted quantities must be indicated on the air waybill.

CX-07 UN 3090 Lithium metal batteries. Lithium metal cells and batteries are prohibited from carriage as cargo on Cathay Pacific Airways aircraft. This applies to Section IA, IB and Section II of Packing Instruction 968.

This prohibition does not apply to:
- lithium metal cells and batteries packed with or contained in equipment (UN 3091) in accordance with PI 969 and PI 970; or
- lithium batteries (rechargeable and non-rechargeable) covered by the Provisions for Dangerous Goods Carried by Passengers or Crew (see 2.3.2 to 2.3.5 and Table 2.3.A).

CZ (China Southern)

CZ-01 Not used.

CZ-02 Dangerous goods in consolidations will not be accepted for carriage, except for dangerous goods that are only contained in consolidations with only one of the house air waybill.

CZ-03 The shipper must provide a 24-hour emergency telephone number of a person/agency who is knowledgeable of the hazards, characteristics and actions to be taken in case of an accident or incident concerning (each of) the dangerous goods being transported. This telephone number, including country and area code, preceded by the words "Emergency Contact" or "24-hour number" must be inserted on the DGD preferably in the "Additional Handling Information" box **(see 8.1.6.11 and 10.8.3.11)**.

A 24-hour emergency telephone number is not required for shipments that do not require a Shipper's Declaration for Dangerous Goods.

CZ-04 Cold storage for dangerous goods is not available, except for Carbon dioxide, solid (Dry ice) when used as a refrigerant for non-dangerous goods.

CZ-05 CSN will not appoint sales agents to accept or handle dangerous goods in China except for dangerous goods with special approval.

CZ-06 Division 2.3, Toxic gases, will not be accepted **(see Packing Instructions 200 and 206)**.

CZ-07 Radioactive material of Categories III-Yellow will not be accepted.

CZ-08 The following lithium cells and batteries will not be accepted:
- Lithium metal or lithium alloy cells and batteries (UN 3090) when prepared in accordance with Packing Instruction 968;
- Lithium metal or lithium alloy cells and batteries contained in or packed with equipment (UN 3091) when prepared in accordance with Section I of Packing Instruction 969 or 970. This restriction does not apply to lithium cells and batteries packed with or contained in equipment (UN 3091) that fall into the category of company materials (COMAT).

CZ-09 For UN 3480, Lithium ion cells and batteries (Section IA, Section IB and Section II), the shipper must clearly indicate that Lithium ion cells and batteries are at a state of charge (SOC) not exceeding 30% of their rate capacity. On the Shipper's Declaration the information should be shown in the "Additional Handling Information" box. For UN 3480, Section II, the Shipper must indicate this information with the compliance statement on the air waybill. Example: Lithium ion batteries are at a state of charge (SOC) not exceeding 30% of their rate capacity.

DO (DHL Air Limited–DHL)

DO-01 Dangerous goods shipments transported by DHL Air Limited (DHL) will only be accepted by advance arrangements and approval by the Regional Restricted Commodities Group–DHL Express Europe Headquarters before presenting for transport.

Regional Restricted Commodities Group–DHL Express Europe Headquarters
Tel: +49 (0) 341 4499 4949
Fax: +49 (0) 341 4499 88 4942
E-mail: rcgalert@dhl.com

DO-02 The waybill for dangerous goods in "Excepted Quantities" must show the applicable UN Number in addition to the requirements of 2.6.8.2.

DO-03 All lithium batteries, including refurbished, prepared under Section II of packing instructions 965–970 will only be accepted for carriage with the approval of Regional/Global Restricted Commodities Group–DHL Express Europe Headquarters.

DO-04 It is forbidden to carry weapons, munitions of war or parts of them, except with the express exemption of the national authorities. In this case, they must be carried in the aircraft in a place which is inaccessible to passengers during flight and in the case of firearms, uncharged. Such items can only be accepted by advance arrangements and approval by the Regional Restricted Commodities Group–DHL Express Europe Headquarters.

DO-05 Not used.

DO-06 Radioactive and fissile wastes will not be accepted for carriage.

DO-07 Not used.

MS-07 For all types of radioactive materials packages including (excepted packages and for medical use) for import to Egypt, the shipper must notify the consignee and the station of destination before the arrival of the shipment by at least 48 hours. In case the shipment is not cleared through customs in 7 working days, the shipment will be returned to the originator on the shipper's account.

MU (China Eastern Airlines Co., LTD.)

MU-01 Class 7, fissile radioactive materials will not be accepted for carriage **(see 10.5.13)**.

MU-02 Dangerous goods in consolidations will not be accepted for carriage, except for:
- consolidations containing UN 1845, Carbon dioxide, solid (Dry ice) when used as a refrigerant;
- consolidations with only one house air waybill;

(see 1.3.3, 8.1.2.4, 9.1.8 and 10.8.1.5).

MU-03 Dangerous goods in air mail originating from China will not be accepted for carriage **(See Subsection 2.4)**.

MU-04 Fireworks originating from China will not be accepted for carriage **(See Packing Instruction 135)**.

MU-05 Small gaseous oxygen or air cylinders required for medical use are not permitted in passenger checked or carry-on baggage. Should a passenger require supplementary oxygen, a prior request must be made to China Eastern Airlines Co., LTD. **(see 2.3.4.1)**.

NF (Air Vanuatu)

NF-01 Radioactive material, including all categories of excepted packages, will not be accepted for transport **(see 10.10.2)**.

NH (All Nippon Airways)

NH-01 Advance arrangements must be made for all shipments of dangerous goods as defined in these Regulations **(see 1.3.2 and 9.1.2)**.

NH-02 Not used.

NH-03 Type B(M), Type C, Fissile material (excluding fissile-excepted) packages, SCO and LSA material in Industrial Packagings will not be accepted for carriage (see 10.5.9, 10.5.11, 10.5.12, 10.5.13 and 10.10.2).

NH-04 Not used.

NH-05 Dangerous goods in salvage packagings will not be accepted for carriage **(see 5.0.1.6, 6.0.6, 6.7, 7.1.4 and 7.2.3.11)**.

NH-06 Dangerous goods packed in the following single packagings (1A1, 1A2, 1B1, 1B2, 1D, 1N1, 1N2, 1H1, 1H2, 3A1, 3A2, 3B1, 3B2, 3H1, 3H2, 4H1 & 4H2) are not acceptable for carriage unless an overpack is used **(see 5.0.1.5)**.

NH-07 Not used.

NH-08 UN 3480, lithium ion batteries (Section IB and Section II) and UN 3090, lithium metal batteries (Section IB and Section II) the shipper is required to submit a "Packing confirmation sheet" that the packaging is capable of withstanding the 1.2 m drop test. More information regarding the "Packing confirmation sheet" may be found at the following link: http://www.anacargo.jp/en/int/news/restriction

NH-09 UN 3480, lithium ion batteries (Section II) and UN 3090, lithium metal batteries (Section II) must indicate the House Air Waybill number, the number of packages containing batteries and the net quantity of batteries per each package on the Air Waybill.

NH-10 UN 3480, lithium ion batteries (Section IA, Section IB and Section II), the shipper must clearly indicate on the Shipper's Declaration for Dangerous Goods, or on the air waybill for Section II that the lithium ion batteries are at no more than 30% state of charge. Example: Lithium ion batteries are at no more than 30% state of charge.

NO (Neos SpA)

NO-01 Lithium ion and lithium metal cells and batteries (UN 3480, UN 3481, UN 3090, UN 3091 Section I, IA, Section IB and Section II PI 965-PI 970), including those approved by an appropriate authority under special provisions A88 or A99, will not be accepted for carriage as cargo. Lithium battery powered temperature loggers for pharmaceutical shipments are permitted with prior approval from email: E-mail: simone.bovi@neosair.it

NO-02 UN 3171 battery-powered equipment and battery powered vehicle will not be accepted for carriage.

NO-03 Class 1 explosives will not be accepted for carriage, except for Division 1.4S.

NO-04 Class 7—Radioactive material will not be accepted for carriage **(see 10.10.2)**.

NO-05 A shipper built unit load device (ULD) containing dangerous goods, other than ID 8000 consumer commodity and UN 1845 dry ice when used as a refrigerant for other than dangerous goods, will not be accepted.

NO-06 Dangerous goods in "Limited Quantities" ("Y" Packing Instructions) will not be accepted for carriage. Exception: Consumer commodity (ID 8000) will be accepted (see Subsection 2.7 and all "Y" Packing Instructions).

NZ (Air New Zealand)

NZ-01 The carriage of machinery incorporating a flammable liquid powered internal combustion engine e.g. chainsaws, lawn mowers and generators., is not permitted in passenger baggage.

NZ-02 In addition to the conditions of Special Provision A70, machinery incorporating a flammable liquid powered internal combustion engine (UN 3528) e.g. chainsaws, lawn mowers and generators, will be accepted only when the flushing and purging documentation is completed by a suitably qualified individual/business.

NZ-03 The shipper must provide a 24-hour emergency telephone number of a person/agency who is knowledgeable of the hazards, characteristics and actions to be taken in the case of an accident or incident concerning each of the dangerous goods being transported. This telephone number, including the country and area code, preceded by the words "Emergency Contact" or "24-hour number", must be inserted on the Shipper's Declaration for Dangerous Goods, preferably in the "Handling Information" box, e.g. Emergency Contact +1 514-123-4567 (see 8.1.6.11 and 10.8.3.11).

A 24-hour emergency telephone number is not required for shipments that do not require a Shipper's Declaration for Dangerous Goods.

O3 (SF Airlines)

O3-01 The shipper must provide a 24-hour emergency telephone number of a person/agency who is knowledgeable of the hazards, characteristics and actions to be taken in case of an accident or incident concerning (each of) the dangerous goods being transported. This telephone number, including country and area code, preceded by the words "Emergency Contact" or "24-hour number" must be inserted on the DGD preferably in the "Additional Handing Information" box (see 8.1.6.11 and 10.8.3.11).

A 24-hour emergency telephone number is not required for shipments that do not require a Shipper's Declaration for Dangerous Goods.

O3-02 Dangerous goods shipments transported by SF Airlines will only be accepted when prepared in accordance with the applicable regulations and requirements of the state of origin, transit and destination.

Except for PI 965–970 Section II lithium battery and dry ice transported, other dangerous goods shall be declared to SF Airlines and be replied in 7 working days before transportation.
Tel: +86-0755-23450551
E-mail: aoc_hyddx@sfmail.sf-express.com

O3-03 Sufficient absorbent material to absorb the contents of all inner packaging must be used for combination packaging containing corrosive liquids in Packing Groups I, II and III.

OK (Czech Airlines)

OK-01 Radioactive material as defined in these Regulations will not be accepted in air mail **(see 2.4 and 10.2.2)**.

OK-02 Not used.

OK-03 Fissile radioactive material will not be accepted for carriage **(see 10.5.13)**.

OK-04 Not used.

OK-05 Small oxygen cylinders containing gaseous oxygen or air required for medical use are not permitted on the person, in checked and carry-on baggage. Czech Airlines provides oxygen cylinders on request of passenger during flight booking, but at least 48 hours in advance **(see 2.3.4.1)**.

OM (MIAT—Mongolian Airlines)

OM-01 Advance arrangements must be made for all shipments of dangerous goods as defined in the IATA Dangerous Goods Regulations. Dangerous goods without booking will be rejected **(See 1.3.2 and 9.1.2)**.

OM-02 Dangerous goods shipments will only be accepted from IATA Dangerous Goods Regulations certified cargo agency/shipper.

OM-03 The shipper must provide a 24 hour emergency telephone number of a person/agency who is knowledgeable of hazards, characteristics and actions to be taken in the case of an accident or incident concerning each of the dangerous goods being transported. This telephone number, including country and area code, preceded by the words Emergency Contact or 24–hour number, must be inserted on the Shipper's Declarations for Dangerous Goods (DGD) preferable in the Handling Information box, e.g. "Emergency Contact +976-11-70049998" **(see 8.1.6.11)**.

OM-04 Documentation including Shipper's Declarations for Dangerous Goods (DGD) must be completed in English. All package and overpack marks and labels required by these Regulations must be completed in English.

OM-05 The carriage of Carbon dioxide, solid (dry ice) UN 1845 is limited to a net weight of 200 kg per B767 and B737 aircraft.

OM-06 The following packagings when shipped as single packagings must be protected from damage by being overpacked to protect the top and bottom of the packaging:
- 1A1/1A2/1B1/1B2/1N1/1N2;
- 3A1/3A2/3B1/3B2;
- 6HA1.

OM-07 Dangerous goods in airmail will not be accepted for carriage **(See Subsection 2.4)**.

OM-08 Class 7—Radioactive material will not be accepted for carriage **(See 10.10.2)**.

OM-09 Dangerous goods in Packing Group I will not be accepted for carriage.

Note:
The above requirement does not apply to MIAT-Mongolian Airlines Company Material.

OM-10 Dangerous goods listed in the list of high consequence dangerous goods will not be accepted for carriage.

Note:
The above requirement does not apply to MIAT-Mongolian Airlines Company Material.

OM-11 Lithium ion batteries as follows will not be accepted for carriage as cargo:
- UN 3481-Lithium ion and or lithium polymer cells and batteries packed with or contained in equipment, prepared in accordance with Section I of Packing Instructions 966 and 967.

Note:
The above requirement does not apply to MIAT-Mongolian Airlines Company Material.

附录 D 的更多内容可扫描二维码查看

[1] 张辉.民航危险品运输[M].北京:中国民航出版社,2018.
[2] 李芙蓉.民航危险品运输[M].北京:清华大学出版社,2017.
[3] 张莉.机场危险品与爆炸物安全处置[M].北京:中国民航出版社,2010.
[4] 曲倩倩.民航危险品运输[M].北京:人民交通出版社,2019.

教学支持说明

高等职业学校航空运输类专业新形态系列教材系华中科技大学出版社"十四五"期间重点教材。

为了改善教学效果,提高教材的使用效率,满足高校授课教师的教学需求,本套教材备有与纸质教材配套的教学课件(PPT电子教案)和拓展资源(案例库、习题库等)。

为保证本教学课件及相关教学资料仅为教材使用者所用,我们将向使用本套教材的高校授课教师免费赠送教学课件或相关教学资料,烦请授课教师通过电话、邮件或加入民航专家俱乐部QQ群等方式与我们联系,获取"电子资源申请表"文档,准确填写后发给我们,我们的联系方式如下:

地址:湖北省武汉市东湖新技术开发区华工科技园华工园六路

邮编:430223

电话:027-81321911

传真:027-81321917

E-mail:lyzjjlb@163.com

民航专家俱乐部QQ群号:799420527

民航专家俱乐部QQ群二维码:

扫一扫二维码,加入群聊。

电子资源申请表

填表时间：_____年___月___日

1. 以下内容请教师按实际情况填写，★为必填项。
2. 相关内容可以酌情调整提交。

★姓名		★性别	□男 □女	出生年月		★职务	
						★职称	□教授 □副教授 □讲师 □助教

★学校		★院/系	
★教研室		★专业	
★办公电话		家庭电话		★移动电话	
★E-mail（请填写清晰）		★QQ号/微信号	
★联系地址		★邮编	

★现在主授课程情况	学生人数	教材所属出版社	教材满意度
课程一			□满意 □一般 □不满意
课程二			□满意 □一般 □不满意
课程三			□满意 □一般 □不满意
其 他			□满意 □一般 □不满意

教 材 出 版 信 息			
方向一		□准备写 □写作中 □已成稿 □已出版待修订 □有讲义	
方向二		□准备写 □写作中 □已成稿 □已出版待修订 □有讲义	
方向三		□准备写 □写作中 □已成稿 □已出版待修订 □有讲义	

请教师认真填写表格下列内容，提供索取课件配套教材的相关信息，我社将根据每位教师/学生填表信息的完整性、授课情况与索取课件的相关性，以及教材使用的情况赠送教材的配套课件及相关教学资源。

ISBN（书号）	书名	作者	索取课件简要说明	学生人数（如选作教材）
			□教学 □参考	
			□教学 □参考	

★您对与课件配套的纸质教材的意见和建议，希望提供哪些配套教学资源：